KB040197

AI 챗GPT 시대

ESG 지속가능경영보고서 작성 실무

권오형·최재용 공저

머리말

정보화 시대로의 빠른 발전을 통해 기업을 둘러싼 이해관계자들은 기업의 정보를 손쉽게 찾아볼 수 있게 되었고, 기업 정보 열람을 넘어 기업 감시 역할까지 수행하게 되면서 기업의 사회적 문제 해결에 대한 역할 수행을 적극적으로 요구하기 시작했다.

이러한 시대적 흐름에 따라 기업의 목적은 재무 성과와 주주 이익 중심에서 환경, 사회, 지배구조(ESG: Environmental, Social, and Governance)에 대한 기업의 영향을 포괄하는 영역으로 점차 확대되고 있다.

오늘날 기업 경영의 ESG 이슈에 대한 중점 여부는 더 이상 '만약'이 아닌 '어떻게'에 대한 강조로 그 패러다임이 바뀌어 가고 있다. 이는 기업을 둘러싼 ESG 관련 문제 중 현재 또는 미래에 직면하게 될 문제에 대해 가설 또는 추측만을 나열하는 것이 아닌 현재 직면하거나 직면하게 될 문제를 어떻게 해결할 수 있는지, 어떻게 대응할 것인지에 대해 명확한 방법론과 해결책을 데이터로 제시하고 증명 및 강조하는 것으로 패러다임이 바뀌고 있다는 것을 의미한다.

이런 패러다임 전환의 중심에 '지속가능경영보고서'가 있다. 지속가능경영보고서는 기업의 투명성, 책임 및 변화를 알리는 데 중요한 도구로써의 역할과 기업이 직면한 ESG 과제를 공유하고 이를 해결하기 위한 접근 방식을 보여 줄 수 있는 플랫폼으로써의 역할을 동시에 제공한다.

2025년이 되면 국내 증권거래소에 상장된 일정 규모 이상의 기업은 지속가능경영보고서를 의무적으로 공개해야 하며, 2030년에는 이 의무가 모든 상장기업으로 확대된다.

보고서를 작성하기 위해서는 ESG 요소 각각에 대한 이해와 보고서를 구성해야 하는 지표에 관한 이해 등이 필요하며, 이를 모두 아우를 수 있는 보고서 작성 전략이 수립되어야지만 기업에 맞는 지속가능경영보고서를 효과적으로 작성할 수 있다.

1장에서는 ESG 기본개념과 경영사례를 제공한다. 2장에서는 ESG 지속가능경영보고서의 필요성, 목적 및 이와 관련된 글로벌 이니셔티브에 대해 자세히 설명하고 있으며, 이 책의 중심인 3장에서 보고서 작성 프로세스, 유용한 팁, 실제 사례를 제공하여 보고서 작성 실무와 최대한 밀접하게 연결하였다. 4장과 5장은 사회적 관심이 높아지고 있는 AI 챗GPT를 통한 ESG 지속가능경영보고서 작성법과 생활 속의 ESG 실천에 대해 다룬다.

이 책의 특징은 보고서 작성에 대한 다양한 접근 방식을 제시하고 있다는 것이다. 핵심 지표와 보고 프로세스를 직관적으로 이해할 수 있도록 필수 지침과 방법론을 제공하며, 이 모두는 실무에 바로 적용할 수 있도록 내용을 구성하였다. 이 책의 목적은 단순히 작성 규정을 준수하는 것이 목표가 아닌 기업에 대한 지속가능성과를 측정하고 평가를 통한 제언 마련에 초점을 맞추고 있다.

ESG와 지속가능 경영이 단순한 유행어를 넘어 기업 지배구조의 필수 요소가 된 시대에 지속가능경영보고서 관련 가이드북은 필수 도구가 아닌 전략적 자산으로 자리매김할 것이다. 이 책은 기업 비즈니스 전략을 글로벌 이니셔티브와 맞출 수 있도록 도움을 주고 기업의 지속가능 경영 스토리를 효과적으로 표현할 수 있도록 하는 데 귀중한 리소스가 될 수 있을 것이다.

결론적으로 지속가능 보고는 단순한 규정 준수 활동만을 위해서 하는 것이 아니다. 위험 관리에서부터 이해관계자 참여 등에 이르기까지 기업에 수많은 이점을 제공할 수 있는 전략적 도구라는 것을 깨달아야 한다. ESG와 기업의 지속가능 관리가 기업 거버넌스의 중심이 되면서 이를 보고하는 기술을 마스터하는 것이 그 어느 때보다 중요해졌다. 실용적이고 포괄적인 접근 방식과 다양한 사례를 통해 이 책은 기업이 지속가능한 미래에 대해 효과적으로 기여할 수 있도록 도움을 줄 것이다.

끝으로 출판에 애써 주신 광문각출판사 박정태 회장님과 임직원들께 감사드린다.

저자 대표 권오형 박사

목차

제3장 ESG 지속가능경영보고서 작성 실무 / 65

ESG 기본 개념과 경영사례

ESG 기본 개념과 경영사례

1 ESG란?

ESG는 환경(Environment), 사회(Social), 지배구조(Governance)의 약자로, 기업이나 조직의 지속 가능한 운영을 위해 고려해야 할 중요한 요소들을 가리킨다.

1) E. 환경(Environment)

환경은 기업의 환경 보호 노력에 초점을 맞춘다. 이는 기후 변화와 관련된 활동(예: 온실가스 배출)부터 자원 사용, 폐기물 관리, 에너지 효율성 등 다양한 환경 문제를 포함한다.

2) S. 사회(Social)

사회는 기업이 직원, 고객, 공급 업체, 지역사회와 같은 이해관계자와의 관계를 어떻게 관리하는지에 대한 측면을 다룬다. 이는 다양한 인권 이슈, 직원의 건강과 안전, 다양성 및 포용성, 고객 만족 등을 포함할 수 있다.

3) G. 지배구조(Governance)

지배구조는 기업의 내부 체계와 절차에 대해 다룬다. 이는 주로 기업의 리더십 구조, 감사 절차, 주주권, 투명성, 법률 준수 등에 관한 것이다.

이 세 가지 요소는 모두 기업이 장기적으로 성장하고 성공하기 위한 핵심적인 측면으로 간주되며, 투자자들은 이러한 ESG 요소를 고려하여 기업의 지속 가능성과 잠재적인 투자 위험을 평가하는데 사용한다.

ESG는 환경, 사회, 지배구조라는 세 가지 요소를 고려하여 기업에 투자하는 전략이다. 이는 기업이 재무적 성과뿐만 아니라, 환경 보호, 사회적 책임, 그리고 우수한 지배구조에도 투자하도록 유도하는 방식으로, 투자의 경제적 수익뿐만 아니라 사회적, 환경적 가치 창출을 목표로 한다. 이러한 전략은 궁극적으로 기업의 장기적인 지속 가능성을 높이고, 투자의 위험을 줄이며, 동시에 사회적 가치를 창출하는 데 중점을 둔다.

ESG의 개념은 2006년 유엔의 책임투자원칙(UN PRI)으로부터 시작되었다. 이 원칙은 기관투자자들이 ESG 요소를 투자 결정에 포함시키도록 권장하며, 이를 통해 사회적, 환경적 및 경제적 이익을 모두 달성하려는 것을 목표로 한다. 이 원칙은 전 세계적으로 많은 금융 기관에 영향을 미쳤고, 이를 통해 ESG가 본격적으로 확산되었다.

그러나 ESG가 현재의 위치에 이르기까지는 많은 시간과 노력이 필요했다. 초기에는 ESG 요소를 고려하는 것이 기업의 경제적 성과를 저해할 수 있다는 우려가 있었다. 그러나 시간이 지나면서 ESG 요소를 고려하는 것이 오히려 기업의 장기적인 성과를 향상시키고, 투자 위험을 줄이는 데 도움이 된다는 사실이 입증되었다.

따라서 현재 ESG는 글로벌 투자의 주요한 추세로 자리 잡았다. 블랙록과 같은 글로벌 주요 투자 회사들은 이 원칙에 따라 투자를 하고 있으며, 이를 통해 ESG가 본격화하고 있다. 이를 통해 기업들은 재무적 성과뿐만 아니라 사회적, 환경적 가치 창출에도 더욱 집중하게 되었다.

이렇게 ESG는 투자의 재무적 성과와 사회적 책임을 동시에 추구하는 새로운 패러다임을 제시하고 있다. 그 결과 기업은 단순히 이익을 추구하는 주체에서 사회적 가치를 창출하는 주체로 변모하고 있다. 이는 기업의 역할과 책임을 재정의하는 중요한 변화이며, 이로 인해 기업은 더욱 지속 가능한 미래를 구축하는 데 기여하고 있다.

그러나 ESG에는 여전히 많은 도전이 남아 있다. 먼저, ESG 요소를 어떻게 측정하고 평가할 것인지에 대한 표준이 부족하다. 이로 인해 투자자들은 ESG 성과를 비교하거나 분석하는 데 어려움을 겪고 있다. 또한, ESG가 기업의 장기적인 성과에 어떤 영향을 미치는지에 대한 연구도 아직 충분하지 않다. 이러한 문제들을 해결하기 위해, 투자자들, 기업, 그리고 정부는 함께 협력해야 한다.

ESG는 단순히 투자 전략을 넘어서, 우리 사회의 지속 가능한 발전을 위한 중요한 도구가 될 수 있다. 따라서 ESG는 우리 모두에게 그 중요성을 인식하고 이를 통해 더 나은 미래를 구축하는데 기여해야 하는 과제를 제시한다. 이렇게 ESG는 기업, 투자자, 그리고 사회 전체의 지속 가능한 발전을 위한 새로운 길을 제시하고 있다.

2 ESG 경영 사례

1) CJ ENM (대기업 사례)

CJENM은 ESG 경영의 중장기 실천을 목적으로 UN 글로벌콤팩트(UNGC)에도 가입했다.

[그림 1] CJ 홈페이지에 게재된 ESG경영의 선도 사례

CJ ENM 엔터테인먼트 부문은 지속 가능한 콘텐츠 산업 조성을 위한 'ECP 이니셔티브'를 국내 최초로 출범했고, 커머스 부문은 다양한 파트너와 동반 성장할 수 있는 ESG 경영 방침인 'YESGO'를 공표하였다.

[그림 2] ESG 보고서 홈페이지에 공표

CJ ENM이 새롭게 취득한 국제 표준 인증인 환경 경영 인증(ISO 14001) 및 안전 경영 시스템 인증(ISO 22301)을 비롯해 환경, 안전, 인권과 윤리 등 ESG 경영 체계 구축과 관련된 내용을 포함하고 있다.

CJ ENM의 2022 ESG 리포트에는 CJ ENM의 ESG 핵심 가치인 ▲ Planet ▲ People ▲ Business에 따른 차별화된 ESG 활동을 담았다. CJ ENM 커머스 부문은 고객의 가치소비를 장려하고 지속 가능한 비즈니스 생태계를 구축하기 위한 친환경 문화를 선도하고 있다. 폐기물 절감은 물론 고객에게 생동감 넘치는 비대면 쇼핑 경험을 제공하기 위해 업계 최초로 '미디어월 전용 스튜디오'를 구축했다. 또 TV 홈쇼핑 업계 최초로 비닐(플라스틱), 부직포, 스티로폼 등을 사용하지 않는 '3무(無) 포장재' 도입, '3R(Reduce, Redesign, Reuse)' 정책을 재정립해 친환경 포장재 사용을 확대하고 있다.

상품 포장재를 친환경 종이테이프로 전면 교체했고, 30개 협력사에 총 1억 원 상당의 종이테이프 물품을 지원했다.

친환경 소비 문화 확산을 위해 CJ ENM 커머스 부문의 다이닝키친 브랜드 '오덴세(odense)'는 친환경 리유저블 컵을 출시하기도 했다. 이 컵은 친환경 제조 공정으로 제작된 사탕수수를 이용해 만든 바이오PE(폴리에틸렌) 소재로 만들어져 지구 온난화 지연 및 탄소 배출 저감에 기여하는 제품이다.

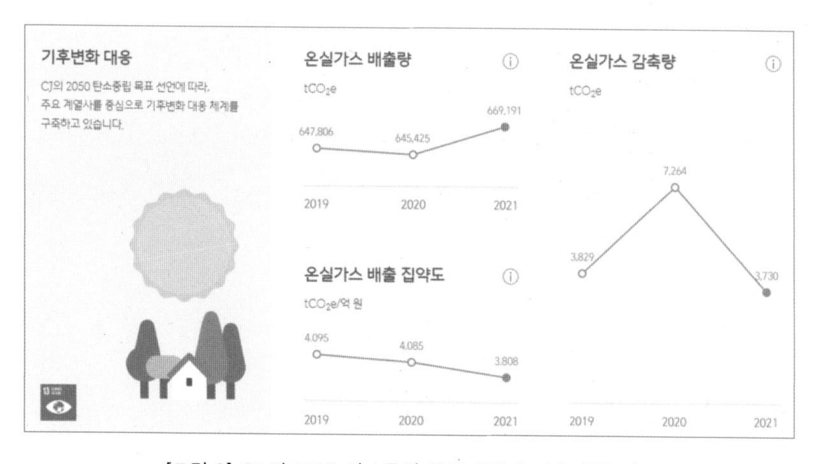

[그림 3] CJ 의 2050 탄소중립 목표 선언에 따른 실천 지표

ESG 리포트 GRI Standards 2021(Global Reporting Initiative)와 SASB(The Sustainability Accounting Standards Board) 등 글로벌 보고 기준을 준수하여 작성되었으며, 한국경영인증원

(KMR)으로부터 제3자 검증까지 마쳐 리포트의 신뢰성과 완성도를 인정받았다.

CJ ENM의 ESG보고서는 홈페이지에서 다운 받아서 볼수 있다.(https://www.cj.net/sustainability/index.asp)

2) ㈜리맨(중소기업 사례)

㈜리맨은 '함부로 버리지 않고 더불어 함께 살자'는 가치로 컴퓨터, 스마트폰 등 디지털 매체 일괄처리(매입/수거/보안삭제) 및 재제조를 통해 경제적 수익과 사회적 가치를 동시에 창출하는 사회적 기업이다.

또한, 리맨은 생태정화조 같은 오염 물질 저감 시설과 태양광·그린커튼·열교환 도료 등 온실가스 저감시설 설치는 물론, RE100 현황판을 운영하여 자체 에너지 및 환경 개선 목표를 수립하는 등 중소기업 ESG·탄소중립을 모범적으로 실천하고 있는 기업이다.

리맨의 약속과 책임 등을 담은 ESG 경영 보고서를 2022년 12월 발간하였다. 리맨에서 진행해 왔던 환경, 사회, 지배구조에 대한 활동 및 성과에 대해 이 보고서를 통해 투명하게 공개함으로써 이해관계자 여러분들과 함께 소통하고자 앞으로도 더욱 노력하겠다고 발표하였다.

[그림 4] 리맨 ESG경영보고서 제작 홈페이지 공지

Contents

1. Overview

2. Performance Report

[그림 5] ㈜리맨 ESG 경영 보고서 목차

㈜리맨의 ESG 경영보고서를 받아보고 싶으신 분께서는 홈페이지 하단 문의하기를 통해 요청 하면 PDF 파일을 보내준다고 한다.(https://www.remann.co.kr)

ESG 지속가능경영보고서

CHAPTER 02

ESG 지속가능 경영보고서

1 지속가능경영보고서란 무엇인가?

최근 기업 경영에 있어 가장 뜨거운 화두는 ESG(환경, 사회, 지배 구조) 경영이다. 재계와 금융계 사이에서 ESG 경영은 핵심 테마이면서도 친숙한 용어가 되었다. 하지만 ESG 경영은 더 이상 경제 전문가 또는 기업인들에게만 통하는 전문가 영역의 활동이 아니다.

ESG 경영에 대한 사회적 관심이 높아지면서 이에 근간이 되는 개념인 지속가능경영(Sustainability Management)에 대한 관심도 높아지고 있다. 지속가능경영이란 '기업의 지속가능한 발전을 위하여 조직이 이해관계자의 니즈(Needs)를 파악하고 의사소통을 증진하며, 이를 경영 활동에 반영함으로써 경제적, 사회적, 환경적 지속가능을 추구하여 조직의 가치를 높이는 경영 활동'을 의미한다.

우리나라의 「지속가능발전 기본법」 제2조 제1항에 의하면 지속가능(Sustainability)이란 '현재 세대의 필요를 충족시키기 위하여 미래 세대가 사용할 경제, 사회, 환경 등의 자원을 낭비하거나 여건을 저하(低下)시키지 아니하고 서로 조화와 균형을 이루는 것'을 의미한다.

산업혁명 이후 산업 발전이 급격하게 이뤄지면서 기후 변화, 천연자원 고갈, 에너지 빈곤, 생물 다양성 감소, 빈부 격차 심화 등 다양한 사회적 문제점들이 세계적인 공통 해결 과제로 거론되고 있다. 이러한 다양한 문제들을 해결하기 위해 세계 각국의 정부와 국제기구에서는 기업들에 표준, 규제, 이니셔티브, 원칙에 대한 준수를 요구하게 되었고 중요성 또한 점차 커지고 있다.

2000년 UN은 '전 세계 기업들이 지속가능하고 사회적 책임을 지는 기업 운영의 정책을 채택하고 그 실행을 보고 하도록 장려'하기 위한 목적으로 글로벌 콤팩트(United Nations Global Compact)를 설립하였다. 2004년 당시 UN 사무총장이었던 코피 아난은 세계적 금융기관을 초청하여 시장과 자본을 통해 세계를 올바른 방향으로 바꿀지에 대한 가이드라인과 권고안 작성을 요청하였고, 이를 통해 ESG가 처음 명시된 〈Who Cares Wins – Connecting Financial Markets to a Changing World〉 라는 보고서를 발표하였다.

이후 2006년 코피 아난은 ESG의 원활한 시행을 위해 'UN 책임 투자 원칙(PRI, Principles for Responsible Investment)'을 발표한다. 당시 약 1,750개의 글로벌 주요 투자 회사가 참여하였으며, 투자 회사들은 해당 원칙에 나오는 ESG적인 요소를 감안하여 투자하겠다는 6개의 항목으로 구성된 투자 원칙에 서명하였다.

투자 원칙에 대해 발표를 하였지만, 원칙을 바로 시행하기에는 현실적으로 어렵다는 판단을 하였고, 그 때문에 이행 기간을 약 15년 후로 설정하였으며, 설정한 15년 후가 바로 2021년이었다. UN PRI에는 국민연금을 포함한 3,800여 투자기관들이 가입해 있으며, 이들의 책임투자 운용자산 규모는 2006년 6.5조 달러에서 2020년 기준 103.4조 달러로 증가했다.

사실 ESG가 전 세계적으로 뜨거운 화두가 된 가장 큰 계기는 2020년 1월 세계에서 가장 영향력 있는 투자회사 블랙록(Blackrock)의 래리핑크 회장이 투자자들과 기업 CEO들에게 보낸 연례 서한에 의해 시작되었다 해도 과언이 아니다. 블랙록은 1경 원이 넘는 거대 자본을 굴리는 투자 회사인 만큼 투자 시장에 끼치는 영향이 막대해 래리핑크 회장의 서신은 기업들에게 큰 영향력을 선사하였다.

대부분 수익 창출을 목표로 하는 기업들의 기업 활동은 투자를 통해 이뤄진다. 불과 몇 년 전까지만 해도 기업들은 기업 활동, 매출액, 순이익, 기업의 분야와 주 수익원 등 기업 내 전반적인 부분들을 투자자 또는 미래의 투자자들에게 IR 보고서 또는 사업 보고서의 형태로 제공하였다. 기업의 재무적 상황만을 강조한 사업 보고서의 경우 기업의 지속가능을 강조하는 현재 시점에서는 부합하지 못하는 모습을 보이게 되었다.

ESG가 큰 화두가 되면서 기업들에게 비재무적인 부분까지 공개할 것을 요구하기 시작하였고, 보고 대상이 투자자 중심에서 기업을 중심으로 한 이해관계자로 확대되면서 기업들은 시대적 흐름에 맞춰 ESG 경영의 근간이 되는 '지속가능경영보고서(Sustainability Report)'를 발행하기 시작했다.

지속가능경영보고서는 기업의 지속가능 발전을 위한 조직의 성과를 측정하여 내·외부 이해관계자들에게 전달하는 수단으로 사용된다. 즉 지속가능경영보고서의 발간 목적은 기업의 다양한 이해관계자의 이슈 과제를 파악하여 경제적, 사회적, 환경적 성과를 보고하는 것이 발간 목적이며, GRI 표준, ISO 26000, SASB, TCFD 등의 글로벌 표준에 따라 정보를 공개함으로써 기업의 투자 가치를 높이고 긍정적인 이미지를 창출하여 기업의 경쟁력을 높이기 위해 발간되는 공개 보고서이다.

이외에도 환경 경영 보고서, 기후 변화 보고서, 기업 시민 보고서라는 다양한 이름으로도 발간되기도 하며 최근 ESG 경영이 대두되면서 ESG 보고서라는 이름으로 발간하는 기업도 늘어나고 있다. 또한, 지속가능경영보고서가 비재무적 내용에 치중하고 있다는 볼멘소리가 있어 비재무적인 부분에 재무적 내용을 더한 통합 보고서(IIRC: 국제통합보고서위원회)의 형태로도 발간된다.

간단히 말해 지속가능경영보고서는 사람, 기관, 기업 등 누구나 기업의 정보를 볼 수 있게 만든 보고서로써 기업이 현재 경제적, 사회적, 환경적으로 어떤 일을 어떻게 진행했고, 그로 인한 성과와 미흡한 점은 무엇이며, 앞으로 어떤 전략으로 비즈니스를 할 계획인지를 정리한 보고서라 할 수 있다.

전통적으로 기업에서 발행해 오던 사업 보고서가 기업의 재무적 정보만을 제시하는 일방적 보고서라고 했다면 지속가능경영보고서는 다양한 이해관계자들의 요구와 커뮤니케이션 내용을 반영한 산출물이라 할 수 있다.

그렇다면 지속가능경영보고서와 일반적인 사업 보고서의 차이점은 무엇일까? 일반적으로 이 두 보고서의 차이점은 크게 네 가지 정도를 들 수 있다.

첫 번째, 지속가능경영보고서는 글로벌 표준을 기반으로 작성했다는 점이다. 지속가능경영보고서는 일반적으로 기업이 자랑하고 싶은 내용 또는 마케팅을 위한 내용을 기재하는 것이 아닌 다양한 글로벌 표준을 기준으로 조직의 지속가능 경영 전략 및 경제, 사회, 환경 등의 성과를 공개하는 보고서이다.

두 번째, 이해관계자 참여(Stakeholder Engagement)를 통하여 조직이 당면한 핵심 이슈를 발굴하고, 이에 해당하는 내용을 담고 있다는 점이다. 기업을 둘러싼 이해관계자들과의 커뮤니케이션과 설문조사를 통해 이들이 생각하는 이슈 사항에 관하여 파악하고 이슈 사항 중 핵심 이슈를 선별하여 보고서에 반영한다.

세 번째, 중대성 평가(Materiality Analysis)를 통해 조직이 관리해야 할 핵심 이슈의 우선순위를 파악하고 있다는 점이다. 중대성 평가란 각 기업과 이해관계자들이 중요하게 생각하는 이슈가 무엇인지 선별하는 것을 의미한다. 지속가능경영보고서 안에는 다양한 주제들을 다루게 되는데 기업의 경제적, 환경적, 사회적 영향을 반영하거나 이해관계자의 의사 결정에 영향을 미칠 수 있는 주제 중에서도 중요성에 따라 다뤄질 주제들을 선별하는 작업을 거쳐 보고서 내용이 결정된다.

네 번째로는 제3자 외부 검증(External Assurance)을 통해 보고 내용 및 데이터의 신뢰성을 확보한다는 점이다. 일반적인 사업 보고서는 기업의 재무적인 사항을 중심으로 작성이 되기 때문에 외부에 대한 검증이 필요 없지만, 지속가능경영보고서는 자료에 대한 정확성과 신뢰성 확보를 위해 기업과 연계성이 없는 전문가 또는 기관에 검증을 의뢰하여 검증 절차를 거치게 된다는 것이 사업 보고서와의 차이점이라 할 수 있다.

대부분 ESG 보고서 또는 지속가능경영보고서에 대해 질문을 하게 되면 환경에 관한 이야기를 중심으로 대답하는 경우들이 많다. 하지만 그렇게 생각하는 것은 너무 단편적인 해석이다. 실질적으로 수익률만 높으면 되는 투자기관들이 왜 지속가능 경영에 관심이 있는지를 생각해 본다면 지속가능경영보고서는 단순 환경적인 문제만을 거론한 보고서가 아니라는 것을 짐작할 수 있다.

지속가능경영보고서는 사회적, 환경적 문제 인식을 통해 기업의 지속가능 경영 여부를 판단하고, 그에 따른 투자 리스크를 줄일 수 있는 반면 문제 해결을 통해 새로운 기회를 포착할 수 있다는 점에서 지속가능경영보고서 작성 이유를 확인할 수 있다.

2 국제사회와 지속가능 발전

실질적으로 지속가능 발전(Sustainable Development)에 대해 논의를 진행하게 된 시기는 그리 오래되지 않았으며, 그중에서도 환경 분야에 의해 논의가 시작되었다.

전 세계인들이 환경 문제에 대해 인식하고 관심과 경각심을 갖게 된 계기는 1962년 레이첼 카슨이 출간한 《침묵의 봄(Silent Spring)》에 의해서라 할 수 있다. 당시 이 책은 과학 기술이 초래하게 된 환경 오염의 위험을 공식적으로 알렸으며, 살충제와 농약이 먹이사슬에 의한 새, 물고기, 야생동물, 인간에게 미치는 영향 등을 거론하고 있다. 이 책 한 권의 내용을 통해 미국을 포함한 전 세계인들이 환경 문제에 대한 심각성을 깨닫게 되었다.

《침묵의 봄》이 환경에 관한 관심과 경각심을 불러일으켰다면, 이러한 관심에 대한 논의와 확산의 계기는 1972년 로마클럽이 발간한 《성장의 한계(The Limits to Growth)》에 의해서였다. 이 보고서는 앞으로 인구 폭발과 경제 성장이 지속된다면 100년 안에 지구의 자원, 식량, 환경은 결국 최악의 상황에 직면할 것이라 경고하는 내용을 담고 있다. 결국 지속가능한 발전이라는 개념은 환경 보호와 지속적인 경제 성장이 양립할 수 있는가 하는 논의에서부터 시작된 것이라 볼 수 있다.

인류의 미래에 대한 우려의 목소리가 점점 더 높아지는 가운데 UN에서는 1972년 6월 '인간환경회의(UNCHE: UN Conference on the Human Environment)'를 개최하였다. 이 회의에서 '인간환경선언(스톡홀름선언)'을 하게 되었으며, 그해 12월에는 환경 문제를 전담으로 다루는 기구인 '유엔환경계획(UNEP: UN Environmental Program)'이 발족하였다.

지속가능 발전이 주요 의제로 등장한 시기는 1987년 유엔환경계획(UNEP)의 세계환경개발위원회(WECD)에서 〈우리 공동의 미래(Our Common Future)〉라는 보고서를 출간하면서부터이다. 해당 보고서는 당시 위원장을 맡고 있던 노르웨이 브룬트란트 수상의 이름을 딴 '브룬트란트 보고서(Brundtland Report)'라고도 불린다. 브룬트란트 보고서에서 정의하고 있는 지속가능 발전에 대한 정의는 '미래 세대로 하여금 그들의 필요를 충족시킬 능력을 저해하지 않으면서, 현재 세대의 필요를 충족시키는 발전(development that meets the needs of the present without compromising the ability of future generations to meet their own needs)'이라고 정의하고 있다. 인류의 미래를 담보할 해법으로 지속가능한 발전이라는 개념을 제시함으로써 환경 정책과 개발전략 통합에 관한 토대가 마련되었다고 할 수 있다.

2012년 6월 브라질 리우데자네이루에서 열린 유엔지속가능발전회의(UNCSD:United Nations Conference on Sustainable Development)는 리우+20 정상회의로도 잘 알려져 있다. '우리가 원하는 미래(The Future We Want)'라는 제목의 결의문을 채택할 만큼 지속가능한 발전에 대한 의지를 재확인하는 자리로 경제 위기, 사회적 불안정, 기후 변화, 빈곤 퇴치 등 범지구적 문제 해결의 책임을 다시 강조하고 각국의 행동을 촉구하는 자리였다. 지속가능한 발전을 위한 중요한 도구로 '녹색 경제(Green Economy)'를 의제로 채택하고 'SDGs(Sustainable Development Goals)' 즉 '지속가능 발전 목표'라는 단어를 처음 사용하는 것과 동시에 목표를 설정하는 절차에 합의했다.

'2030 지속가능 발전 의제'라고도 하는 SDGs는 '단 한 사람도 소외되지 않는 것(Leave no

one behind)'이라는 슬로건을 내세우고 있다. 인간, 지구, 번영, 평화, 파트너십이라는 5개 영역에서 인류가 나아가야 할 방향성을 가지고 2016년부터 2030년까지 15년간 전 세계가 함께 추진해야 할 목표를 제시하며, 이는 현재 기업, 지자체들이 추구하는 지속가능 개발 방향의 목표 이행 KPI를 제시하고 있기도 하다.

최근에는 SDGs의 17개 목표와 GRI 표준이 상응할 수 있도록 지침이 개정되었다. 지속가능 보고서를 작성하기 위해서는 근간이 되는 SDGs 해당 구성 요소가 무엇인지, GRI 표준과는 어떻게 매칭이 되는지를 알아둘 필요가 있다.

[그림 1] SDGs (출처: UN지원SDGs한국협회)

사람	- 모든 곳에서 모든 형태의 빈곤 종식(No Poverty) - 기아 종식, 식량 안보와 개선된 영양 상태의 달성, 지속가능한 농업 강화(Zero Hunger) - 모든 연령층을 위한 건강한 삶 보장과 복지 증진(Good Health and Well-Being) - 모두를 위한 포용적이고 공평한 양질의 교육 보장 및 평생학습 기회 증진(Quality Education) - 성평등 달성과 모든 여성 및 여아의 권익 신장(Gender Equality) - 모두를 위한 물과 위생의 이용 가능성과 지속가능한 관리 보장(Clean Water and Sanitation)
번영	- 적정한 가격에 신뢰할 수 있고 지속가능한 현대적인 에너지에 대한 접근 보장(Affordable and Clean Energy) - 포용적이고 지속가능한 경제 성장, 완전하고 생산적인 고용과 모두를 위한 양질의 일자리 증진(Decent Work and Econimic Growth) - 회복력 있는 사회 기반 시설 구축, 포용적이고 지속가능한 산업화 증진과 혁신 도모(Industry, Innovation and Infrastructure) - 국내 및 국가 간 불평등 감소(Reduced Inequalities)
지구	- 포용적이고 안전하며 회복력 있고 지속가능한 도시와 주거지 조성(Sustainable Cities and Communities) - 지속가능한 소비와 생산 양식의 보장(Responsible Consumption and Production) - 기후 변화와 그로 인한 영향에 맞서기 위한 긴급 대응(Climate Action) - 지속가능 발전을 위한 대양, 바다, 해양 자원의 보전과 지속가능한 이용(Life Below Water) - 육상 생태계의 지속가능한 보호 · 복원 · 증진, 숲의 지속가능한 관리, 사막화 방지, 토지 황폐화의 중지와 회복, 생물 다양성 손실 중단(Life on Land)
평화	- 지속가능 발전을 위한 평화롭고 포용적인 사회 증진, 모두에게 정의를 보장, 모든 수준에서 효과적이며 책임감 있고 포용적인 제도 구축(Peace, Justice and Strong Institutions)
파트너십	- 이행 수단 강화와 지속가능 발전을 위한 글로벌 파트너십의 활성(Partnerships for the Goals)

[표 1] 5개 영역별 SDGs (출처: UN 홈페이지)

SDGs는 [표 1]과 같이 17개의 목표와 항목별 세부 목표로 169개의 세부 목표 및 지표를 제시하고 있으며, 글로벌 기업들의 경우 지속가능경영보고서 또는 홈페이지를 통해 달성 여부를 알리고 있다. SDGs를 채택한 UN 회원국들은 우리가 처한 전 지구적 도전 과제를 해결하기 위해, 모든 기업의 자발적인 참여를 요청하고 있다. ESG가 더욱 강조되면서 기업들은 기업들만의 SDGs 달성에 관한 목표를 설정한 후 이를 달성하기 위한 노력을 하고 있다.

SDGs는 기업의 핵심 전략 및 활동에 주요한 가이드라인으로도 활용된다. SDGs 달성을 통해 미래 비즈니스의 기회를 파악하고 지속가능의 가치를 증진하며, 이해관계자와의 관계 강화, 사회와 시장의 안정화를 꾀할 수 있다는 순기능을 내포하고 있다고 할 수 있다.

Partnership

삼성SDS는 탄탄한 글로벌 파트너십을 기반으로 글로벌 사회가 대면한 주요 아젠다 해결에 참여합니다.

SDGs17.이행수단 강화, 지속가능 발전을 위한 글로벌 파트너십 활성화

삼성SDS는 전세계 가장 취약한 아동, 가정 및 지역사회 지원을 목표로 설립된 NGO 월드비전과 협업하여 국제사회가 대면한 빈곤과 불평등 문제 해결에 기여하고 있습니다.

Peace

삼성SDS는 보다 평화롭고, 공정하며 포용적인 사회를 만드는데 기여합니다.

SDGs16. 모든 수준에서 지속가능개발을 위한 평화롭고 포용적인 사회 증진, 모두에게 정의에 대한 접근 제공 및 효과적이고 책임 있으며 포용적인 제도 구축

- 삼성SDS는 파트너사와 투명하고 공정한 거래문화 정착을 위해 공정위 표준하도급 계약서를 적용하여 전자 계약을 체결하고 있습니다. '스마트투게더닷컴' 기반 전자계약체결은 구두발주 및 부당한 발주취소를 원천적으로 차단하고 있습니다.

- 삼성SDS는 건전한 노사관계 구축 및 노사간 소통을 위해 3년 임기의 총 10명으로 구성된 노사협의회를 운영하고 있습니다. 노사협의회는 정기회의(연 4회)를 실시하여 회사제도 및 근무환경을 개선하고, 협의회 소통채널을 통해 임직원 고충처리를 진행하고 있으며, 그 외에도 조직문화 활성화를 위해 다양한 활동을 수행하고 있습니다.

[그림 2] 삼성 SDS SGDs 달성 내용 (출처: 삼성SDS 홈페이지)

3 지속가능경영보고서의 필요성과 작성 목적

ESG가 사회적으로 화두가 되면서 기업의 신용평가 및 등급평가에도 지속가능 경영 성과를 반영하기 시작했으며, 공시 의무화 및 규제가 점차 강화되면서 지속가능경영보고서의 활용도는 앞으로 더 높아질 것으로 예상된다.

지속가능경영보고서의 필요성은 GRI에서 중소·중견기업(SMEs)의 지속가능경영보고서 작성을 위해 발간한〈Ready to Report?〉라는 가이드를 통해서 살펴볼 수 있다. 이 가이드에서는 보고서의 필요성을 외부 요인과 내부 요인으로 나누고 있다.

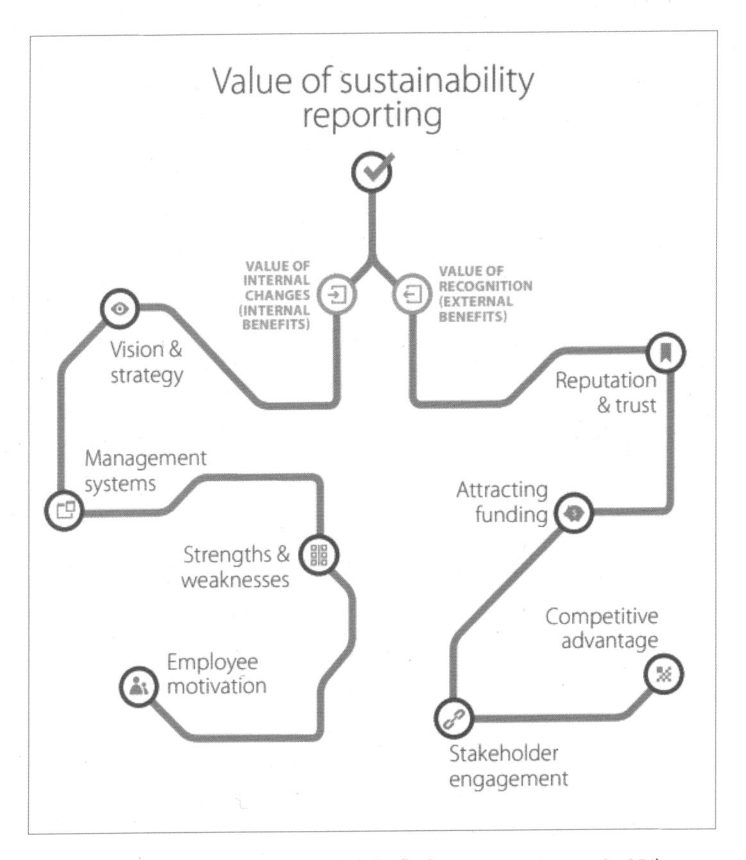

[그림 3] 지속가능경영보고서의 가치 (출처: Ready to Report?, GRI)

1) 외부 요인

(1) 글로벌 규제 강화

지속가능한 발전을 위해서는 국가에서도 규제를 강화해야 한다는 인식이 지배적이다. 이런 인식들이 커지면서 국가에서도 기업의 ESG 활동에 대해 자율적인 권고보다는 정부 차원의 다양한 규제를 마련하여 관리하려는 움직임들을 보이고 있다.

2013년 45개 국가에서 180개 이상의 지속가능에 대한 정보 공개 규제를 도입하였으며, 이후 2019년 19개 국가에서 스튜어드십 코드(stewardship code)를 도입하여 수탁 기관의 책임을 강화하는 등 규제 확산에 점차 열을 가하고 있다. 스튜어드십 코드란 연기금, 보험회사, 자산운용회사 등 기관투자자의 수탁자 책임을 강조하는 원칙으로, 기관투자자들이 투자 의사 결정 및 자산 운용 과정에서 사회적 책임을 다할 것을 요구하는 것을 의미한다.

가장 대표적으로 2014년 EU 집행위원회(European Commission)는 기업의 비재무 정보의 공개에 관한 지침(NFRD, Non-Financial Reporting Directive)을 제정하고, 2018년에는 근로자 수 500인 이상인 기업에 대해 환경, 사회, 노동, 인권, 반부패 등에 관한 정보 공개를 의무화하였다. 이후 2021년 6월, EU 이사회 및 의회에서는 기업 지속가능 보고 지침(CSRD, Corporate Sustainability Reporting Directive)을 최종 채택했다. CSRD는 기업이 사람과 지구에 미치는 영향에 대해 공개할 것을 의무화하는 지침으로 기업의 책임을 강화하는 지침이며, 환경적, 사회적, 인권 및 거버넌스 요소와 같은 지속가능 문제에 대해 보고할 것을 의무화하고 있다.

CSRD가 채택되면서 직원 250명 이상, 매출액 4천만 유로 이상인 기업은 상장 여부와 관계없이 이 지침을 모두 적용해야 한다. 또한, EU 내 기업이 아닌 경우 1억 5,000만 유로의 연 매출과 EU에 최소한 하나의 자회사 또는 지사가 있는 경우에도 적용해야 한다. CSRD에 영향을 받을 기업은 약 50,000개 이상으로 추정하고 있으며, NFRD에 적용되지 않았던 해외 기업도 포함될 확률이 높아졌다.

현재 NFRD를 적용받고 있는 회사의 경우에도 CSRD를 2024년 1월부터 적용해야 한다. 현재 적용되지 않고 있는 대기업의 경우 2025년 1월부터는 모두 적용해야 하며, 상장된 중소기업, 소규모 및 신용기관들의 경우에는 2026년 1월부터 CSRD를 적용해야 한다.

국내에서는 유가증권시장 상장사를 대상으로 기업별 ESG 관련 공시를 단계적인 방법으로 의무화할 예정이다. 현재는 지배 구조에 관한 내용을 담고 있는 기업 지배 구조 보고서 발간을 2019년부터 시행하고 있으며, 자산 2조 원 이상 기업을 대상으로 공시를 의무화하고 있다. 2022년부터는 자산 1조 원 이상의 기업을 대상으로 의무 공시를 시행하며, 2025년까지는 500억 원 이상, 2026년부터는 모든 코스피 상장사로 확대될 예정이다.

이와 함께 환경, 사회적 관련 분야는 지속가능경영보고서로 발간하되 2025년 전까지는 자율 공시로 시행하고, 2025년부터는 자산 2조 원 이상의 기업, 2030년부터는 모든 코스피 상장사로 공시를 의무화할 예정이다.

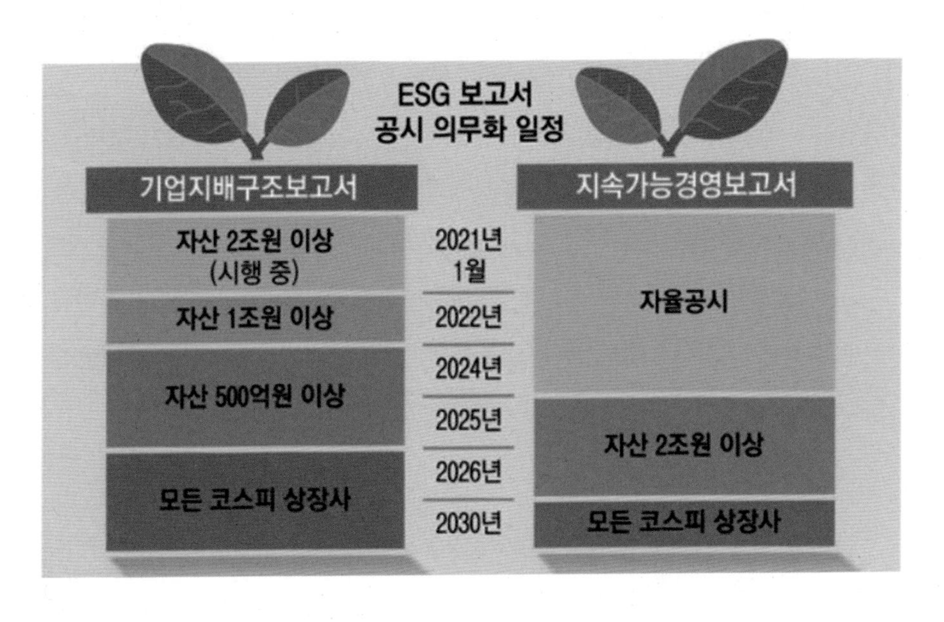

[그림 4] ESG 보고서 공시 의무화 일정 (출처: 매일경제)

(2) 자금 유치

금융기관과 투자자가 기업을 평가할 때 지속가능 문제의 다양한 측면(예: 거버넌스, 윤리적 가치, 사회적 우선순위 및 환경적 행동)에 관한 성과를 점점 더 요구하기 시작했으며, 특히 2020년 블랙록의 래리 핑크 회장의 서한으로 투자자들은 기업의 지속가능 여부를 가지고 기업의 가치를 평가하기 시작했다.

이는 사회 책임 투자를 강조하는 것으로 사회 책임 투자(Social Responsible Investment)란 투자 의사 결정 시, 기업의 재무적 요소뿐만 아니라 비재무적 요소인 ESG 요소를 고려하겠다는 것이다. 이는 환경, 사회, 지배 구조 등에 대한 정보를 통해 기업의 지속가능에 영향을 미치는 요소를 고려하여 장기적이고 능동적인 관점에서 투자하겠다고 밝힌 것이다.

이러한 움직임 속에 투자 유치에 필요한 신용등급 평가(S&P, 무디스, 한국신용평가 등) 기관에서도 등급 평가를 진행할 때 ESG 항목을 고려하고 있으며, 기업 등급 평가(MSCI, 한국기업지배구조원 등) 기관도 ESG의 성과를 요구하기 시작했다.

(3) 이해관계자 요구 확대

지속가능경영보고서는 기업의 투명성과 지속가능 성과를 이해관계자에게 공개하는 중요한 도구로 활용된다. 기업을 둘러싸고 있는 이해관계자의 유형은 고객, 공급 업체, 지역사회, 투자자, 직원 및 임직원 등이 있다. 보고서를 통해 기업과 이해관계자는 서로의 관계를 파악할 수 있고 커뮤니케이션을 통해 비즈니스 운영에 대한 피드백을 받을 수 있으며, 이를 통해 기업의 위기와 새로운 비즈니스 기회를 찾아낼 수 있다.

또한, SNS 발달로 인해 이해관계자들의 기업에 대한 감시가 증대되었고, 이는 최근 MZ세대의 소비 문화를 통해서도 확인할 수 있다. 최근 대한상공회의소에서 MZ세대를 대상으로 한 'MZ세대가 바라보는 ESG 경영과 기업의 역할'이라는 조사에 의하면, 새로운 소비 주체로

부상한 MZ세대가 제품 구매 시 중요하게 생각하는 것이 ESG 경영 실천 여부와도 관계가 있다는 결과가 나왔다. 응답자 중 64.5%가 ESG 경영을 실천하는 기업의 제품이 더 비싸더라도 구매하겠다는 의사를 밝혔다.

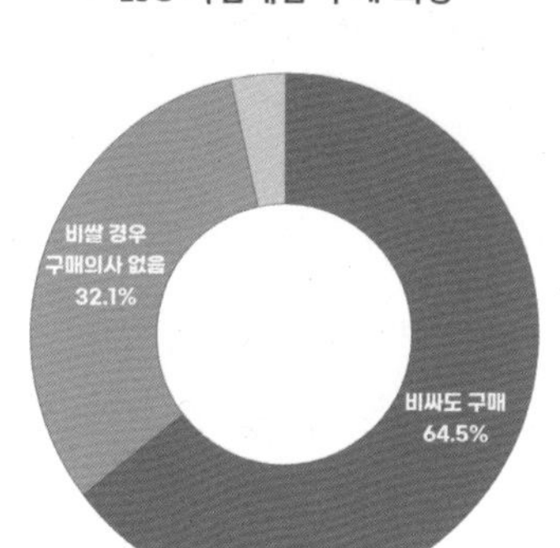

[그림 5] MZ세대가 바라보는 ESG 경영과 기업의 역할 조사 결과 (출처: 대한상공회의소)

코로나19 팬데믹 상황으로 인해 디지털과 온라인 위주의 삶을 살아온 MZ세대는 그들이 이용하는 소셜미디어를 통해 가치 소비 경험을 공유하고 있다. 이들은 시장과 산업의 트렌드를 시시각각 바꿀 수 있는 영향력을 떨치고 있고 각자 '디지털 사회운동가'가 되어 각종 이슈를 적극적으로 공유함으로써 개개인의 의견을 피력하고 있다.

또한, 도덕성에 어긋나는 제품 또는 서비스에 대해서는 불매 운동을 벌이거나 기존 브랜드의 대안을 찾아보고 추천하는 등의 영향력을 행사함으로써 현대 사회의 MZ세대는 시대적 흐름을 주도하는 힘을 갖게 되었다.

(4) 경쟁 우위 확보

지속가능 경영 공시 기준은 현재까지 대기업의 공시 기준에 맞춰진 까닭에 중소, 중견기업에서는 필요성을 많이 느끼지 못하고 있는 것이 현실이다. 하지만 글로벌 공시 기준에 따른 공급망 관리는 지속가능 경영의 중요한 부분을 차지하고 있어 중소, 중견기업의 지속가능경영보고서 작성에 대한 필요성은 점차 확대될 것이며, 협력 관계 선정 시 보고서의 유무는 관계 형성에 지대한 영향을 끼칠 것으로 예상된다.

2) 내부 요인

(1) 비전과 전략 개발

지속가능 보고 프로세스에 따라 보고서를 보고하는 기업은 기업을 지속가능하게 운영할 수 있고, 이는 기업의 비전과 전략을 명확히 하는 데 도움이 된다. 또한, 기업이 세운 목표를 달성하기 위한 기업 전략은 지속가능 보고 프로세스에 의해 큰 영향을 받을 수 있다. 지속가능 보고 프로세스를 통해 얻게 된 기업의 명확한 비전과 전략은 기업의 미래 정책 및 활동, 의사 결정에 기준점이 될 수 있으며, 보고서를 통해 합의된 방향성은 기업의 장기적인 전략적 결정에 많은 영향을 미치기도 한다.

따라서 기업은 지속가능경영보고서를 통해 진행하고 있는 사업에 대한 모든 부분을 정량화할 수 있고, 이를 통해 기업의 단기, 중기, 장기 비즈니스 계획을 가시적으로 만들 수 있는 것이다.

(2) 내부 프로세스 개선 및 목표 설정

지속가능 보고 프로세스의 주요 이점은 회사에서 진행하고 있는 것에 대한 진행 상황을 추적하고 개선이 필요한 영역을 강조 표시할 수 있다는 것이다. 이런 과정을 거쳐 대상을 관리하고 필요한 경우 변경할 수 있다는 점에서 기업은 유기적인 움직임을 갖을 수 있으며, 문제 발생 시에도 빠르게 대처할 수 있게 된다.

(3) 강점과 약점 파악

지속가능 보고 프로세스를 통해 기업 내 문제점을 조기 파악 또는 경고할 수 있으며, 예상치 못한 상황에 직면했을 경우 빠르게 대처할 수 있다. 위험 관리를 통해 경쟁자보다 먼저 시장에서의 기회를 잡을 수 있으며, 경쟁 우위를 선점할 수도 있다.

지속가능경영보고서를 통해 기업에서 설정했던 방향이 올바른지를 파악할 수 있으며, 올바르지 못한 방향 설정 시 외부 비판에 대해 대응할 수도 있다. 또한, 기업의 강점은 더욱 개발하여 비교 우위를 가져갈 수 있고, 약점에 대해서는 개선 또는 보강하여 부정적인 영향에 미리 대비할 수 있다.

(4) 직원 유치와 동기 부여 및 유지

기업의 성과 기준과 기업 평가는 직원을 유치하고 근무 동기 부여에 대해 많은 영향을 끼친다. 지속가능경영보고서는 기업의 지속가능에 대한 커뮤니케이션 역할을 하며, 논의 또는 측정을 할 수 있는 기준으로 작용할 수 있다.

지속가능경영보고서를 통해 보고된 기업 내 정보들은 기업과 직원 사이의 신뢰를 높일 수 있으며, 취업 또는 근무에 대한 동기 부여가 될 수 있다. 도출된 기업의 전략적 목표에 대하여 직원들이 인정하고 동의했을 경우 기업에 대한 업무 기여도는 늘어날 것이며, 더 오래 근무할 수 있게 되는 근무 환경까지 만들어 낼 수 있다.

4 글로벌 이니셔티브

'글로벌 이니셔티브'라 하면, ESG 요소를 주제로 다양한 논의를 하고 그에 따른 실천 방안을 만들어 내는 일종의 협의체이자 기업들의 행동 강령 또는 가이드라인 형태의 자율 규범을 지칭한다. 일반적으로 이니셔티브(initiative)란 '어떤 주제에 대해 논의를 이끌어가거나 문제를 해결하는 주도권과 자발적인 계획'을 의미하며, 가장 대표적인 글로벌 이니셔티브로는 UN이 있다. 각각의 이니셔티브마다 역할이 다르며 필자는 이니셔티브별 영역을 공시 기준, 평가 기준, 검증 기준 등의 기준으로 나눠 설명할 예정이다.

1) 공시 기준

기업마다 ESG의 영향이 다르고 이해관계자에 따른 중대성은 기업마다 차이가 있다. 기업들은 글로벌 기준에서 요구하는 각각의 가이드라인에 맞춰 지속가능경영보고서를 발간하고 있다. 국제적으로 활용되고 있는 공시 기준으로는 GRI 표준, SASB, TCFD 등이 있으며 발간 목적에 따라 가이드라인을 선택하여 보고서를 발간하게 된다. 최근에는 하나의 가이드라인만 사용하는 보고서보다는 여러 기준에 부합할 수 있는 보고서를 통합적으로 작성하고 있다.

공시 기준에 대한 트렌드는 어떠할까? 이에 대한 답으로 Shearman & Sterling이라는 기관에서는 미국의 대표적인 100대 공기업을 대상으로 환경, 사회 및 지배 구조 문제에 특별히 초점을 맞춘 연례 기업 지배 구조 및 경영진 보상 설문조사를 발표했다.

다음 [그림 6]을 통해 2019년 가장 많이 사용하는 공시 기준이 대부분 GRI 표준에만 편향되어 있다는 것을 확인할 수 있다. 당시 발간된 리포트는 총 119개였으며, 기준을 따르지 않는 29개의 리포트를 제외한 90개의 리포트 중 70개의 리포트가 GRI 표준을 따르고 있다는 것을 확인할 수 있다.

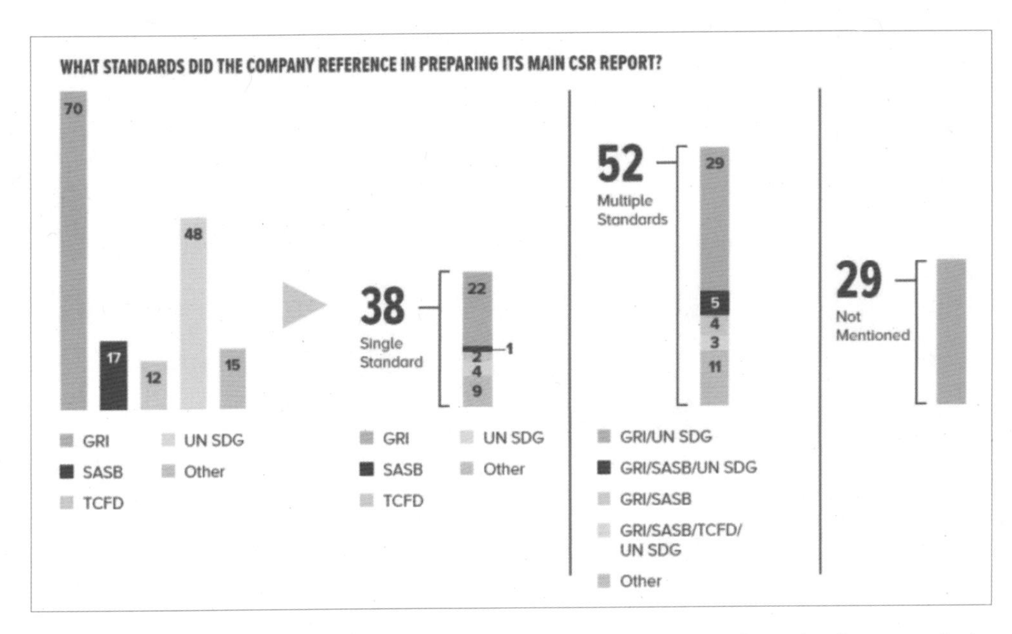

[그림 6] 2019년 공시 기준 사용 현황 (출처: 2019 Corporate Governance and Executive Compensation)

이후 2020년 1월, 블랙록의 CEO인 래리 핑크는 연례 서한에서 SASB와 TCFD에 대한 지지를 표명하였다. 이에 대한 반응으로 [그림 7]을 통해 SASB와 TCFD의 수치 변화가 눈에 띄게 증가했다는 것을 확인할 수 있다. 2020년 100개 기업 중 99개 기업이 지속가능경영보고서를 발간하였다. 여기서 참고해야 할 점은 2019년에는 리포트를 기준으로 조사되었으며, 2020년에는 기업을 기준으로 조사가 진행되었다는 점을 참고 바란다.

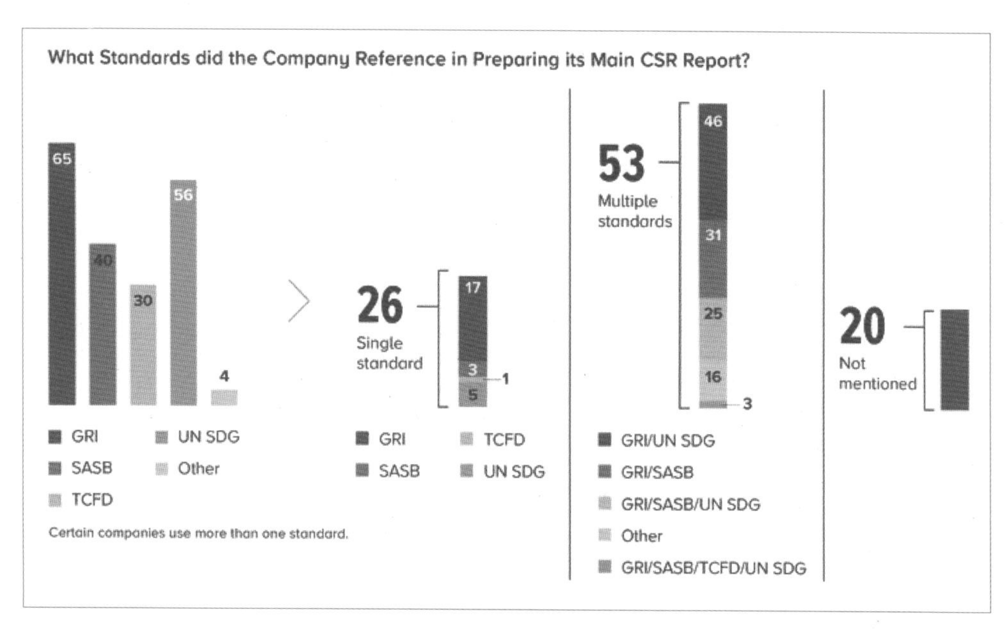

[그림 7] 2020년 공시 기준 사용 현황 (출처: 2020 Corporate Governance and Executive Compensation)

2020년 보고서에서는 단일 공시 기준으로 보고서를 발간한 기업은 26개 기업이었으며, 58개의 기업이 2가지 이상의 공시 기준을 적용하고 있는 것을 확인할 수 있다. 공시 기준을 따르는 79개의 기업 중 GRI 표준은 65개 기업, SASB는 40개, TCFD는 30개의 기업이 적용하고 있다. 가장 최근에 발표된 2021년 보고서 [그림 8]를 통해서는 그 트렌드를 더욱 명확하게 확인할 수 있다.

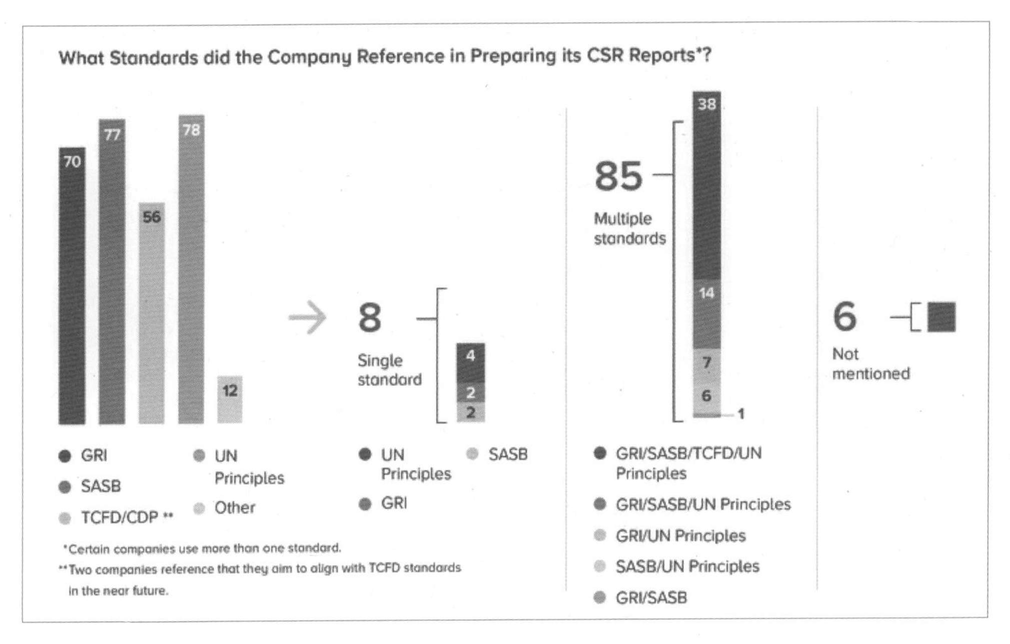

[그림 8] 2021년 공시 기준 사용 현황(출처: 2021 Corporate Governance and Executive Compensation)

2021년에는 100대 기업 중 99개의 기업이 설문에 응했으며, 이 중 6개의 기업은 공시 기준을 따르지 않는다고 밝혔다. 이전 보고서와 비교해 보면 응답한 기업 중 85개의 기업이 2개 이상의 공시 기준을 사용하고 있다는 것을 확인할 수 있다. SASB와 TCFD의 활용도 또한 이전보다 훨씬 늘었다. 특히 2021년에는 SASB를 적용하는 기업의 수가 GRI 표준보다 더 많아졌다는 것이 큰 특징이다.

이는 단순히 래리 핑크 회장의 영향으로만 볼 수만은 없다. 2021년 Morrow Sodali에서 기관투자자를 대상으로 선호하는 ESG 프레임워크를 조사했을 당시 TCFD와 SASB의 선호도가 매우 높았던 반면, GRI의 선호도는 17%로 낮다는 것을 확인할 수 있다. 이를 통해 지속가능경영보고서의 공시 기준의 경우 이해관계자에 따라 그 선호도가 차이 난다는 것을 알 수 있다.

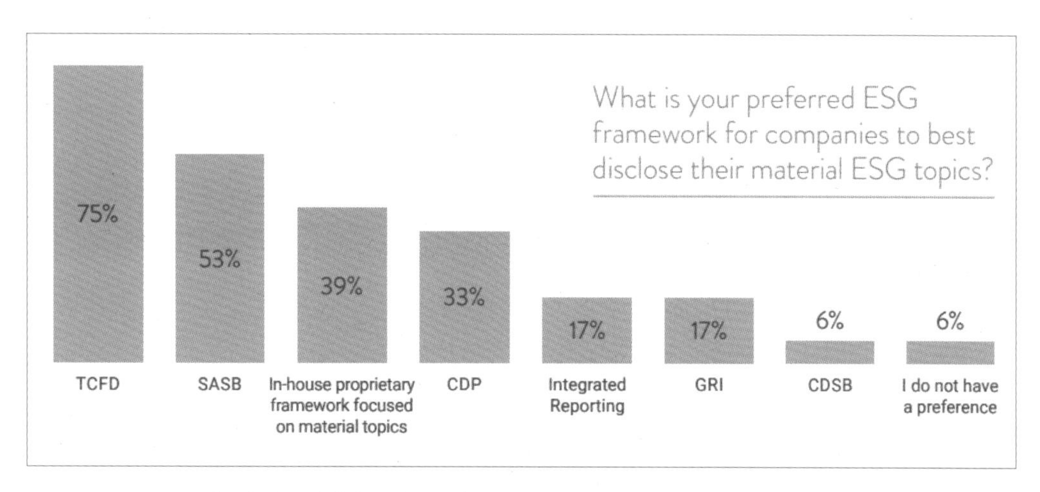

[그림 9] 프레임워크 선호도 (출처: Institutional Investor Survey 2021)

국내에서도 이와 비슷한 조사 결과가 발표되었다. 2020년 기준 국내의 지속가능경영보고서 발간 기업은 142개로 집계되었으며, 국내 지속가능경영보고서 표준과 가이드라인 반영 현황을 살펴보면 국내 대부분의 기업들은 지속가능경영보고서 작성 시 GRI 표준을 따르고 있다는 것을 확인할 수 있다. 특히 TCFD와 SASB의 경우 2020년과 2021년을 비교했을 때 가이드라인을 적용하는 기업의 수가 눈에 띄게 늘었다는 것을 확인할 수 있다.

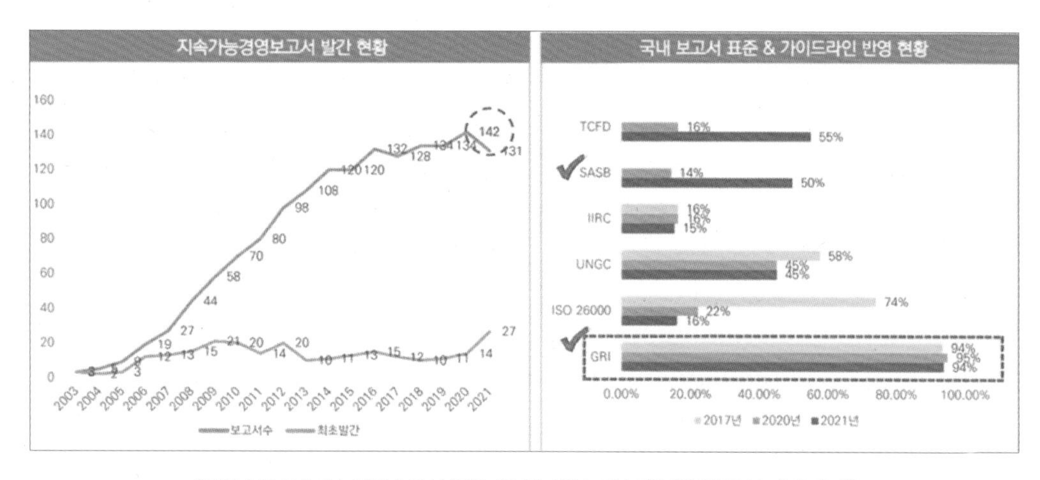

[그림 10] 지속가능경영보고서 현황 (출처: KSA 지속가능경영보고서 내부 통계)

(1) GRI

GRI(Global Reporting Initiative)는 전 세계에서 통용되는 지속가능경영보고서에 대한 가이드라인을 제시하는 국제기구이다. 1989년 미국의 대형 유조선 좌초로 인한 원유 유출 사고가 발생하였고 이때 GRI의 모태라고 할 수 있는 Ceres라는 환경 연맹이 설립되었다. 이후 1997년 국제연합 환경계획(UNEP)과 Ceres가 협약을 맺음으로써 비영리 기구인 GRI가 설립되었다.

[그림 11] GRI 로고 (출처: GRI 홈페이지)

GRI 표준은 모든 조직에 공통으로 적용될 수 있는 정보 공개 기준과 경제, 환경, 사회 분야의 지표를 구체화하여 제시하고 있다. 모든 이해관계자를 대상으로 발행하는 것이 특징이며, 중대한(Material) 주제를 선별하여 지속가능경영보고서를 작성하는 가장 이상적인 표준이다.

GRI 표준은 2000년 지속가능경영보고서 표준으로 발전하게 되었으며, 전 세계에서 발간된 지속가능경영보고서 중 약 70~80%가량이 이 기준을 활용하고 있다. GRI에서는 총 6회의 가이드라인을 발표하였으며, 이는 각각 G1(2000), G2(2002), G3(2006), G3.1(2011), G4(2013)로 정보 공개 지침 및 지표를 점진적으로 고도화하여 발표하였다. 2016년에는 지표를 모듈식으로 확장한 GRI 표준을 발표함으로써 가이드라인(Guideline)을 표준(Standards)으로 변경하였다.

2016년 발표한 GRI 표준은 조직 프로필, 전략 윤리성 및 청렴성, 지배 구조 등 3개의 공통 표준과 GRI100과 경제 관련 GRI200, 환경 관련 GRI300, 사회 관련 GRI400으로 총 34개의 특정 주제 표준으로 구성되어 있다.

가장 최근인 2021년 10월 5일에는 기타 글로벌 가이드라인들과의 호환성 강화를 위해 공통 표준 3개, 산업 표준 40개, 주제 표준 31개로 구성된 GRI Standards(2021)를 발표하였다. 만약 GRI 표준을 활용하여 지속가능경영보고서를 작성하는 기업의 경우에는 2023년 1월 1일 이후부터 업데이트된 표준을 적용하여 보고서를 공시해야만 부합 보고서로 인정된다.

(2) SASB

SASB(The Sustainability Accounting Standards Board)는 2011년 Bloomberg, Rockefeller Foundation 및 Generation Foundation의 재정 지원으로 시작된 비영리 재단이다. 지속가능 회계기준위원회라고도 불리며, 미국 증권거래위원회(SEC)에 보고할 기업의 비재무 평가지표를 마련하기 위해 만들어진 재단이다.

[그림 12] SASB 로고 (출처: SASB 홈페이지)

SASB에서는 2018년 11개 산업군과 77개 세부 산업별 표준으로 구성된 SASB 표준을 발표함으로써 산업별 중대 이슈에 대한 정보를 공개하도록 요구하고 있다. SASB 표준은 2020년 블랙록의 래리 핑크 회장이 SASB와 TCFD를 공개적으로 지지함으로써 주목받게 되었다. 발언 이후에는 해당 기준을 도입하는 기업들이 눈에 띄게 늘어나고 있다.

SASB 표준은 기업의 재정 및 영업 활동에 직접 영향을 미치는 ESG 정보 식별에 초점을 두고 있으며, ESG와 관련된 데이터들을 회계 보고 기준에 대응할 수 있도록 구성하여 투자자가 유용하게 활용할 수 있도록 만든 것이 특징이다.

SASB 표준은 GRI 표준처럼 보편적 분류 기준만을 제시하는 것이 아니라, 산업별 중대성 지도(Materiality map)를 통해 산업별로 가장 중요한 이슈들이 해당 산업군 내에서 중요한 이슈로 선택될 가능성이 어느 정도인지를 평가하고, 같은 산업군 내 다른 기업과 비교할 수 있는 데이터를 공개하고 있다.

경제, 환경, 사회 세 가지 측면을 강조하는 GRI 표준과 달리 환경, 사회 이외에도 인적 자본, 비즈니스 모델, 리더십 등 5가지 측면을 포함하여 지속가능을 파악한다는 것이 큰 특징이며, 2020년 11월 IIRC(국제통합보고위원회)와 합병 후 2022년 8월 1일부로 국제지속가능표준위원회(ISSB)를 설립한 IFRS 재단으로 통합되었다.

(3) TCFD

2015년, 전 세계 196개국은 지구 평균 기온 상승을 산업화 이전 대비 2℃보다 상당히 낮은 수준으로 유지하고, 1.5℃로 제한하기로 규정한 '파리협정'을 맺었다. 파리협정은 전 지구적 장기 목표를 가지고 모든 국가가 2020년부터 기후 행동에 참여하며, 5년 주기 이행 점검을 통해 점차 노력을 강화할 것을 규정하고 있다.

산업이 발전할수록 그에 따른 환경적인 피해는 점차 커져만 갔다. 특히 전 세계적으로 이상 기후 현상이 발생하게 되면서 국가별로 기후 변화에 대한 심각성을 깨닫고 그에 따른 노력에 대한 필요성을 느끼게 되었고, 전 세계적으로 기후 변화 관련 정보 공개 제도의 도입도 활발하게 진행되어 왔다.

G20 국가 중 15개 국가가 기업의 기후 변화 관련 정보를 의무적으로 공개하도록 하고 있다. 하지만 기존의 제도는 에너지 사용량 및 온실가스 배출량 등 대부분이 기술적인 정보에만 편향된 정보만을 제공하고 있었으며, 기후 변화가 기업들에게 미치는 영향에 대한 정보는 부족한 것이 현실이었다.

기후 변화는 장기적인 대처가 필요한 특성을 갖는 만큼 그에 따른 금융 리스크에 대한 판단도 중요하다. 2015년 4월 G20은 금융 부문이 향후 기후 변화 관련 문제를 어떻게 반영할 수 있을 것인지에 대한 방법론이 필요하다 하여 이를 금융안정위원회(FSB)에 개발을 요청했다. 이후 FSB는 2015년 12월 기후 변화가 미치는 기업의 재무적 영향 공개를 위한 프레임워크 및 권고안을 만들기 위해 TCFD(기후 변화 관련 재무정보공개 태스크포스, Task Force on Climate-related Financial Disclosures)를 설립하였다.

[그림 13] TCFD 로고 (출처: TCFD 홈페이지)

TCFD에서는 2016년 12월, 재무 보고서(Financial fillings)를 통한 기후 변화 관련 정보 공개 프레임워크를 담은 권고안 초안을 발표하였으며, 2017년 6월 29일 최종 권고안 및 관련 추가 지침을 발표하였다. TCFD 권고안은 기업에 영향을 끼칠 수 있는 기후 변화의 리스크와 기회 요인을 정량적으로 수치화하고 이를 재무적으로 통합해 공개하는 것을 주목적으로 하고 있으며, 지배 구조, 전략, 리스크 관리, 지표·목표 설정이라는 틀로 만들어졌다.

2021년 10월 기준으로 전 세계 89개 국가, 2,600개의 금융·비금융기관이 TCFD 지지를 선언했으며, 국내에서는 2020년 5월 28일, 환경부와 환경산업기술원을 중심으로 TCFD 지지를 선언했다.

2) 평가 기준

국내 기업들도 ESG 평가에 대해 많은 관심을 보이기 시작했다. ESG 평가 결과는 기업의 비재무적 성과를 나타내는 척도 중의 하나로 사용되고 있다. 평가를 진행하는 기업은 제3자 검증을 통해 보고서의 정확성과 신뢰성을 확보하고 있으며, 검증된 보고서는 투자자를 비롯한 이해관계자들이 기업의 지속가능을 판단하는 자료로 활용되고 있다.

2008년 금융 위기 이후 기업의 지속가능 여부에 대한 중요성이 점차 확대되면서 점진적으로 ESG 평가기관의 수도 늘어나고 있다. ESG 평가기관들은 기업이 발간한 보고서, 홈페이지, 기업 공시, 언론보도 등 공개된 정보들을 취합하거나, 설문조사를 통해 ESG 관련 정보를 수집하여 이를 바탕으로 각 기업의 ESG를 평가하고 있으며, 전 세계 약 600개 이상의 평가기관들이 평가 활동을 진행하고 있다.

글로벌 해외 기업들을 대상으로 한 ESG 평가를 진행하는 평가기관은 대표적으로 MSCI, S&P Global 등이 있으며, 국내에서는 한국기업지배구조원(KCGS), 서스틴베스트가 대표적이다. 평가기관별로 평가가 진행되는 형태는 기관별로 모두 다르며, 공개되는 정보 또한 각각 다르다.

지역	구분	평가기관	평가데이터 수집 방법
해외	지수 및 데이터사업자	MSCI	공개정보기반
		FTSE Russell	
		Refinitiv	
		Bloomberg	
		Rep Risk	
	ESG 전문 분석기관	Sustainalytics	
		ISS (ISS ESG)	
		Vigeo Eiris	
	비영리단체	CDP	설문기반
	신용평가사	S&P Global	
국내	ESG 전문 분석기관	KCGS	공개정보기반
		대신경제연구소	
		서스틴베스트	
	데이터사업자	지속가능발전소 (Who's Good)	

[그림 14] 국,내외 ESG 평가기관 (출처: KCGS 한국기업지배구조원)

(1) 국외

① MSCI

MSCI가 매년 발표하는 ESG 등급의 영향력 및 파급력은 엄청나다. ESG 도입 촉구에 대한

도화선이 되었던 세계 최대 자산 운용사인 블랙록이 지속가능에 대한 투자의 중요성을 강조하며 그에 대한 핵심 지표로 MSCI의 ESG 지수를 언급했을 정도로 파급력이 크다.

국외 기업인 모건스탠리캐피털인터내셔널(Morgan Stanley Capital International, MSCI)은 세계 3대 투자은행 중 하나인 모건스탠리가 만든 글로벌 평가기관이다. ESG와 관련된 가장 많은 인덱스(Index)를 보유하고 있으며 ESG 부서를 별도로 창설하여 오랜 기간 연구를 진행하고 있다.

[그림 15] MSCI 로고 (출처: MSCI 홈페이지)

MSCI는 주식, 채권 등 금융 시장 지수 산출을 하는 인덱스 사업자로 1999년부터 기업의 ESG 평가를 시행하고 있으며, 매년 8,500여 개의 기업에 대한 ESG 지수를 공개하고 있다.

MSCI의 평가 체계는 총 10가지 테마와 35개의 핵심 이슈로 환경 부문 13개, 사회 부문 16개, 지배 구조 부문 6개 등으로 이루어져 있다. 평가 방식은 자신들이 보유한 35개의 평가 항목을 모든 기업에 똑같이 적용하는 것이 아닌 대상 기업의 비즈니스 모델과 산업 특성에 따라 6~10개의 중점 항목을 선정하고 이를 중심으로 영역별 가중치를 달리해서 평가를 진행한다.

핵심 이슈에 대한 정보는 기업과 관련되어 있는 공개 자료를 포괄적으로 검토하며, 이해관계자가 확인할 수 없는 비공개 정보를 제외하고는 지속가능경영보고서 및 정부나 언론 지적사항, 기업 공시 자료, 정부·학계·NGO 자료, 미디어 자료 등의 공개 정보를 활용하여 조사 및 평가를 진행하게 된다.

이슈별 평가 항목을 간단하게 살펴보면, 환경 부문은 기후 변화, 천연자원, 오염 및 폐기물,

환경적 기회 등 4개 주제를 중심으로 탄소 배출, 기후 변화 취약성, 생물 다양성, 수자원 관리, 유해 물질 배출 등의 이슈를 평가 항목으로 설정하고 있다. 사회 부문은 인적 자원, 제품에 대한 책임, 이해관계자 반대, 사회적 기회 등 4개 주제와 관련한 내용을 평가하며, 평가 항목으로는 인적 자원 개발, 제품 안전 및 개인정보 보호, 지역사회와의 관계, 취약 계층의 의료 접근성 강화 등으로 구성되어 있다. 지배 구조 부문은 기업 지배 구조와 기업 행동을 주제로 이사회 다양성, 경영진 보수, 기업 윤리, 경쟁 제한 행위, 반부패 등을 평가하게 된다.

MSCI ESG Score									
Environment Pillar				Social Pillar				Governance Pillar	
Climate Change	Natural Capital	Pollution & Waste	Env. Opportunities	Human Capital	Product Liability	Stakeholder Opposition	Social Opportunities	Corporate Governance	Corporate Behavior
Carbon Emissions	Water Stress	Toxic Emissions & Waste	Clean Tech	Labor Management	Product Safety & Quality	Controversial Sourcing	Access to Communication	Board	Business Ethics
Product Carbon Footprint	Biodiversity & Land Use	Packaging Material & Waste	Green Building	Health & Safety	Chemical Safety	Community Relations	Access to Finance	Pay	Tax Transparency
Financing Environmental Impact	Raw Material Sourcing	Electronic Waste	Renewable Energy	Human Capital Development	Consumer Financial Protection		Access to Health Care	Ownership	
Climate Change Vulnerability				Supply Chain Labor Standards	Privacy & Data Security		Opportunities in Nutrition & Health	Accounting	
					Responsible Investment				
					Insuring Health & Demographic Risk				

Key Issues selected for the Soft Drinks Sub Industry (e.g. Coca Cola)

Universal Key Issues applicable to all industries

[그림 16] MSCI ESG 평가 기준 (출처: MSCI 홈페이지)

평가 과정은 총 4단계에 거쳐 이뤄진다. 가장 먼저 해당 기업이 속한 산업군과 관련된 ESG 분야 주요 핵심 이슈 선정과 이슈별 비중 등을 정한다. 산업마다 ESG 이슈별 비중 차이가 발생하기 때문에 해당 핵심 이슈가 환경과 사회에 미치는 영향력, 이슈의 이익 혹은 비용에 영향을 미치기까지 걸리는 시간을 따져 비중을 정하게 된다.

이러한 과정을 거쳐 기업별 ESG 점수를 부여를 위한 평가 기준을 선정하게 되는데, 해당 기업이 노출된 주요 ESG 리스크 요소는 무엇인지 그리고 동종 기업과 비교하여 리스크 관리를 얼마나 잘 관리하는지, ESG 관련 기회 포착 정도는 어느 정도 인지를 통해 평가 기준을 선정한다.

위 과정을 거쳐 평가 기준을 선정한 후, 해당 기업의 환경, 사회, 지배 구조 분야별 개별 점수를 책정하게 되며, 이후 다시 한번 가중치를 적용하여 평가 진행에서 부여된 점수들을 통해 마지막으로 등급 부여 과정을 진행한다. 이후 산업별 점수의 평균 분포도를 작성하고 각각의 기업별 점수를 0~10까지 매기게 된다. 이 모든 과정을 마친 후 CCC에서 AAA까지 ESG 등급을 부여하게 된다.

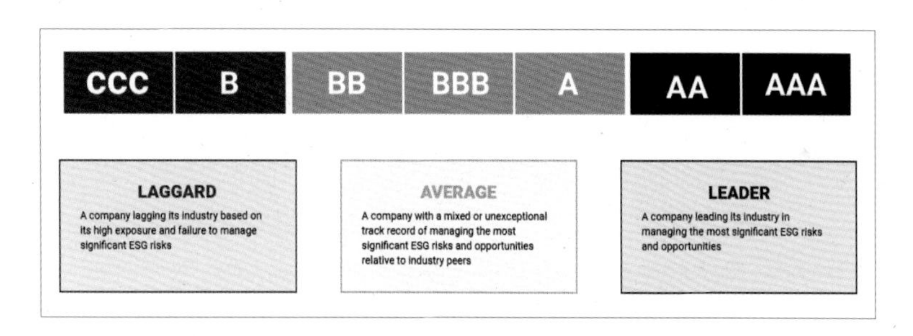

[그림 17] MSCI ESG 등급 기준 (출처: MSCI 홈페이지)

MSCI의 ESG 평가 항목 중 가장 중시하는 요소는 지배 구조라 할 수 있다. 이사회 구조, 급여, 소유와 경영의 분리 등 오너십 구조, 회계, 기업 윤리, 투명한 납세 등 지배 구조를 평가하는 6개 항목은 해당 기업의 비즈니스 모델이나 산업 특성과는 관계없이 가장 핵심 기준으로 선정하고 있으며 10점에서 감점 요인을 제하는 방식으로 점수를 산출한다는 것이 특징이다.

등급표에 대해서는 ESG 등급을 발표하기 6~8주 전부터 평가 근거가 되는 정보가 무엇인지를 해당 기업은 확인할 수 있으며, 등급이 확정되는 즉시 해당 기업에 알려준다. 이후 등급 책정에 대한 근거를 질의 또는 소명할 수 있으며, 공식적인 ESG 업데이트 주기는 연 1회로 보통 알려져 있다.

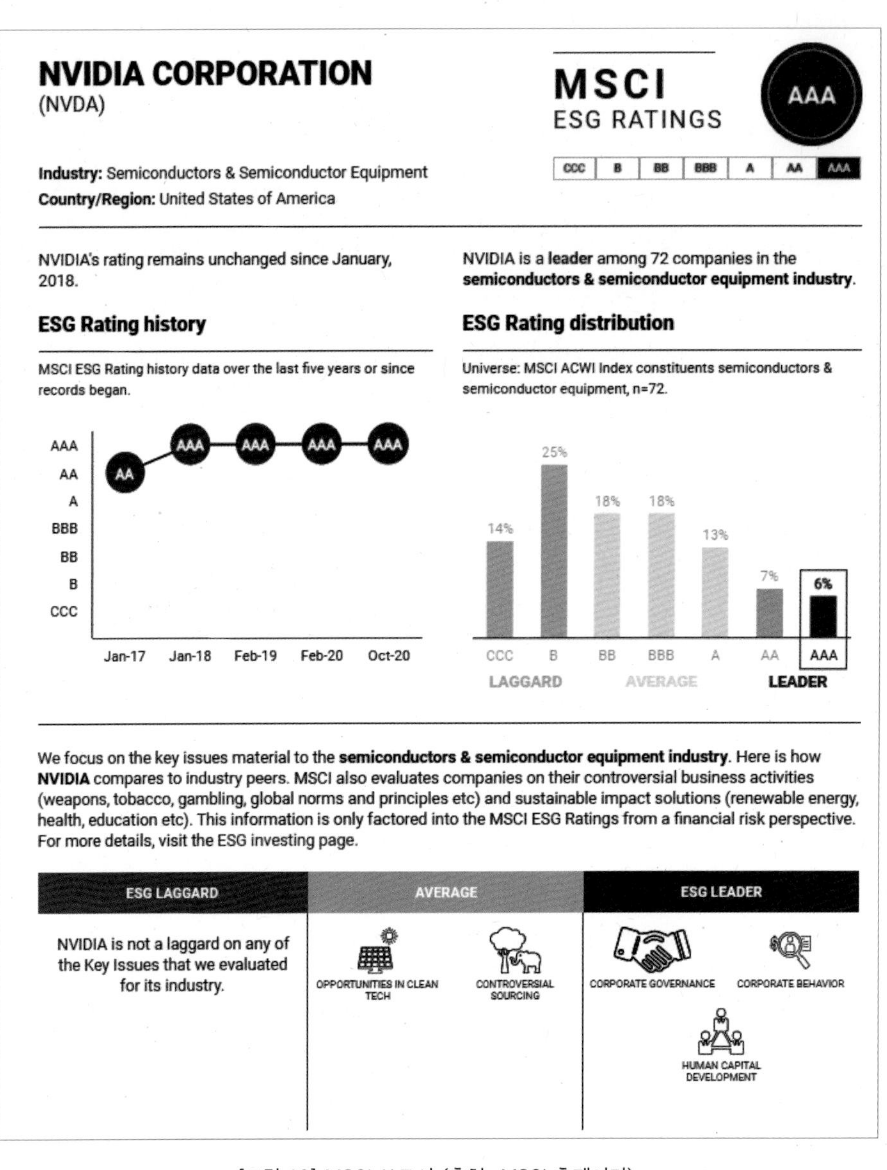

[그림 18] MSCI 보고서 (출처: MSCI 홈페이지)

② DJSI

글로벌 신용평가 회사인 미국 S&P(스탠더드 앤 푸어스)는 1999년부터 전 세계 시가총액 상위 2,500개 기업을 대상으로 기업 가치를 재무 정보뿐 아니라 사회적, 환경적 성과와 종합적으로 평가하여 각각의 다우존스 지속가능 경영지수(DJSI, Dow Jones Sustainability Indices)를 발표하고 있다. 현재는 기업 경영의 지속가능을 평가하는 지표로 사용하고 있으며, 역사가 오래된 평가 지표이기 때문에 DJSI 지수에 편입되는 것만으로도 '우량주'로 평가받을 수 있는 상징성이 매우 크다.

평가 방식으로는 전 세계 시가총액 상위 기업들을 대상으로 80~120문항에 달하는 설문과 회사 발간 자료 등을 바탕으로 평가를 진행한다. 설문 항목은 공통 항목과 산업별 항목으로 구분하여 가중치를 적용한 평가 점수로 산출하게 된다. 기업이 제출한 설문 응답지를 기반으로 지수 편입 여부가 결정된다는 점에서 기업들은 다른 평가 지표 대비 관리가 비교적 쉬운 편이다.

DJSI 평가는 DJSI World, Asia-Pacific, Korea 모두 한 번에 진행된다. DJSI 평가에 한 번 참여하는 것으로, 시가총액 순위에 따른 평가 대상 여부, 평가 점수 결과에 따라 DJSI World, Asia-Pacific, Korea 편입이 결정된다.

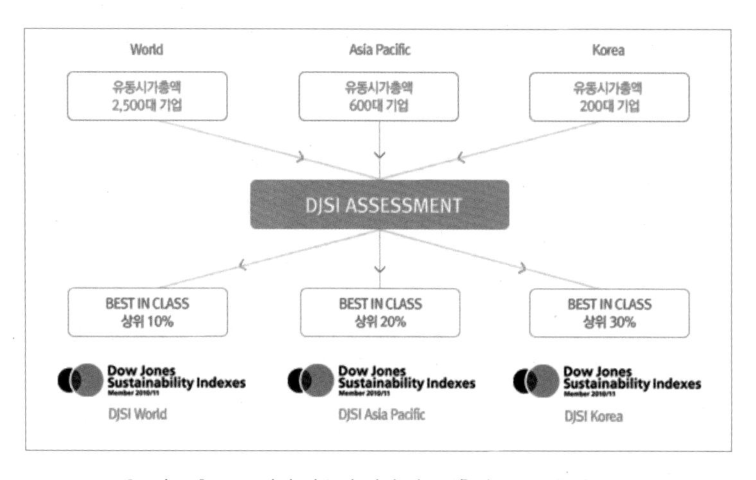

[그림 19] DJSI 지역 지수별 편입 기준 (출처: DJSI 홈페이지)

전 세계 2,500개 기업 가운데 상위 10%는 DJSI World에 편입되며 아시아 태평양 지역의 상위 600대 기업 중 상위 20%는 지역 지수인 DJSI Asia-Pacific에 편입된다. DJSI Korea는 세계 최초 국가 단위 다우존스로서 국내 상위 200대 기업을 평가한 후 상위 30%가 지수에 속하게 된다.

2021년 기준 글로벌 2,544개 평가 대상 기업 중 12.7%인 322개 기업이 DJSI World 지수에 편입되었으며, 이 중 국내 기업은 21개 기업이 편입되었다. DJSI Asia-Pacific 지수에는 평가 대상 609개 기업 중 25.1%인 153개 기업이 편입되어 있고, 국내 기업은 32개가 편입되어 있으며, DJSI Korea 지수에는 203개 평가 대상 기업 중 21.2%인 43개 국내 기업이 편입되어 있다.

DJSI 주요 평가 항목은 기업의 지배 구조, 윤리 경영, 리스크 관리, 기후 변화, 인적 자본 개발, 사회 공헌 등의 공통 항목과 지속가능 금융, 차량 연비 등 산업별 항목으로 구성되어 있다. 2021년에는 기후 전략, 노동 관행, 인권, 인적 자본 개발, 조세 전략 등의 평가 항목이 개정되었으며, 매년 ESG 이슈의 중요성과 평가 필요성을 고려하여 항목을 개정하여 평가를 진행하고 있다.

경제적 측면	지배구조 (6.0%)	리스크 관리 (6.0%)	윤리강령 (6.0%)	**산업별 항목**		
환경적 측면	환경 보고서 (3.0%)	**산업별 항목**				
사회적 측면	인적자원 개발 (5.5%)	인적자원 보유 (5.5%)	노동지표 (5.0%)	기업시민 의식 (3.0%)	사회 보고서 (3.0%)	**산업별 항목**

[그림 20] DJSI 세부 평가 기준 및 항목 가중치 (출처: DJSI 홈페이지)

평가는 대부분 3월 중순쯤 기업을 대상으로 DJSI 참여 여부에 대한 초청장으로 발송하면서 시작된다. 참여 여부가 결정되면 이후 온라인 설문, 회사 발간 자료, 공시 정보 등을 토대로 데이터를 수집한다. 수집된 데이터들은 산업별, 항목별 가중치가 적용되어 평가 및 분석이 진행되며, 평가 및 분석을 바탕으로 한 모니터링 단계까지 거치게 되면 산업별 편입 기업을 선정하고 선정된 기업을 중심으로 9월 초 DJSI 편입 기업을 발표한다.

2021년 이전에는 해당 기업에 개별 안내했지만, 2021년부터는 S&P Global 홈페이지에 상세 ESG 평가를 공개하고 있다. 이전에는 ESG를 종합한 평가 총점만 홈페이지에 공시되었으나, 현재는 ESG 분야별 점수와 지배 구조, 윤리 경영 등 항목별 점수까지 상세하게 공개하고 있다.

(2) 국내

① KCGS

KCGS(한국ESG기준원)은 한국거래소 산하 비영리 단체로 2002년 6월 설립 후 한국기업지배구조원이라는 명칭에서 2022년 9월 한국ESG기준원으로 개칭했다. 2003년부터 국내 기업 지배 구조에 대한 평가를 진행하고 있으며, 2011년부터는 기존 기업 지배 구조 평가에 지속가능 경영에 관한 내용이 포함된 ESG 평가를 진행하고 있다. 매년 국내 상장 회사의 지속가능 경영 수준을 평가하고 있으며 이를 자체 홈페이지에 게시하고 있다.

KCGS는 비재무적 위험과 기회를 관리함으로써 지속가능 경영을 실천하고 책임 투자 시장에 대한 자복의 접근성을 향상하기 위한 평가 목적으로 ISO26000, OECD 기업 지배 구조 원칙 등 국제 기준과 국내 법제 및 경영 환경을 기반으로 한 ESG 평가 모형을 자체 개발하여 사용 중에 있다.

ESG 평가 모형의 기본 평가는 기업 특성별로 분류 후 가점 방식으로 진행되며, 심화 평가는 부정적 ESG 이슈에 대한 가점 방식을 정용하고 있다. 총 18개의 대분류와 265개의 핵심 평가 항목으로 구성되어 있고 상세 평가 문항은 평가 대상 기업만 확인할 수 있다.

평가 순서는 가장 먼저 3월에 지배 구조, 금융사 지배 구조 평가를 시작으로 6월에는 환경, 사회 평가가 시작되고 이 모든 평가와 등급 부여는 10월에 완료되게 된다. 평가가 완료된 이후 다음 연도 1월, 4월, 7월에는 ESG 등급위원회를 개최하여 ESG 이슈를 반영한 등급으로 수시 조정하게 된다.

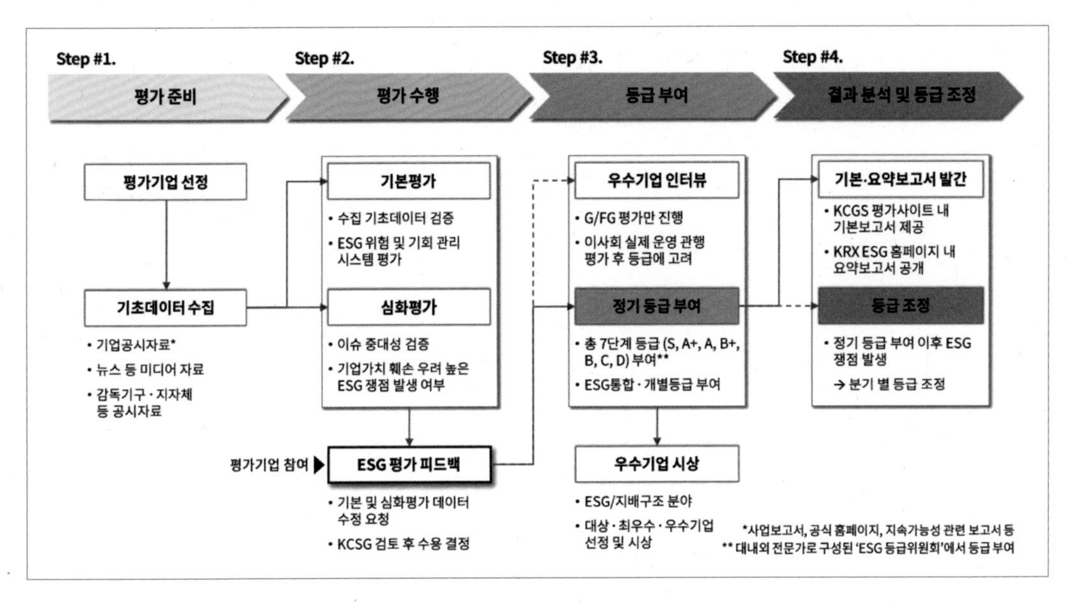

[그림 21] 한국ESG기준원 평가 프로세스 (출처: 한국ESG기준원 ESG 평가 안내)

KCGS의 ESG 평가 단계는 크게 4단계로 분류되어 진행된다. 1단계인 평가 준비 단계에서는 우선 평가 기업을 선정 후 사업 보고서, 지속가능경영보고서, 홈페이지, 기업 공시 자료 등 외부적으로 확인할 수 있는 데이터를 활용하여 기초 데이터를 수집하게 된다.

이후 2단계에서는 18개 대분류, 265개 핵심 평가 항목을 기반으로 평가를 수행하게 된다. 평가 방법에는 기본 평가와 심화 평가 두 가지가 있다. 기본 평가에서는 KCGS에서 만든 ESG 위험을 최소화하기 위한 시스템이 갖춰진 여부를 평가하는 281개 핵심 평가 항목으로 심사를 진행한다. 심화 평가에서는 기업 가치 훼손에 대한 우려가 있는 ESG 관련 이슈 여부 검증으로 58개 핵심 평가 항목을 심사하고 있다. 평가가 완료된 후에는 기본 및 심화 평가 데이터 수정 요청 등의 ESG 평가 피드백 절차가 진행된다.

3단계에서는 2단계까지의 평가를 통해 총 7단계(S, A+, A, B+, B, C, D)의 등급을 부여하게 되는데 평가 항목별 개별 등급과 ESG 통합 등급을 부여하게 된다. 등급 부여가 완료된 후에는 KCGS 평가 사이트 내에서는 기본 보고서를 제공하며, KRX ESG 홈페이지 내에서는 요약 보고서가 공개된다.

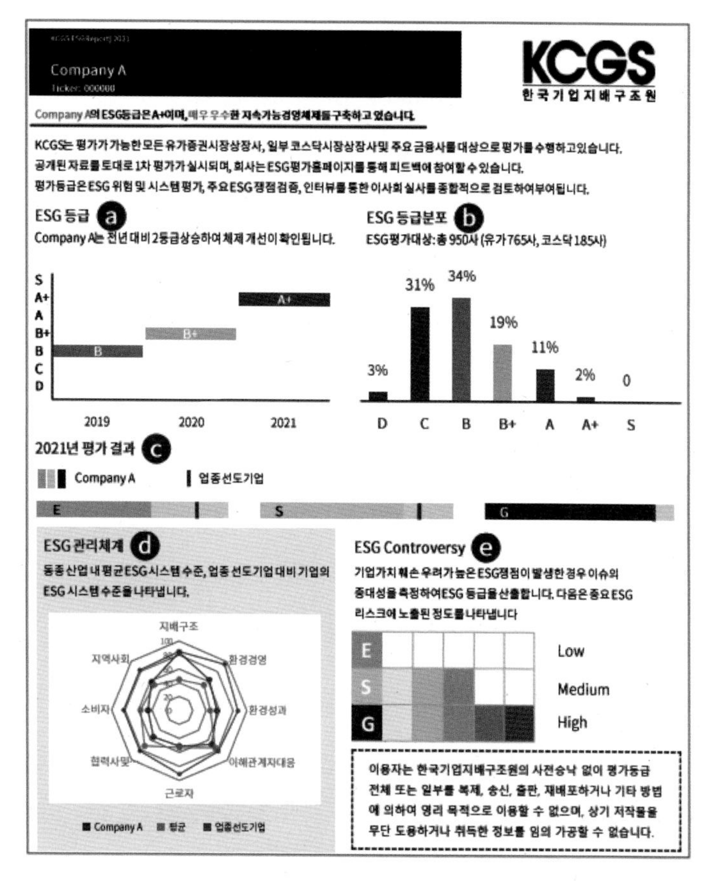

[그림 22] KCGS 요약 보고서 (출처: 한국ESG기준원 ESG 평가 안내)

② 서스틴베스트

2006년 설립된 서스틴베스트는 연기금을 비롯한 기관투자자를 대상으로 ESG 관점에서 포트폴리오를 구성하여 책임 투자 운용 전략을 자문하는 영리 기관이다. 자체적으로 개발한 ESG 평가 모델 ESGValueTM을 활용하여 상장 기업의 ESG 성과를 평가하고 있다.

ESGValueTM는 이해관계자 관점에서 설계가 되었다는 것이 특징이다. 투자자를 포함한 각 이해관계자 관점에서 어떠한 외부 효과를 발생시키는지 친환경 특허, 온실가스 관리, 공정 거래 프로그램, 노사 관계 관리 등의 비재무적 요소를 두루 살핌으로써 평가 이외에 자산 규모별 단계를 세분화해 결과를 제공하는 것이 특징이다.

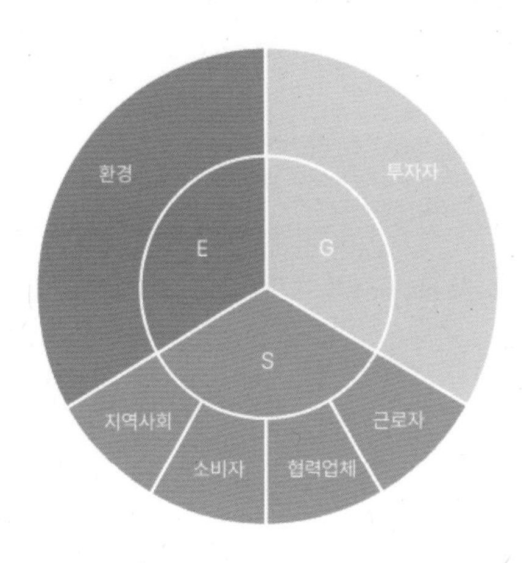

[그림 23] ESGValue™ 평가 체계 (출처: [서스틴베스트] 2021 기업 ESG 분석 보고)

평가 항목은 ESG 기본 항목인 환경, 사회, 지배 구조를 평가하고 있다. 환경 영역은 혁신 활동, 생산 공정, 공급망 관리, 고객 관리 총 4개의 카테고리 7개의 KPI, 21개의 Data Point로 구성되어 있고, 사회 영역은 인적 자원 관리, 공급망 관리, 고객 관리, 사회 공헌 및 지역사회 총 4개의 카테고리 13개의 KPI, 34개의 Data Point로, 지배 구조는 주주의 권리, 관계사 위험, 이사의 보수, 이사회의 구성과 활동, 정보의 투명성, 지속가능 경영 인프라 총 6개의 카테고리와 18개의 KPI, 41개의 Data Point로 구성되어 있다.

ESGValueTM는 분야별 가중치를 활용하여 평가를 진행한다. 가중치는 각 지표가 반영하는 핵심 ESG 이슈에 대한 산업별 리스크 노출도 수준과 핵심 ESG 이슈가 기업의 재무적 성과에 미치는 영향, 기업 자산 규모를 고려하여 지표 간 상대적 중요성을 근거로 가중치를 결정하게 된다.

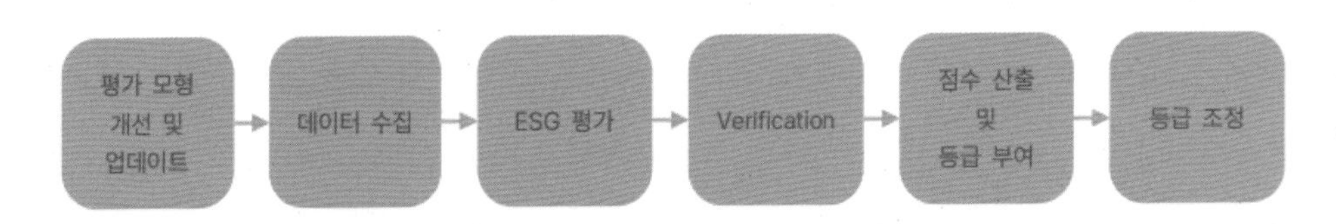

[그림 24] ESGValue™ 평가 프로세스 (출처: [서스틴베스트] 2021 기업 ESG 분석보고)

ESGValueTM의 평가는 총 6단계의 프로세스를 거쳐 진행된다. 가장 먼저 평가 모형 개선 및 업데이트가 진행되는데, 이 단계에서는 지표 추가 및 지표별 평가 기준의 개선, 가중치 업데이트됨으로써 평가 착수 전 작업이 진행된다. 다음 단계는 데이터 수집 단계로 사업 보고서, 지속가능경영보고서, 홈페이지, 기업 공시 등 다양한 자료를 수집하여 데이터를 취합한다.

데이터 취합이 완료되면 이를 바탕으로 ESG 평가 단계를 거치게 된다. 여기서 ESGValueTM를 통하여 평가를 진행하게 되는데, 이해관계자 관점에서 각 기업이 ESG 리스크 관리를 통해 지속가능 경영을 얼마나 제대로 수행하고 있는지를 평가하게 된다.

다음 단계인 Verification 단계에서는 Verification 리포트를 발송하는 것으로 매년 9월에 시행된다. 이는 기업의 평가 결과에 대한 기업 측의 검증 절차로써 평가 대상 기업들은 데이터 오류를 검증하고, 기업 내부적으로는 진행되었으나 외부에 공개되지 않은 지속가능 경영 활동에 대한 정보를 반영하기도 한다.

다음은 점수 산출 및 등급 부여 단계로 자산 총액을 기준으로 평가 대상 기업들을 대기업(연결 자산 규모 2조 원 이상), 중견기업(5천억 원 이상 2조 원 미만), 중소기업(5천억 원 미만)으로 구분해 규모별로 차등화된 기준에 따라 점수를 산출한다. 산출된 점수에 따라 7개(AA, A, BB, B, C, D, E)의 등급으로 등급이 부여되며, 부여하는 '규모별 등급'과 규모 구분 없이 절대 기준에 따라 등급을 부여하는 '전체 등급'을 발표한다. 평가 결과 공개는 상반기 6월, 하반기 11월에 각각 발표된다.

마지막 단계는 등급 조정 단계로써 평가 모형에 기반하여 산출된 ESG 등급은 합리적 이유로 조정이 필요하다고 판단되는 경우만 등급 조정이 가능하며, 조정이 필요 없는 경우에는 진행되지 않는다.

3) 검증 기준

지속가능경영보고서를 모두 작성한 후에는 보고서에 대한 정보의 정확성 및 신뢰성 확보를 위한 검증 절차가 필요하다. 이는 일련의 검증 원칙에 따라 제3자 검증기관에서 일정한 절차와 기준을 통해 보고 조직이 작성한 보고서의 내용 및 관련 활동을 독립적으로 검토하는 것으로 작성된 보고서의 보증 과정에 대한 절차라고 할 수 있다.

제3자 검증은 기업이 지속가능 성과에 대한 공시 기준을 준수하여 작성했는지에 대해 점검할 수 있고, 이를 통해 보고서의 정보에 대한 정확성을 확보할 수 있다. 정확한 정보를 제공함으로써 이해관계자들의 기대와 요구를 부합하는 신뢰성 높은 정보를 제공할 수 있으며, 검증된 정보를 통해 보고 조직과 관련된 의사 결정에 유용하게 사용될 수 있다.

또한, 기업에서는 검증 과정을 통해 지속가능 경영에 대한 활동 및 운영 시스템 점검 및 평가를 할 수 있는 기회를 얻을 수 있으며, 지속가능 경영에 대한 전략 및 방침에 대한 개선을 할 수 있다. 특히 검증기관이 보고서에 대한 보증 역할을 수행하여 지속가능경영보고서의 내용과 관련된 규제 기관이나 이해관계자로부터의 법적 문제 등 관련된 문제 발생 시 기업 측에 유리하게 작용할 수 있다. 보고서를 검증하는 기준으로 많이 활용되고 있는 기준은 AccountAbility의 AA1000 시리즈와 국제회계사연맹(IFAC)의 ISAE3000이 대표적이다.

(1) AccountAbility

AccountAbility는 1995년 영국에서 설립된 비영리 기관이며, 지속가능경영보고서의 제3자 검증(assurance)을 진행하는 가장 대표적인 기관이다. 2003년 3월 지속가능경영보고서 검증 국제 표준인 AA1000 시리즈를 개발하여 검증 기준으로 널리 활용하고 있으며, AA1000 시리즈는 AA1000AP(보고서 검증 원칙, Accountability Principle), AA1000AS(보고서 검증 절차 표준, Assurance Standard), AA1000SES(이해관계자 참여 표준, Stakeholder Engagement Standard)로 구성되어 있다. 최근에는 검증 표준을 업데이트한 AA1000AS v3을 발표하였다.

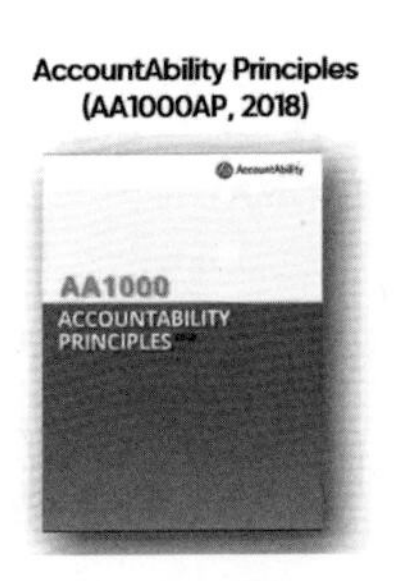

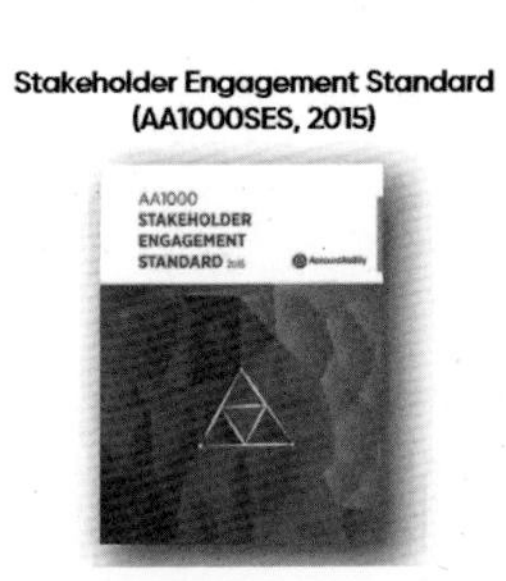

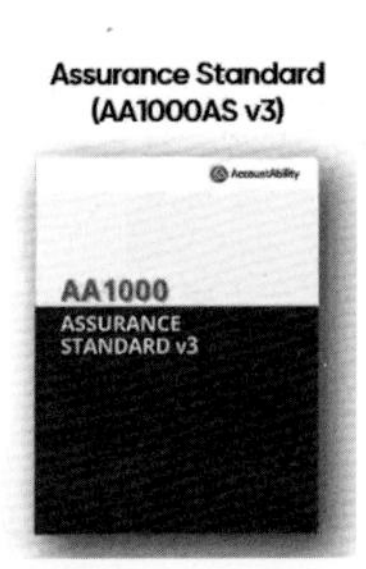

[그림 25] AA1000 시리즈 (출처: AccountAbility 홈페이지)

기준	내용
AA1000AP	정기적인 성과 개선을 위해 지속적인 과제의 식별 및 대응 과정에 대한 프레임워크
AA1000AS	지속가능 경영 보고의 목표 달성을 위한 진행 보고의 신뢰성 보장
AA1000SES	지속가능과 관련된 포괄적인 이해관계자 참여 관행의 수립 및 수행

[표 2] AA1000 시리즈 기준 설명 (출처: AccountAbility 홈페이지)

AA1000에서 말하는 보고서 검증의 기본 원칙은 포괄성, 중대성, 대응성, 영향성 총 4가지이며, 이를 보고서 평가의 기준으로 내세우고 있다. 또한, 보고서 검증 업무 종류를 유형 1(Type 1)과 유형 2(Type 2)로 구분하고 있다. 검증 수준 또한 높은 수준 검증(high assurance)과 중간 수준 검증(moderate assurance) 2가지 유형으로 명확히 구분하고 있다는 것이 특징이다.

(2) ISAE 3000

ISAE 3000은 2003년 12월 국제회계사연맹(International Federation of Accountants, IFAC)의 국제감사검증기준위원회(International Auditing and Assurance Standards Board, IAASB)에서 제정하여, 2005년 1월부터 모든 전문 회계법인이 준수하도록 발효된 검증 기준이다.

ISAE 3000은 재무 정보 이외의 검증인 비재무 정보를 대상으로 하는 국제 검증 기준으로 활용되고 있으며, 회계 감사 과정과 감사 절차, 진행 방식, 용어 등이 매우 흡사하다는 것이 특징이다. 전문적인 부분이 적용되기 때문에 검증인에 관한 전문적 지식과 기술, 역량과 윤리의식을 많이 요구하고 있으며, 검증인에 대한 제약이 매우 많은 편이다.

검증 유형 및 수준은 검증 결론의 표현 방식에 대한 차이와 증거 자료의 확보 차이와 검증 수준에 따라 합리적 검증(reasonable assurance)과 한정적 검증(limited assurance)으로 구분하고 있다.

ISAE 3000 CERTIFIED

[그림 26] ISAE 3000 인증 로고 (출처: IAASB 홈페이지)

4) 공급망 실사

공급망 또는 공급 사슬(Supply Chain)이란 자원 채취를 통한 원자재 조달에서부터 중간재 및 최종 제품을 고객에게 전달하기 위한 운송과 최종 소비자 사용 후 폐기물 회수 단계까지의 전체적인 네트워크 흐름을 의미한다. 이 모든 과정을 관리하는 것을 공급망 관리(Supply Chain Management, SCM)라고 하며, 부품 제공업자부터 생산자, 배포자, 고객에 이르는 물류 흐름의 과정을 하나의 가치 사슬 관점에서 파악하고 필요한 정보가 원활하게 흐를 수 있도록 지원하는 시스템을 일컫는다.

최근 지속가능 경영이 대두되면서 ESG 측면에서 공급망 내 지속가능과 리스크 관리를 위한 네트워크 시스템에 관한 중요성이 커졌다. 따라서 국가별로 점차 제도화하는 움직임을 보이고 있으며, 특히 수출이 주를 이루고 있는 기업의 경우 국가별 제도에 대해서 대응이 필요하다.

실질적으로 EU에서는 공급망 실사법을 2022년 2월 23일 공식화하였으며 기업이 공급망 내 인권 및 환경 보호 등에 대한 사항을 강화하기 위해 '기업 지속가능 실사 지침(Directive on Corporate Sustainability Due Diligence)'을 발표하였다. 공급망 실사법은 EU 내에서 영업 활동을 하는 기업에 대해서 그들과의 협력, 납품 업체들의 인권 현황, 환경 오염, 온실가스 배출량 등을 자체 조사해 문제 발생 시 해결을 의무화하는 법이다.

공급망 실사법은 발효일 기준 2년 후부터 직원 수 500명 초과, 매출 1억 5,000만 유로를 초과하는 기업을 대상으로 시행될 예정이며, 약 9,400여 개의 기업이 속할 전망이다. 시행 2년 후에는 순매출의 50% 이상이 섬유와 광업, 농업 또는 광물 자원 채굴의 고위험 산업(high-risk sectors) 기업 중 직원 수 250명, 매출 4,000만 유로를 초과하는 기업을 대상으로 확대 적용될 예정이다.

EU를 대상으로 영업하는 외국 기업도 마찬가지로 공급망 실사법에 영향을 받게 된다. 단 근로자 수에 대한 기준은 미적용 되며, 매출은 연간 순매출이 1억 5,000만 유로를 초과하는 기업이 대상이 된다. 여기에 해당하는 기업은 약 3,400여 개의 기업이 해당할 것으로 전망하고 있으며, 이후에는 매출 4,000만 유로를 초과하는 기업이 대상이 된다.

기업에서는 점차 공급망 실사에 대한 중요도가 높아짐에 따라 기업별 자체적인 공급망 실사 기준을 만들어 활용하거나 공급망 실사 이니셔티브를 활용하여 대응하는 움직임을 보이고 있다.

① RBA

RBA(Responsible Business Alliance, 책임 있는 비즈니스 연합)는 글로벌 공급망에서 기업의 사회적 책임을 전담하는 세계 최대 규모의 산업 연합체로 2004년에 창립되었다. RBA의 전신은 전자산업 시민연대(Electronic Industry Citizenship Coalition, EICC)로 공급망 내 기업들이 사회적, 환경적, 윤리적 행동 규범을 수립하기 위해 설립한 비영리 단체이다.

설립 초기에는 8개의 전자산업 기업 주도하에 단체가 구성되었기 때문에 전자산업 시민연대라는 이름을 사용했으며, 이후 전자산업뿐 아니라 인접 산업군까지 포함하기 위해 2017년 10월경 현재의 RBA로 명칭을 변경하였다.

현재는 전 세계 180여 개의 기업이 회원사로 가입되어 있으며, RBA의 주요 회원사 중 국외 기업으로는 애플, IBM, 델, 화웨이, 퀄컴, 소니 등이 있으며, 국내 기업은 삼성전자, LG전자, SK하이닉스 등 전자업계 기업이 포함되어 있다. 전자산업 이외의 비기업은 볼보, BMW, 월마트, 페이스북 등이 있다.

이들은 기업 윤리의 수준을 상향시키기 위해 여러 국제 규범을 바탕으로 행동 규범을 제정하여 운영하고 있다. 행동 규범에는 전자산업 또는 전자 제품이 주요 구성 요소인 산업, 그리고 그들의 공급망이 안전한 작업 환경을 구축하고, 근로자에 대한 존중과 존엄성을 보장하며, 환경친화적이고 윤리적인 기업 운영할 수 있도록 제정한 기준들이 포함되어 있다.

행동 규범은 노동, 보건 안전, 환경, 윤리, 경영 시스템 등 5개 분야 43개의 표준을 토대로 구성되어 있으며, 약 1,200개의 세부 점검 항목을 제공하고 있다. 더불어 생산 과정에서 CSR 달성 여부, 근로자의 작업 조건, 비즈니스 운영 과정에서 인권과 지속가능 고려 여부를 평가하여 등급을 부여하고 있다. 등급으로는 Platinum, Gold, Silver로 3가지 등급으로 VAP 점수가 200점일 경우 Platinum, 180점 이상 Gold, 160점 이상은 Silver로 구분된다.

[그림 27] 삼성디스플레이 RBA 등급 (출처: 삼성디스플레이 홈페이지)

항목	세부 항목
노동	자발적 취업, 연소 근로자, 근로 시간, 임금과 복리후생, 인도적 대우, 차별/괴롭힘 금지, 결사의 자유
보건 안전	산업 안전, 비상사태 대응 방안, 산업 재해와 질병, 산업 위생, 육체노동, 기계설비 안전 유지, 위생, 식품 및 주거, 보건안전 커뮤니케이션
환경	환경 허가 및 보고, 오염 방지 및 자원 저감, 유해 물질, 고형 폐기물, 대기 배출, 물질 규제, 물관리, 에너지 소비와 온실가스 배출
윤리	사업 청렴성, 부당 이익 금지, 정보 공개, 지적 재산, 공정 거래/광고 및 경쟁, 신원 보호 및 보복 금지, 책임 있는 광물 조달, 개인정보 보호
경영 시스템	기업의 준수 의지, 경영진의 의무와 책임, 법률 및 고객 요구 사항, 위험 평가 및 관리, 개선 목표, 교육, 커뮤니케이션, 근로자 피드백/참여 및 고충 처리, 감사 및 평가, 시정 조치 절차, 문서화 및 기록, 공급 업체 책임

[표 3] RBA 행동규범 항목 (출처: 자체 제작)

VAP(Validated Assessment Program)는 RBA의 검증된 평가 프로그램을 의미하며, 기업과 공급 업체에 대한 RBA CSR 기대치를 강화하고 이들이 준수를 위해 얼마나 노력하고 있는지를 확인하기 위한 목적이 있다. VAP를 통해 기업에 객관적인 정보를 제공함으로써 피감사 시설에서는 CSR 기대치가 충족되고 있는지 판단할 수 있다.

평가 프로세스는 RBA 가입 후 자기 평가 설문지(SAQ) 작성, 현장 감사 실시, 감사 보고서 발행, 결과 개선, 평가 결과 공유의 순으로 진행되며, 현장 감사는 2~5일 동안 지속되고 철저한 문서 검토, 경영진 및 직원 인터뷰, 시각적 현장 조사가 이루어진다.

(1) EcoVadis

EcoVadis는 글로벌 공급 업체의 환경 및 사회적 성과를 평가하기 위해 2007년 프랑스에서 창립되었다. 최초의 지속가능 평가 협업 플랫폼을 운영하고 있으며, 전 세계 155개국 75,000여 개의 기업이 EcoVadis의 CSR 평가 플랫폼을 활용하고 있다.

평가 항목으로는 일반 분야 3문항, 환경 분야 14문항, 노동 및 인권 분야 9문항, 윤리 분야 7문항, 지속가능 구매 분야 6문항으로 등 5가지의 주제 36문항으로 구성되어 있다. 증거(제출문서) 기반으로 평가를 진행하게 되며, 평가는 읽기 쉽게 Scorecards로 정리된다. 0~100점 사이의 점수와 CSR 정책에 대한 강조점을 공개적으로 표시할 수 있는 메달이 수여된다.

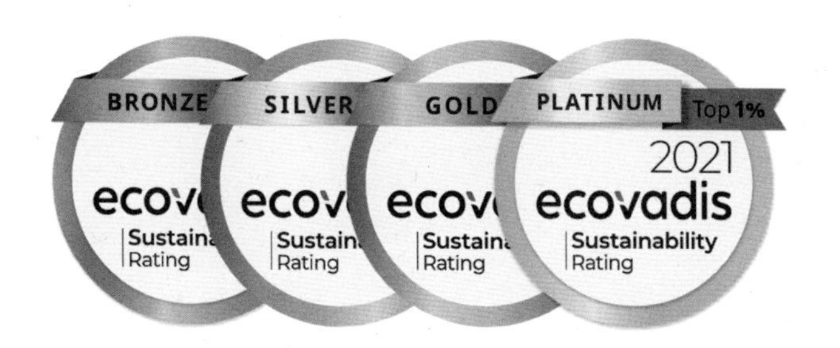

[그림 28] EcoVadis 등급 메달 (출처: EcoVadis 홈페이지)

EcoVadis의 평가 프로세스 및 절차는 등록, 설문지 작성, 전문가 분석, 결과 등의 4단계로 구성되어 있다. 먼저 기업 등록 과정을 거쳐 플랫폼 내에서 지속가능과 관련된 설문지 작성을 진행하게 된다.

설문지와 증빙 서류가 제출된 후 지속가능 애널리스트가 평가를 진행한다. EcoVadis의 평가 방법론은 UNGC(UN Global Compact)의 10대 원칙, ILO(International Labour Organization) 협약, GRI(Global Reporting Initiative) 표준, ISO 26000 표준, CERES 로드맵, UN Guiding과 같은 국제 지속가능 표준을 기반으로 국제 기준에 근거를 두고 있으며, 평가 기간은 6~8주 정도가 소요된다.

결과 단계는 이메일 알림으로 Scorecards를 발행하며, EcoVadis 플랫폼 내에서 결과를 확인할 수 있다. 추가적인 공유 요청은 유효 기간 동안 플랫폼을 통해 공유할 수 있으며, 유효 기간은 12개월이다.

ESG 지속가능경영보고서 작성 실무

CHAPTER 03

ESG 지속가능경영 보고서 작성 실무

1 지속가능경영보고서 작성 프로세스

지속가능경영보고서는 기업의 지속가능 경영 활동 및 성과를 공개하는 보고서로 이해관계자들의 요구 사항을 글로벌 가이드라인 보고 원칙에 기반하여 작성하며, 형태는 인쇄물, 홈페이지, PDF 등 다양한 형태로 발간되어 다양한 이해관계자들이 확인할 수 있도록 한다.

지속가능경영보고서 작성은 회사에서 입맛대로 작성해 오던 사업 보고서나 회사 소개서와는 달리 작성 기준과 검증 기준이 존재한다. 대부분의 지속가능경영보고서를 작성하고 있는 기업들이 GRI 표준을 채택하여 가장 많이 활용하고 있다고 해도 무방하다. 이외에도 ISO26000, SDGs(지속가능 발전 목표), SASB(지속가능 회계기준위원회), TCFD(기후변화 관련 재무정보 공개 협의체) 등 다양한 기준들이 보고서 작성에 활용되고 있다.

보고서는 긍정적이건 부정적이건 기업과 관련된 지속가능 정보에 대한 모든 내용을 이해관계자에게 제공하여 의사 결정에 도움을 줄 수 있어야 한다. 따라서 보고서는 유용하고 신뢰성 있는 정보와 투명하고 일관성 있는 보고서가 작성되어야 한다.

기본적으로 보고서 작성 시에는 워싱 방지 및 검증 기준에 부합되기 위해 포괄성, 중대성, 대응성, 임팩트 등의 기준을 염두하여 작성해야 한다. 각각의 기준 항목에 대한 설명은 [표 1]와 같다.

기준	내용
포괄성	이해관계자는 자신에게 영향을 미치는 결정에 대해 의견을 제시할 수 있어야 한다.
중요성	의사 결정자는 중요한 지속가능 주제를 파악하고 이에 대해 명확히 이해해야 한다.
대응성	조직은 중요한 지속가능 주제 및 관련 영향에 대해 투명하게 행동해야 한다.
영향성	조직의 활동이 생태계 전반에 어떤 영향을 미치는지 파악하고 관련 내용을 설명할 수 있어야 한다.

[표 1] 보고서 작성 기준 (출처: AccountAbility AA1000)

일반적으로 보고서 작성 프로세스는 기업 환경에 따라 기업별 작성 프로세스를 만들어 작성하면 된다. 프로세스는 보고서 기획, 보고서 작성 및 디자인, 제3자 검증, 발간 등의 프로세스를 기본 Framework로 설정 후 기업별 상황에 맞는 프로세스를 구성하도록 한다. 보고서 작성 기간은 통상적으로 5개월 정도가 소요되며, 이니셔티브별 대응과 내부 사정 등으로 시간이 더 소요될 수 있다.

[그림 1] 보고서 작성 Framework (출처: 자체 제작)

보고서 작성의 시작은 보고서 기획 단계부터 시작한다. 보고서 작성 전 보고서 구성에 관하여 결정하는 단계로 여러 프로세스 과정이 포함된다. 가장 먼저 보고서 기획에 앞서 TF-Team 또는 전담 인력을 지정하게 되는데 TF-Team 구성 시에는 가능하면 부서별로 대표 한 명씩을 선발하여 구성할 수 있도록 하는 것이 좋다.

TF-Team 또는 전담 인력이 정해진 후에는 기업과 관련된 이해관계자를 분석하고 정의하는 과정을 거쳐야 한다. 이해관계자는 기업을 둘러싼 모든 관계자를 의미하며, 기업과 직·간접적으로 관련된 고객부터 임직원 및 기업 대표까지를 범위로 한다. 이해관계자에 대한 분석 및 정의가 모두 완료되었다면 기업과 관련된 대내외적인 자료들을 수집하여 기업과 관련된 이슈를 파악한다.

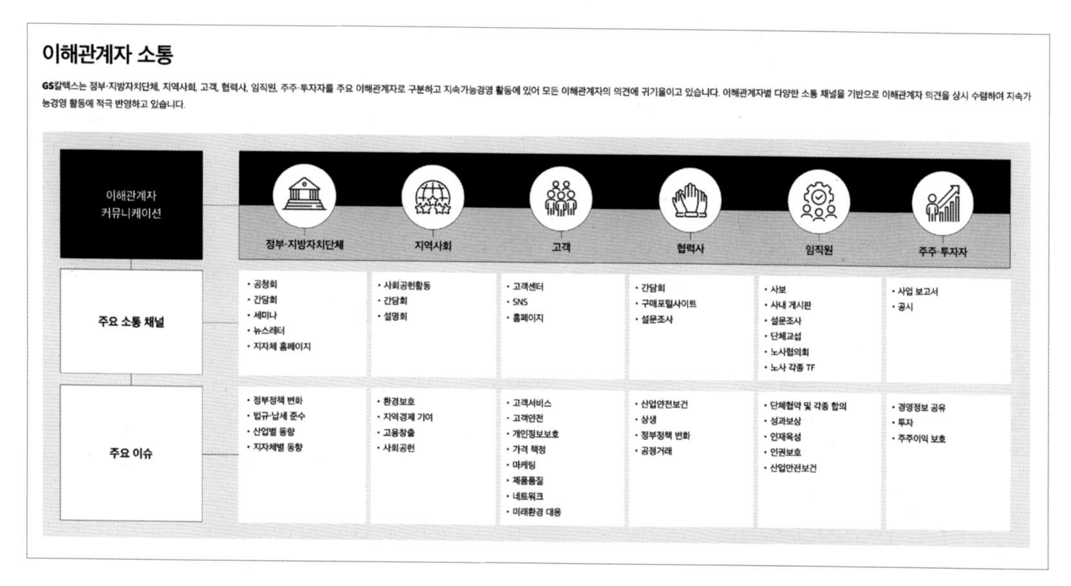

이해관계자 소통

GS칼텍스는 정부·지방자치단체, 지역사회, 고객, 협력사, 임직원, 주주·투자자를 주요 이해관계자로 구분하고 지속가능경영 활동에 있어 모든 이해관계자의 의견에 귀기울이고 있습니다. 이해관계자별 다양한 소통 채널을 기반으로 이해관계자 의견을 상시 수렴하여 지속가능경영 활동에 적극 반영하고 있습니다.

이해관계자 커뮤니케이션	정부·지방자치단체	지역사회	고객	협력사	임직원	주주·투자자
주요 소통 채널	• 공청회 • 간담회 • 세미나 • 뉴스레터 • 지자체 홈페이지	• 사회공헌활동 • 간담회 • 설명회	• 고객센터 • SNS • 홈페이지	• 간담회 • 구매포털사이트 • 설문조사	• 사보 • 사내 게시판 • 설문조사 • 단체교섭 • 노사협의회 • 노사 각종 TF	• 사업 보고서 • 공시
주요 이슈	• 정부정책 변화 • 법규·납세 준수 • 산업별 동향 • 지자체별 동향	• 환경보호 • 지역경제 기여 • 고용창출 • 사회공헌	• 고객서비스 • 고객안전 • 개인정보보호 • 가격 책정 • 마케팅 • 제품품질 • 네트워크 • 미래환경 대응	• 산업안전보건 • 상생 • 정부정책 변화 • 공정거래	• 단체협약 및 각종 합의 • 성과보상 • 인재육성 • 인권보호 • 산업안전보건	• 경영정보 공유 • 투자 • 주주이익 보호

[그림 2] GS칼텍스 이해관계자 소통 (출처: 2021 GS칼텍스 지속가능경영보고서)

이슈 파악 단계에서는 기업과 대내외적으로 관련된 모든 Issue Pool 구성 단계를 진행한다. Issue Pool 단계는 보고서 작성에 대해서 어떤 이니셔티브의 기준을 따를지, 대외 평가기관 요구 사항은 어떤 것들이 있고 이해관계자 관심 사항은 어떤 것들이 있는지, 기업 내부 현황은 어떠한지를 판단하고 결정하는 단계로 이는 외부, 내부 환경 분석을 통해 진행한다.

외부 환경 분석은 미디어 리서치, 유사 기관 벤치마킹 등으로 파악하며, 내부 환경 분석은 회사 소개서, 경영 계획 자료, CEO 신년사, 전년도 지속가능경영보고서 등을 활용한다. 기업과 관련된 Issue pool이 결정되면 이들을 카테고리화하여 분류하고 분류된 이슈들은 추후 진행하게 될 중대성 평가의 소스로 활용한다.

이후에는 이슈 파악 단계를 거쳐 분류된 이슈들을 활용한 중대성 평가 또는 중요성 평가를 진행한다. 중대성 평가는 지속가능 경영 관련 핵심 이슈를 반영하기 위한 단계로 평가를 통해 산업이 직면할 미래 트렌드, 비즈니스 리스크 및 기회에 대한 통찰력을 얻을 수 있다.

중대성 평가는 재무적, 운영적, 전략적 영향에 대한 비즈니스 영향도(Business Impact)와 이해관계자 관심도(Influence Stakeholders) 등을 활용하여 이슈별로 평가를 진행하고 이들을 우선순위화한다. 우선순위화된 주제들은 그 중요도에 따라 핵심 보고 주제로 도출하게 된다.

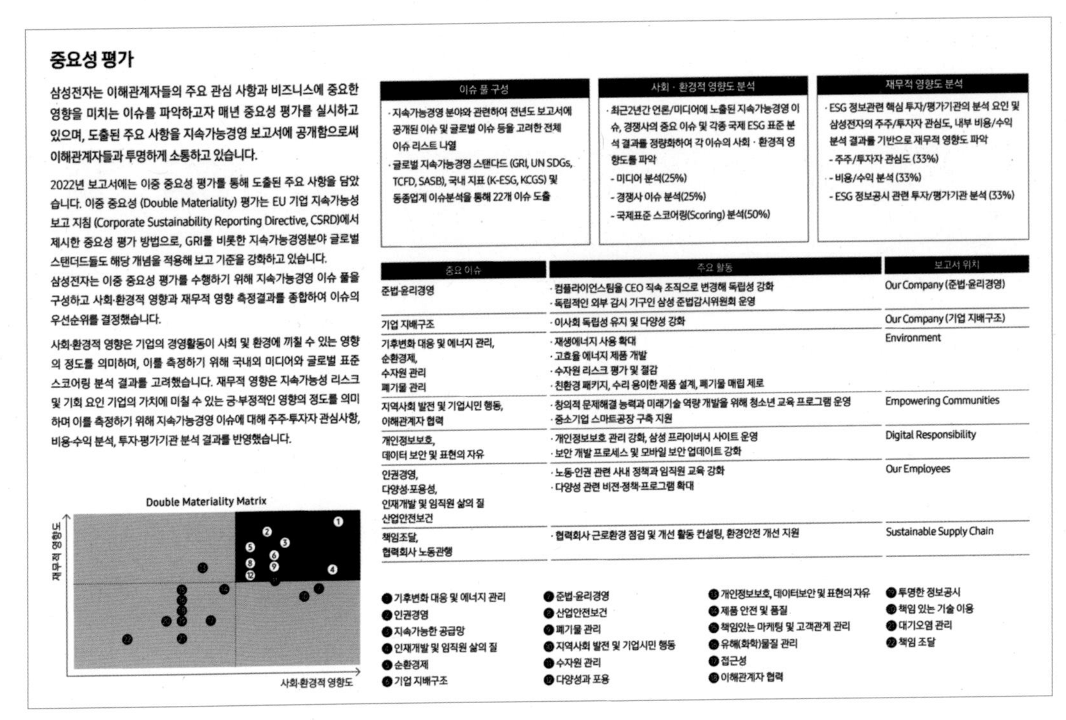

중요성 평가

삼성전자는 이해관계자들의 주요 관심 사항과 비즈니스에 중요한 영향을 미치는 이슈를 파악하고자 매년 중요성 평가를 실시하고 있으며, 도출된 주요 사항을 지속가능경영 보고서에 공개함으로써 이해관계자들과 투명하게 소통하고 있습니다.

2022년 보고서에는 이중 중요성 평가를 통해 도출된 주요 사항을 담았습니다. 이중 중요성 (Double Materiality) 평가는 EU 기업 지속가능성 보고 지침 (Corporate Sustainability Reporting Directive, CSRD)에서 제시한 중요성 평가 방법으로, GRI를 비롯한 지속가능경영분야 글로벌 스탠더드들도 해당 개념을 적용해 보고 기준을 강화하고 있습니다.
삼성전자는 이중 중요성 평가를 수행하기 위해 지속가능경영 이슈 풀을 구성하고 사회·환경적 영향과 재무적 영향 측정결과를 종합하여 이슈의 우선순위를 결정했습니다.

사회·환경적 영향은 기업의 경영활동이 사회 및 환경에 끼칠 수 있는 영향의 정도를 의미하며, 이를 측정하기 위해 국내외 미디어와 글로벌 표준 스코어링 분석 결과를 고려했습니다. 재무적 영향은 지속가능성 리스크 및 기회 요인 기업의 가치에 미칠 수 있는 긍·부정적인 영향의 정도를 의미하며 이를 측정하기 위해 지속가능경영 이슈에 대해 주주·투자자 관심사항, 비용·수익 분석, 투자·평가기관 분석 결과를 반영했습니다.

이슈 풀 구성	사회 · 환경적 영향도 분석	재무적 영향도 분석
· 지속가능경영 분야와 관련하여 전년도 보고서에 공개된 이슈 및 글로벌 이슈 등을 고려한 전체 이슈 리스트 나열 · 글로벌 지속가능경영 스탠다드 (GRI, UN SDGs, TCFD, SASB), 국내 지표 (K-ESG, KCGS) 및 동종업계 이슈분석을 통해 22개 이슈 도출	· 최근2년간 언론/미디어에 노출된 지속가능경영 이슈, 경쟁사의 중요 이슈 및 각종 국제 ESG 표준 분석 결과를 정량화하여 각 이슈의 사회 · 환경적 영향도를 파악 - 미디어 분석(25%) - 경쟁사 이슈 분석(25%) - 국제표준 스코어링(Scoring) 분석(50%)	· ESG 정보관련 핵심 투자/평가기관의 분석 요인 및 삼성전자의 주주/투자자 관심도, 내부 비용/수익 분석 결과를 기반으로 재무적 영향도 파악 - 주주/투자자 관심도 (33%) - 비용/수익 분석 (33%) - ESG 정보공시 관련 투자/평가기관 분석 (33%)

중요 이슈	주요 활동	보고서 위치
준법·윤리경영	· 컴플라이언스팀을 CEO 직속 조직으로 변경해 독립성 강화 · 독립적인 외부 감시 기구인 삼성 준법감시위원회 운영	Our Company (준법·윤리경영)
기업 지배구조	· 이사회 독립성 유지 및 다양성 강화	Our Company (기업 지배구조)
기후변화 대응 및 에너지 관리, 순환경제, 수자원 관리 폐기물 관리	· 재생에너지 사용 확대 · 고효율 에너지 제품 개발 · 수자원 리스크 평가 및 절감 · 친환경 패키지, 수리 용이한 제품 설계, 폐기물 매립 제로	Environment
지역사회 발전 및 기업시민 행동, 이해관계자 협력	· 창의적 문제해결 능력과 미래기술 역량 개발을 위해 청소년 교육 프로그램 운영 · 중소기업 스마트공장 구축 지원	Empowering Communities
개인정보보호, 데이터 보안 및 표현의 자유	· 개인정보보호 관리 강화, 삼성 프라이버시 사이트 운영 · 보안 개발 프로세스 및 모바일 보안 업데이트 강화	Digital Responsibility
인권경영, 다양성·포용성, 인재개발 및 임직원 삶의 질 산업안전보건	· 노동·인권 관련 사내 정책과 임직원 교육 강화 · 다양성 관련 비전·정책·프로그램 확대	Our Employees
책임조달, 협력회사 노동관행	· 협력회사 근로환경 점검 및 개선 활동 컨설팅, 환경안전 개선 지원	Sustainable Supply Chain

1 기후변화 대응 및 에너지 관리
2 인권경영
3 지속가능한 공급망
4 인재개발 및 임직원 삶의 질
5 순환경제
6 기업 지배구조
7 준법·윤리경영
8 산업안전보건
9 폐기물 관리
10 지역사회 발전 및 기업시민 행동
11 수자원 관리
12 다양성과 포용
13 개인정보보호, 데이터보안 및 표현의 자유
14 제품 안전 및 품질
15 책임있는 마케팅 및 고객관계 관리
16 유해(화학)물질 관리
17 접근성
18 이해관계자 협력
19 투명한 정보공시
20 책임 있는 기술 이용
21 대기오염 관리
22 책임 조달

[그림 3] 삼성전자 중요성 평가 (출처: 2022 삼성전자 지속가능경영보고서)

기획 단계에서 진행한 활동(이해관계자 분석 및 파악, 중대성 평가 결과 등)은 보고서 작성 시 이와 관련된 모든 자세한 내용을 첨부할 수 있도록 하며, 보통 기획 단계는 약 1~1.5개월 정도가 소요된다.

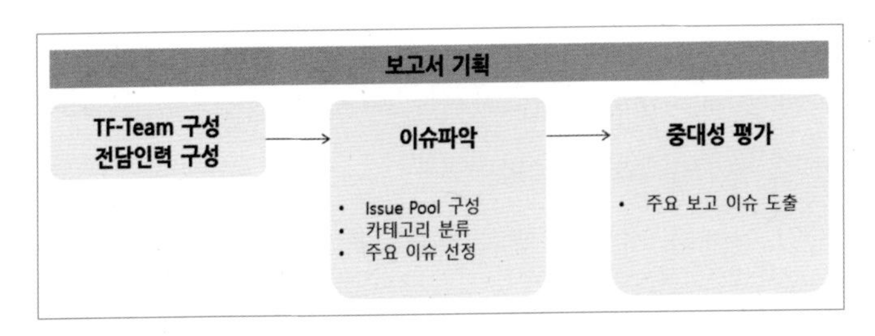

[그림 4] 보고서 기획 단계 (출처: 자체 제작)

다음 작성 단계는 보고서 작성에 있어 가장 많은 시간이 들어가는 단계이다. 대부분 2~3개월 정도가 소요되며, 이는 내부 사정에 따라 변할 수 있다. 실질적인 작성에 앞서 먼저 보고서 목차를 도출한다. 목차는 콘텐츠를 가장 효과적으로 표현할 수 있도록 매우 직관적인 목차를 구성하는 것이 필요하다. 목차는 기업 내부 설정 또는 동종 업계 작성 우수 사례들을 벤치마킹하여 작성하는 방법이 있다. 목차 구성은 중대성 평가에서 도출된 중요 이슈 강조를 통한 방법과 ESG Framework를 활용한 구성 등을 활용하여 구성할 수 있다.

보고서의 목차를 선정한 후에는 보고서 작성에 필요한 자료 취합 및 인터뷰를 진행한다. 이 단계는 유관 부서의 적극적인 참여가 필요한 단계로 관계자들의 참여를 독려할 수 있게 내용 작성 템플릿과 가이드라인을 먼저 작성하여 배포할 수 있도록 한다.

이 과정에서 부서별로 관련된 이슈를 전달하고 유관 부서에서 보내온 데이터를 취합한다. 취합한 내용에 대해서는 유관 부서에 내용 사실 유·무 확인 및 오류 사항 등을 확인하는 단계를 거치게 되며, 부서별 담당자와의 인터뷰도 이 단계에서 함께 진행된다. 인터뷰 질의에 대해서는 담당자에게 먼저 질문지를 전달한 후 자료 준비에 필요한 시간을 충분히 주도록 한다.

작성 단계와 함께 보고서 디자인도 함께 진행한다. 보고서 디자인의 경우 가장 먼저 보고서의 가독성을 높일 수 있는 디자인을 구상하고, 기업 이미지와 콘텐츠에 가장 적합한 디자인이 적용될 수 있도록 한다.

작성 단계가 모두 마무리되면 자료가 제대로 반영되었는지 보고서 회람 및 수정 단계를 거친다. 작성 기간 중 변경된 데이터는 없는지 유관 부서에 검토를 다시 한번 요청하고 변동 사항에 관하여 체크 한다. 검토하는 단계에서는 디자인이 적용되기 전에 PPT 또는 PDF로 자료 검토를 1차적으로 먼저 요청하고 이후 디자인이 적용되면 다시 검토를 요청하는 등 수정이 최대한 적게 진행될 수 있도록 검토가 진행되어야 한다. 만약 수출도 함께 진행하는 기업의 경우에는 영문 번역 버전도 따로 만들 수 있도록 한다.

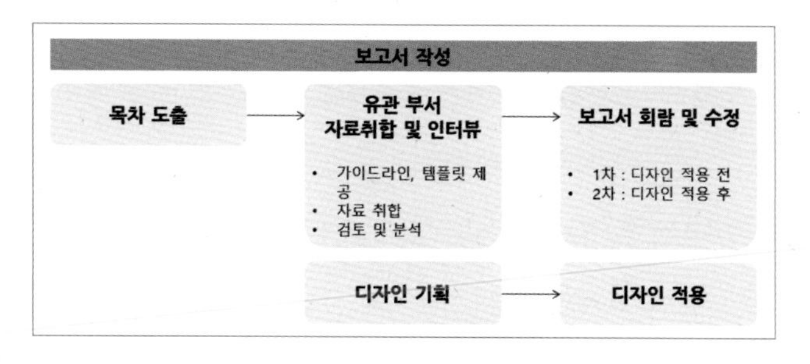

[그림 5] 보고서 작성 단계 (출처: 자체 제작)

보고서 작성이 완료된 후에는 보고서의 객관성과 데이터 신뢰도를 얻기 위해 기업과 연계성이 전혀 없는 곳에 제3자 검증을 의뢰해야 한다. 제3자 검증은 검증 기준 자격 요건을 획득한 기관에 의뢰하여 진행하며, 보고 내용에 대한 검증과 검증 의견 사항은 모두 보고서에 반영하도록 한다.

제3자 검증기관에서는 먼저 보고서에 적용된 이니셔티브를 확인하고 문서 심사, 현장 심사를 통해 검증을 진행한다. 시정해야 하는 사항에 대해서는 시정 조치를 할 수 있도록 안내하고, 시정할 사항이 없는 경우에는 검증 의견서를 발행하여 보고서에 대한 보증 역할을 수행하게 된다. 이 모든 과정을 마친 후에는 기업이 원하는 기간에 맞춰 보고서를 발간하며, 기업 홈페이지 및 공시 사이트 등에 보고서를 공개하도록 한다.

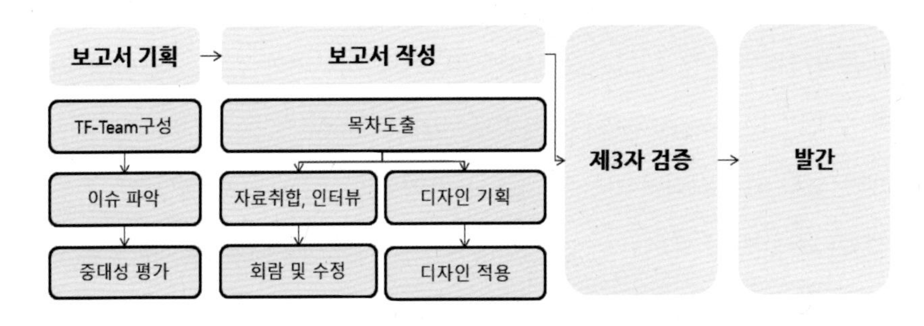

[그림 6] 보고서 작성 프로세스 (출처: 자체 제작)

GRI에서는 중소·중견기업(SMEs)을 위한 보고서 작성 프로세스 및 체크리스트를 제공하고 있다. 해당 보고서 작성 프로세스는 기업 규모와는 상관없이 해당 프로세스를 적용하도록 명시하고 있으며, 프로세스를 참고하여 실무적으로 세분화한 후 작성을 진행할 수 있도록 한다.

제안하고 있는 보고서 작성 프로세스는 총 5단계로 보고서 작성 계획 수립을 위한 준비(Prepare), 이해관계자들 참여 과정인 연결(Connect), 보고서 내용 결정 및 중대성 평가 과정의 정의(Define), 보고서 작성 과정인 모니터(Monitor), 보고서 점검 및 소통 과정인 보고(Report) 순서로 이루어져 있다.

특히 보고서 작성 프로세스에서 2단계인 이해관계자 참여는 모든 과정에 이해관계자를 포괄하는 것을 원칙으로 하고 있다는 것을 염두하고 보고서를 작성해야 한다.

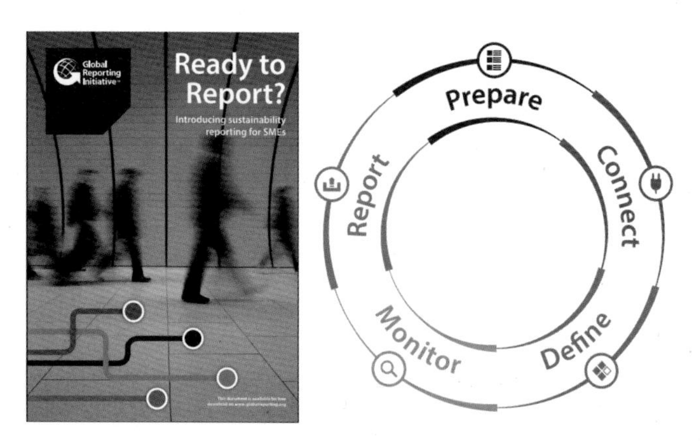

[그림 7] 지속가능경영보고서 작성 프로세스 (출처: Ready to Report, GRI)

프로세스 1단계 준비 단계에서는 보고서 작성을 위해 부서별 대표 한 명씩을 선발하여 보고서 작성 팀을 조직하는 것을 보고서 작성의 시작으로 간주하고 있다. 이후 경영진의 관심사, 회사 전략과 연관된 지속가능 주제 및 보고서 일정, 자원 배분 등에 대한 협의를 진행하게 되며, 지속가능경영보고서를 단독으로 발간할지, 또는 기존에 기업에서 발간하던 보고서(사업 보고서 등)에 포함할지를 정하게 된다.

1단계는 위에서 언급한 보고서 기획 단계와 비슷하며 기업의 이슈 파악과 현황 분석 등이 이뤄진다고 할 수 있다. 내부 경영 현황 파악과 함께 글로벌 이니셔티브 표준 및 동향에 대한 조사, 동종 업계 벤치마킹, 미디어 조사, 이해관계자 관심 사항 분석 등이 보고서 작성 전 이뤄지게 된다.

지속가능경영보고서 작성 시 1단계 준비 단계와 2단계 이해관계자 참여 단계는 함께 이뤄진다. 이해관계자 분석을 통해 우리 회사의 핵심 이해관계자는 누구인지, 핵심 이해관계자와는 어떻게 소통할 것인지를 정한다. 그리고 이해관계자들이 중요하다고 판단하는 것들을 조사하여 조사 내용 내에서 지속가능 주제를 도출하는 단계까지 모두 진행하도록 한다.

3단계 중대성 평가 단계에서는 1단계에서 파악했던 이슈 및 현황 등을 활용하여 우리 기업의 지속가능 주제들을 파악한다. 지속가능과 연관된 다양한 이슈들을 종합하여 기업의 Issue Pool을 구성하고 해당 이슈들을 각각 카테고리별로 나누게 된다. 카테고리 분류 기준은 정해진 사항은 없으나 ISO 26000을 참고하여 거버넌스, 인권, 노동 관행, 환경, 공정 운영 관행, 소비자 이슈, 지역사회 참여와 발전 등으로 카테고리를 선별할 수 있다.

카테고리를 선별한 후에는 글로벌 표준 및 이니셔티브, 대외 평가 요구 사항, 대내외 이해관계자 관심 사항을 종합적으로 분석하여 이슈 풀 안에서 중요한 핵심 이슈들을 우선순위화하고 최종 핵심 이슈를 도출해 낸다. 도출된 이슈들은 최종적으로 기업 내 의사 결정권자의 결정을 받도록 한다.

3단계 중대성 평가까지 모두 완료되면 4단계 보고서 작성 단계에 들어간다. 작성 단계는 지속가능경영보고서 작성에 있어서 가장 많은 시간이 필요한 단계이기도 하다. 데이터를 취합하고 보고서 작성을 위해서 필요 정보를 모을 수 있는 내부 시스템 및 외부 정보 방법이 있는지 확인한다. 만약 중요 주제로 선별한 이슈에 대해 모니터링 시스템이나 정책이 없고 데이터 수집이 어려운 경우 정보 공개 범위를 재정의하도록 한다. 또한, 해당 내용에 대해 보고할 수 없는 이유를 보고서에 설명하도록 한다.

마지막으로 5단계는 보고서를 만들고 제3자 검증을 통해 보고서의 신뢰성을 확보하고 이를 배포하는 단계이다. 외부 검증은 보고서 작성 중 사람으로 인해 발생할 수 있는 오류나 데이터 오류를 검토해 줌으로써 발견하지 못했던 오류를 찾아낼 수 있으며, 외부적인 신뢰도를 확보할 수 있기 때문에 보고서 검증 단계는 꼭 필요하다.

2 이해관계자

이해관계자(stakeholder)라는 뜻은 '조직 활동의 성취에 영향을 미칠 수 있거나 영향을 받고, 이득 또는 손실을 볼 수 있는 모든 그룹 또는 개인'을 의미한다. 이해관계자는 구매자, 공급자, 후원자, 파트너, 직원, 정부 기관, 투자자, 지역사회, 노동조합, 채권자 등 다양한 역할로 나눌 수 있으며, 각자의 역할을 통해 직·간접적으로 비즈니스 결정과 성과 등에 영향을 끼치게 된다.

이해관계자 이론을 처음 거론한 R. Edward Freeman 교수는 "비즈니스가 성공하기 위해서는 모든 이해관계자를 위하여 가치 창출이 가능한 방법에 대한 논의가 필요하다."라고 말했다. 다시 말해 기업은 특정 인물 또는 개별 그룹이 아닌 모든 이해관계자의 이익에 관심을 기울여야 한다는 것을 의미한다. 이해관계자들은 서로 간의 이해관계를 통해 각자의 역할을 충실히 이행하며 가치 창출이라는 공동의 목표를 향해 나아가는 것이 필요하다. 그만큼 각자의 역할을 얼마나 충실하게 이행하느냐에 따라 비즈니스 성공 여부가 결정된다.

기업과 이해관계자가 협력하게 되면 기업이 현재 직면한 문제를 빠르고 완벽하게 이해할 수 있으며 그에 따른 해결책을 찾는 등 많은 도움을 받을 수도 있다. 전략적 이해관계는 기업 프로세스 및 정책을 성공시킬 수도 있고, 새로운 비즈니스 기회 창출에 도움을 주며, 기업에 대한 부정적 이미지를 줄여 줄 수 있는 아주 중요한 역할을 하기도 한다.

이해관계자는 내부와 외부 이해관계자 그룹으로 나눌 수 있다. 내부 이해관계자는 기업의 활동과 성과에 즉각적인 이해관계가 있는 모든 당사자가 포함된다. 특히 기업과 관련된 경제적 활동 및 사회적 활동에 참여하게 되며 기업 활동에 대한 기득권을 가지게 된다. 여기에는 경영진, 직원, 이사회, 또는 투자자, 파트너 및 컨설턴트 등이 포함된다.

외부 이해관계자의 경우 이해관계자의 대표성, 영향력 등을 고려하여 중요도를 산출하고 우선순위를 정한 뒤 이를 근거로 외부 이해관계자 조사 범위를 설정하는 것이 중요하다. 일반적으로 외부 이해관계자는 규제 기관, 정부, NGO 등이 포함되게 되며 이들은 대부분 중개자 역할을 수행하게 된다. 중개자는 기업의 문제 해결 프로세스를 통제하는 역할로 인해 이해관계자로 간주하지 않는 경우들도 있다.

기업 운영에 있어서 이해관계자 분석은 매우 중요한 부분을 차지한다. 기업에 대한 이해관계자별 역할이 각각 다르기 때문에 그들이 진정으로 원하는 것이 무엇인지 파악해야 한다. 이를 통해 문제를 해결할 수 있고, 보고서 작성 중 중대성 평가 진행을 위해서도 이해관계자 분석은 꼭 필요한 부분이다.

이해관계자 분석 과정에서 가장 먼저 진행되는 것은 이해관계자 리스트를 파악하는 식별 단계이다. 조직과 직·간접적으로 관련된 이해관계자는 과연 누가 있는지 실질적으로 파악해야 하며, 주의할 점은 작성자가 담당하고 있는 사업 중심이 아닌 기업의 중심에서 작성되어야 한다는 점이다. 보통 이해관계자 파악을 위해 ISO26000의 이해관계자 파악을 위한 검토 리스트를 많이 활용하며, 이를 통해 이해관계자를 식별할 수 있다. 해당 검토 리스트는 아래 [표 2]와 같다.

- 누구에게 법적 의무 사항이 존재하는가?
- 누가 조직의 활동에 긍정적으로 또는 부정적으로 영향을 받는가?
- 누가 조직의 의사 결정과 행동에 대해 영향을 주는가?
- 누가 조직의 활동 및 이슈가 다뤄질 때 개입했었는가?
- 누가 조직의 특정한 활동 및 이슈를 다루는 것을 도울 수 있는가?
- 누가 조직이 목적의 책임을 다하도록 하는 데 영향을 주는가?
- 누가 가치사슬, 조직 전반의 활동에서 영향을 받는가?

[표 2] 이해관계자 파악 검토리스트 (출처: ISO26000)

검토 리스트를 통해 이해관계자들을 파악했다면, 다음으로는 기업과 이해관계자들 간의 관계를 파악하여 이해관계자들의 관점과 관심사를 파악하도록 한다. 각 이해관계자가 얼마나 기업과 중요한 관계성이 있는지, 기업에 대해 얼마나 관심이 있는지, 기업 활동에 참여하고 있는지 등을 파악하면 된다.

이해관계자와의 관계를 파악하기 위한 기준으로는 총 5가지를 나눌 수 있으며, 기업과의 관련성에 따라 우선순위를 정할 수 있다. 기준별 내용에 대해서는 다음 [표 3]를 통해 확인할 수 있다.

분류	내용
책임에 따른 분류	규제, 계약, 정책, 강령 등에 의해 단체가 법적, 경제적, 운영적 책임을 현재 지고 있거나 앞으로 지게 될 수 있는 개인과 집단
영향력에 따른 분류	단체의 역량에 긍정적 또는 부정적인 영향을 현재 미치고 있거나 앞으로 미칠 수 있는 개인과 집단으로 공식적인 의사 결정력을 통해 영향력을 행사하는 이들과 비공식적인 방식을 통해 영향력을 행사하는 이들을 모두 포함
근접성에 따른 분류	내부 이해관계자들, 장기적인 관계를 맺은 이들, 단체의 일상 업무를 이행하는 이들, 단체의 사무실이나 프로그램 운영 지역 인근에 거주하는 이들 등
의존도에 따른 분류	단체에 가장 많이 의존하는 이들로 직원 및 직원 가족, 단체의 활동/지원을 받는 프로그램 대상자, 단체에 재화와 서비스를 제공하는 업체 등
대표성에 따른 분류	지역사회 대표, 노동조합 대표, 지역의회 의원, 협회 대표 등 법/규제 또는 문화/전통적 관행에 따라 대표권을 가진 이들

[표 3] 이해관계자 참여 표준에서 분류한 이해관계자 기준(출처: NPO 지속가능 보고 가이드라인 2016)

다음으로 영향력-관심도 격자(The power-interest grid)를 통해 이해관계자의 위치를 파악한다. 영향력-관심도 격자는 이해관계자의 실질적인 영향력과 관심도를 각각 X, 축으로 표현하는 방식이다. 영향력-관심도 격자는 4분면으로 구분되어 있으며, Player(주도적 참가자), Subject(예민한 수용자 또는 실험 대상자), Context Setter(잠재적 참가자), Crowd(불특정 다수 또는 군중)으로 각각 나눌 수 있다.

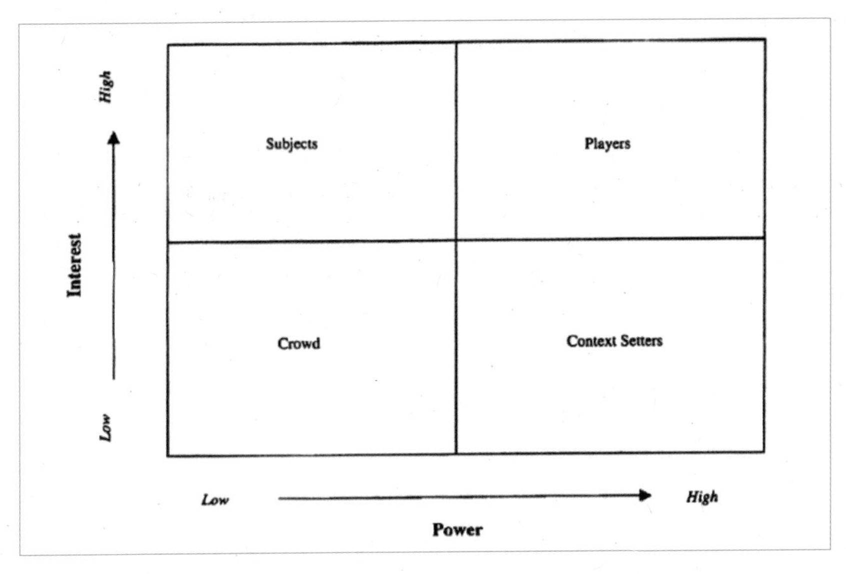

[그림 8] 영향력-관심도 격자 (출처: Eden and Ackermann(1998))

영향력-관심도 격자 내 용어의 정의와 특징은 아래 [표 4]와 같다.

구분	정의
Player	주도적 참가자 조직의 목적 달성에 관심도 및 중요한 영향력을 모두 갖춘 이해관계자로서, 협력적 관계를 발전시켜 나가야 하며 특히 조직 또는 당면한 문제의 초기 단계에서 매우 중요한 이해관계자이다. 이들은 긍정적이거나 부정적일 수 있으나 조직 경영층이 지속적인 주의와 관심을 기울여야 하는 이해관계자이다.
Subject	예민한 수용자 또는 실험 대상자 조직의 목적 달성에 깊은 이해관계를 갖지만 영향력이 부족한 이해관계자로서, 이들의 필요가 파악되지 않거나 충족되지 않으면 조직의 목적이나 당면 문제의 해결이 성공했다고 볼 수 없다. 이들은 정책의 대상이 되는 집단이거나 정책 집행에 가장 민감하게 영향을 받는 집단으로, 개별적으로 파악이 어려울 경우 소득/지역/연령/관심도 등에 따라 세분화될 수 있는 이해관계자 집단이다.
Context Setter	잠재적 참가자 조직의 목적 달성에 중요한 영향력을 끼칠 수 있으나 직접적인 관심이 부족한 이해관계자로서, 이들의 관심이 문제 해결에 있어 우선순위는 아니지만 정책(또는 전략)의 실행 과정에서 이들의 기본적인 요구가 충족되지 않을 경우 중대한 위험이 될 수 있는 이해관계자 집단이다. 향후 의사 결정 과정에서 조직 경영층이 주의 깊게 동향을 파악하고 관계를 개발해야 하는 집단으로 긍정적인 하위 집단에 대해서는 주도적 참가자(Player)로 전환시켜야 한다.

구분	정의
Crowd	불특정 다수 또는 군중 영향력과 관심도 측면에서 모든 것이 부족하여 실질적인 이해관계자로 분류하기 힘든 집단으로 향후 영향력과 관심도가 제고될 수는 있지만, 조직 경영층 입장에서 시간과 노력을 기울일 가치는 없다. 이 집단에 대한 기본적인 전략은 너무 멀지 않은 거리를 유지하면서 이해관계자 관리에 조직의 최소한의 자원만 활용하는 것이다

[표 4] 영향력-관심도 격자 용어 및 정의 (자료 출처: 안전규제 이해관계자 행태 분석, 경제·인문사회 연구회)

위 과정을 모두 마쳤다면 정리된 이해관계자 관련 정보들을 활용하여 이해관계자들의 우선순위를 정하는 단계를 거친다. 이해관계자들의 우선순위를 정하게 되면 이후 지속가능경영 보고서 작성에 필요한 중대성 평가를 진행할 수 있게 된다.

모든 이해관계자가 회사 비즈니스에 똑같이 중요한 것은 아니다. 중요한 이해관계자를 식별하기 위해 회사 경영진은 이해관계자의 권한 및 권력(power, 이해관계자가 자신의 의지를 강요하는 능력), 이해관계자의 정당성 또는 합법성(Legitimacy, 참여의 정당성 평가), 문제의 긴급성(Urgency, 즉각적인 조치)을 고려해야 하며, 세 가지 차원에서 모두가 포함되는 중요 이해관계자는 [그림 9]에서 볼 수 있듯이 '최종 이해관계자'로 간주하게 된다.

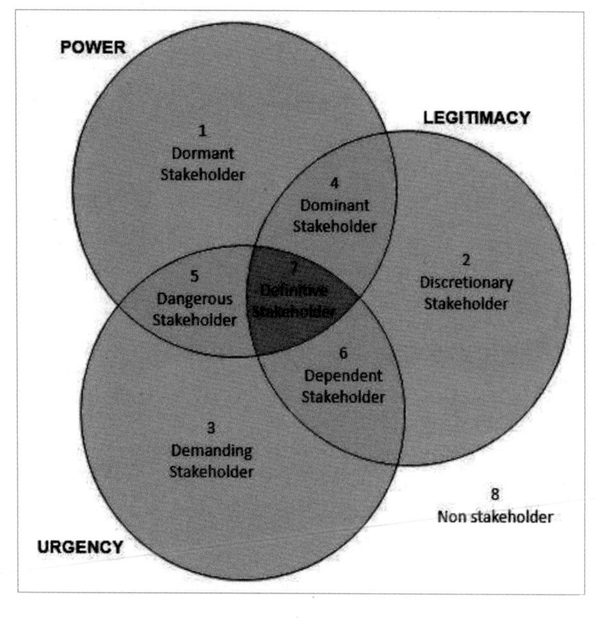

[그림 9] 7가지 이해관계자 영역
(출처: One, Two, or Three Attributes Present Source: Adapted from Mitchell et al. 1997, p.873.)

기업은 지속적으로 성장하기 때문에 이해관계자 분석 또한 주기적으로 진행해야 한다. 반면, 이해관계자 분석은 어려운 과정 중 하나이다. 하지만 기업의 이해관계자를 미리 파악해 둔다면 조직이 지속가능한 성장을 할 수 있는 발판을 마련할 수 있기 때문에 기업의 지속가능 성장을 위해서라도 이는 주기적인 분석이 필요하다고 생각한다.

3 중대성 평가

지속가능경영보고서를 살펴보다 보면 '중요성 분석', '중대성 분석', '중요 이슈 분석', '중대성 평가'와 같은 용어를 쉽게 찾아볼 수 있다. 중대성 평가란 쉽게 말해 기업의 지속가능에 대한 중요한 이슈를 선정하는 과정 및 평가를 일컫는다.

여기서 중대성(Materiality)이란 특정 주제를 보고서에 포함할 것인지에 대한 것을 결정하기 위한 기준이 되며, 중대성을 평가하기 위한 기준과 방법은 그 목적에 따라 다양하다. 중대성 또는 중요성이라고 하는 개념은 회계 원칙의 하나로 받아들여져 왔다. 재무 보고서에서 의미하고 있는 중대성이란 투자자의 경제적 의사 결정에 영향을 미치는 것을 의미한다. 반면, 지속가능경영보고서의 중대성이란 회사에 미치는 재무적 요소 외 비재무적인 요소를 모두 포함한 것을 중대성이라 한다.

기업은 지속가능 경영의 요소(사회, 경제, 환경) 중 그 정보별 중대성을 고려하여 공개할 정보의 범위와 내용을 결정할 수 있다. 또한, 주제별 중요도가 동등하지는 않기 때문에 주제별 우선순위를 결정하기 위해서는 경제적, 환경적, 사회적 영향의 발생 가능성과 해당 주제로 인한 위험과 기회의 가능성 등을 두고 통합적으로 평가하여 이를 선별해야 한다.

GRI 표준에서는 중대성 평가에 대한 중대 주제의 정의, 중대성 평가 프로세스 및 공시 내용을 제공하고 있다. GRI Standards 2016과 GRI Standards 2021가 내용적인 부분에서 다소 차이가 있기 때문에 이를 각각 확인해 볼 필요가 있다. 이 장에서는 GRI Standards 2016에 관한 내용을 다루고 기준별 가이드라인에서 변경 내용에 대해 다루도록 하겠다.

GRI Standards 2016에서는 중대 주제를 회사의 경제, 사회, 환경 가치에 영향을 미치거나 이해관계자와 사회 전반에 영향을 끼치는 중요한 주제라고 이야기하고 있으며, 중요성에 따라 2차원 그래프에서 위치로 식별할 수 있는 중대성 지도(Materiality map)를 작성할 것을 권고하고 있다.

중대성 평가 프로세스는 Issue Pool 구성, 우선순위화, 유효성 검증, 검토 등의 4단계로 대부분 구성된다. 각각에 대해 살펴보면 Issue Pool 구성 단계에서는 글로벌 이니셔티브, 동종 산업 벤치마킹, 미디어 분석 등의 내부, 외부 환경 분석을 통해 지속가능과 관련된 Issue Pool을 먼저 구성하도록 한다. Issue Pool 구성은 내부 이슈와 외부 이슈로 나눠볼 수 있으며, 미디어 조사 또는 글로벌 이니셔티브 동향, 동종 업계 벤치마킹 등을 통해 이슈를 파악한다.

[그림 10] 중대성 평가 프로세스 (출처: 자체 제작)

구성을 마친 이후에는 Issue Pool 내에서 도출한 이슈에 관하여 우선순위를 파악한다. 우선순위 파악 단계에서는 이해관계자와의 인터뷰 또는 설문을 통해 중요성과 가능성을 가지고 우선순위를 결정하게 된다.

우선순위를 결정한 후에는 선정된 중대 이슈에 대한 유효성 검토 및 보고의 범위, 경계, 기간, 보고 수준 등을 결정하게 되며, 더불어 중대성 지도를 표현하게 된다. 비즈니스 영향도를 X축으로 하여 중장기 목표 달성 및 사업적 연계성 검토와 기회와 위험 요인 및 수익성 검토를 파악하고, 이해관계자 관심도를 Y축으로 두어 내부적으로 범용성을 가지고 상, 중, 하로 구간을 나눠 기회와 위험 요인을 검토하게 된다.

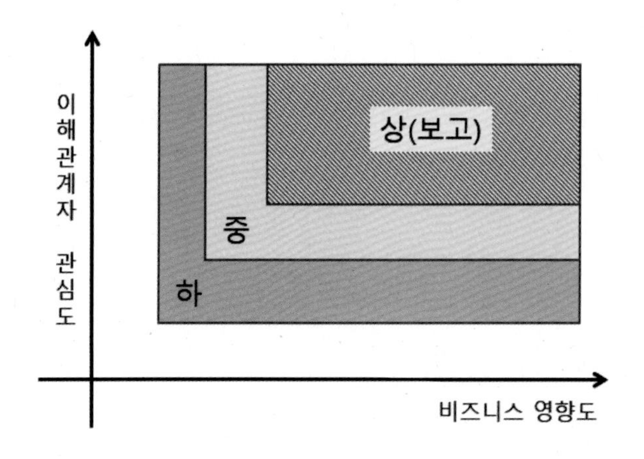

[그림 11] Materiality map (출처: 자체 제작)

마지막 검토 단계에서는 중대성 평가 분석 결과를 가지고 내부 회의를 통해 범위, 기간 등의 적합성 검토 보고 내용을 결정한다.

최근 들어서는 지속가능 공시 표준화에서 가장 중요한 핵심 개념으로 영향의 중요성(Impact Materiality)과 재무적 중요성(Financial Materiality)을 고려하는 개념인 '이중 중대성(Double Materiality)'을 강조하기 시작했다.

이중 중대성이란 전 지구(세계)의 지속가능과 기업의 지속가능을 동시에 고려해야 한다는 것으로 기업 재무 상태에 영향을 미치는 외부의 지속가능 관련 환경·사회적 요인과 더불어 기업의 경영 활동이 외부에 미치는 영향, 즉 내부적 관점과 외부적 관점을 모두 고려하여야 한다는 것을 의미한다.

이중 중대성을 통해서 기업은 이해관계자의 우려 사항과 기대를 더욱 명확하게 이해할 수 있으며, 이를 경영 전략에 반영함으로써 비즈니스 성과 개선을 기대할 수 있게 된다. 기업 활동 전반에 걸쳐 환경, 사회적 가치를 긴밀히 반영할 수 있다는 점에서 최근 이중 중대성 반영을 고려하는 곳들이 늘어나고 있다.

특히 EU는 2023년부터 적용되는 CSRD(기업지속가능보고지침)에 대해서는 이중 중대성 관점을 적용하는 것을 의무화하고 있다. 반면, 국내에서는 이중 중대성에 대해서는 크게 거론이 되고 있지는 않다. 하지만 국내 기업들 대부분이 글로벌 공시 기준을 따르고 있는 만큼 지속가능 경영의 확산과 함께 이중 중대성 평가 도입도 빠르게 진행될 것으로 예상되며, 보고서를 작성하는 기업들은 이에 대한 대비책도 함께 마련해야 한다.

4 기준별 가이드라인

보고서 작성에 있어서 보고서 성향에 맞는 가이드라인을 활용한 보고서를 작성해야 한다. 재무적 성향의 보고서인지 비재무적 성향의 보고서인지부터 해외로 서비스 또는 제품의 경우 산업별 표준까지도 모두 고려하여 보고서를 작성해야 한다. 최근 지속가능경영보고서 작성의 트렌드를 보면 하나의 가이드라인만을 반영하는 보고서가 아닌 비재무적, 재무적 요소가 포함되고 다양한 가이드라인이 함께 포함된 통합 보고서 형태의 보고서가 많이 작성되는 것이 현실이다.

1) 비재무적 가이드라인

(1) GRI

GRI(Global Reporting Initiative)는 1997년 처음 설립되었으며, 기업의 지속가능경영보고서 작성에 대한 가이드라인을 제시하는 국제기구이다. 지속가능경영보고서를 작성하는 전 세계 기업 70~80% 정도가 GRI 표준을 가이드라인으로 채택하고 있다. GRI 표준의 목적은 비즈니스를 통해 발생하는 지속가능 관련 영향(Impact)에 관하여 이해관계자들과 기업이 커뮤니케이션을 할 수 있도록 하는 것이 주된 목적이다.

GRI는 보고서 작성 시 중대성(Material) 주제를 중심으로 보고서를 작성할 것을 가이드하고 있으며, 투자자를 위한 보고서가 아닌 기업을 둘러싼 모든 이해관계자를 중심으로 발행할 것을 권장하고 있다. GRI 표준은 기업이 경제, 사회, 환경에 미치는 영향에 대한 것을 공시하기 때문에 외부 지향(outward looking)적인 관점을 띤다고 할 수 있다.

2021년 10월 GRI에서는 기존의 공시 표준을 업데이트하여 발표하였다. 2022년까지는 일반 표준 6개와 특정 표준 34개로 구성된 GRI Standards 2016을 적용하며, 2023년부터 작성되는 보고서의 경우 일반 표준(Universal Standards) 3개, 산업 표준(Sector Standards) 40개, 주제 표준(Topic Standards) 31개로 구성된 GRI Standards 2021의 활용을 권장하고 있다.

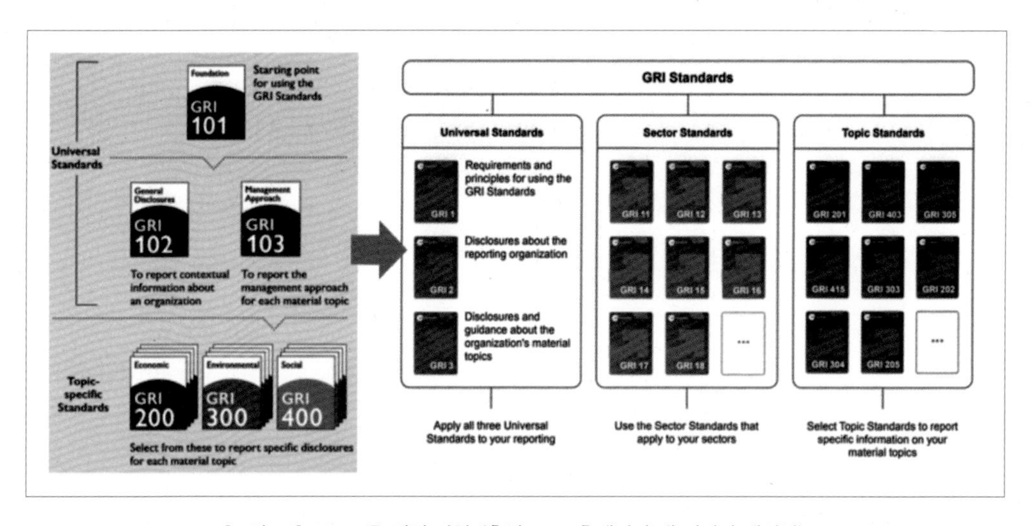

[그림 12] GRI 표준 변경 사항 (출처: GRI 홈페이지 내 이미지 재편성)

새롭게 발표된 GRI Standards 2021에서 가장 중요하게 강조하고 있는 부분은 인권이다. 인권에 대한 부분을 모든 토픽에 영향을 미치는 중요한 토픽으로 분류하고 있을 만큼 인권 영향 평가를 의무화하였다는 점에서 기존 버전과 큰 차이점이 있다.

또한, 글로벌 가이드라인(UNGPs, OECD의 다국적 기업 가이드라인이나 책임 있는 기업 행동 등의 지침과 도구, ICGN의 국제 지배 구조 원칙)들과의 연계 및 호환성을 강화했으며, SASB와 같이 40여 개의 산업별 표준을 개발함으로써 가이드라인으로의 영향력을 더욱 확장하고 있다.

GRI 표준의 일반 표준 GRI 1:Foundation(기초)에서는 GRI 표준 사용에 대한 요구 사항 및 원칙이 포함되어 있다. 기존의 100번대 지표들이 일반 표준 1, 2, 3항목으로 바뀌어 적용되었으며, 특히 보고서 작성에 영향(Impact), 중대 주제(Material Topic), 이해관계자(Stakeholder), 실사(Due Diligence) 등 4개의 핵심 개념을 추가 및 강조하고 있다.

원칙	내용
영향 (Impact)	조직의 활동 또는 비즈니스 관계로 인해 경제, 환경, 사람에게 미치는 영향을 의미한다. - 경제: 경쟁, 조달, 세금 등 - 환경: 에너지, 토지, 물, 천연자원의 사용 등 - 사람: 지역사회, 취약 계층, 인권 등
중대 주제 (Material Topic)	경제, 환경, 사람과 인권에 가장 중요한 영향을 미치는 조직의 주제로 조직의 지속적인 식별 및 평가를 통해 주제를 파악하고 이해관계자와 전문가의 의견을 포함하여 선정, 재무 위험 및 기회를 식별하는 재무평가도 포함한다.
이해관계자 (Stakeholder)	조직의 활동에 영향을 받거나 영향을 받을 수 있는 개인 또는 그룹으로 영향도에 따른 식별을 우선시하고 영향을 직접적으로 받는 이해관계자와 잠재적 영향을 받을 수 있는 이해관계자를 구분한다.
실사 (Due Diligence)	조직이 가지고 있는 실제 또는 잠재적인 부정적 영향을 해결하기 위한 방법 및 식별, 예방, 완화를 위한 프로세스로 이해관계자의 이익 식별에 중점을 맞추고 있다.

[표 5] Key concepts (출처: GRI 1: Foundation 2021)

또한, 일반 표준에서는 보고서의 부합 보고를 위한 9가지 요구 사항에 관하여 설명하고 있다. 보고서 보고 방식의 경우 이전 GRI Standards 2016에서는 핵심적(Core) 방법과 포괄적(Comprehensive) 방식 중에서 하나를 선택하여 보고할 수 있도록 하였지만, GRI Standards 2021에서는 전체적인 내용을 포함해야만 부합하는 보고서로 인정하겠다고 명시하였다.

또한, 부합 보고는 조직이 경제, 환경, 사람에게 미치는 중대한 영향에 대한 포괄적인 방안을 제시하고 이 영향을 어떻게 관리하는지 제시하는 것으로 만약 조직이 GRI 표준의 모든 요구 사항을 준수하지 못했을 경우 단순 참조 보고로만 치부하겠다고 명시했다. 이는 보고서의 신뢰성과도 연결된 사항으로 GRI에서 제시하는 요구 사항은 꼭 확인해야 한다.

요구 사항의 첫 번째는 보고서 작성에 대한 보고 원칙 적용이다. 총 8개의 보고 원칙을 제안하고 있으며, 정확성, 균형성, 명확성, 비교 가능성, 완전성, 지속가능, 적시성, 검증 가능성으로 구성되어 있다.

보고원칙	내용
정확성 (Accuracy)	보고서의 정보는 이해관계자가 조직의 성과를 평가할 수 있을 정도로 정확하고 상세해야 한다.
균형성 (Balance)	조직의 전반적인 성과에 대해 합리적으로 평가할 수 있도록 보고서에서 긍정적인 측면과 부정적인 측면 모두가 다루어져야 한다.
명확성 (Clarity)	조직은 보고서를 활용하는 이해관계자가 쉽게 이해하고 접근할 수 있는 방식으로 정보를 제시해야 한다.
비교가능성 (Comparability)	조직은 일관성 있게 정보를 선정, 편집, 보고해야 한다. 또한, 이해관계자가 시간에 따른 조직의 성과 변화를 분석할 수 있고 다른 조직에 관한 분석에 도움이 되는 방식으로 정보를 제시해야 한다.
완전성 (Completeness)	중요한 경제적, 환경적, 사회적 영향을 반영하고 보고 기간 동안 조직의 성과를 이해관계자가 평가할 수 있도록 보고서에 중대 측면과 그 경계에 관한 내용을 포함해야 한다.
지속가능 (Sustainability context)	조직은 지속가능한 개발의 더 넓은 맥락에서 조직의 영향에 대한 정보를 보고해야 한다.
적시성 (Timeliness)	이해관계자가 적시에 정보를 사용하여 현명한 의사 결정을 할 수 있도록 조직은 정기적으로 보고해야 한다.
검증가능성 (Verifiability)	조직은 정보의 품질을 확립하기 위해 정보를 조사할 수 있는 방식으로 정보 수집, 기록, 편집 및 분석해야 한다.

[표 6] 보고서 보고 원칙 (출처: GRI 1: Foundation 2021)

보고 원칙 보고에 이어서 GRI 2:General Disclosures 2021(일반 공시) 내용을 보고해야 하며, 중대 주제를 결정한 후 GRI 3:Material Topics 2021(중대 주제) 내용을 보고해야 한다. 각각의 중대 주제에 대한 'GRI 주제 표준'을 보고하며, 만약 정보가 누락되었거나, 조직이 보고 요구 사항을 반영하지 못했을 경우 이유를 명시하도록 한다. 보고서에는 GRI 인덱스를 공개하고 GRI 사용과 관련된 성명서를 작성 후 GRI에 이를 통보하는 것을 보고 원칙의 요구 사항으로 명시하고 있다. 이 모든 사항에 충족해야지만 GRI 부합 보고서라 할 수 있다.

Requirement 1:	Apply the reporting principles
Requirement 2:	Report the disclosures in GRI 2: General Disclosures 2021
Requirement 3:	Determine material topics
Requirement 4:	Report the disclosures in GRI 3: Material Topics 2021
Requirement 5:	Report disclosures from the GRI Topic Standards for each material topic
Requirement 6:	Provide reasons for omission for disclosures and requirements that the organization cannot comply with
Requirement 7:	Publish a GRI content index
Requirement 8:	Provide a statement of use
Requirement 9:	Notify GRI

[그림 13] GRI 보고 요구 사항 (GRI1: Foundation 2021)

특히 보고 누락에 관하여 작성 시 4가지 누락 사유 중 하나를 선택하여 명시하고 더불어 사유에 대해서도 자세히 설명해야 한다. 단 GRI 2-1: 조직 내용, GRI 2-2: 조직의 지속가능경영보고에 포함된 주체, GRI 2-3: 보고 기간, 빈도 및 연락처, GRI 2-4: 정보의 수정, GRI 2-5: 외부 검증, GRI 3-1: 중요 주제 결정 프로세스, GRI 3-2: 중요 주제 목록은 누락 사유를 적용하지 못한다.

누락 사유	설명
Not applicable (해당 없음)	공개 또는 요구 사항이 해당하지 않는 이유에 대해 작성한다.
Legal prohibitions (법적 금지)	구체적인 법적 금지 사항 설명한다.
Confidentiality constraints (기밀 유지)	구체적인 기밀 유지 제약 사항 설명한다.
Information unavailable / incomplete (정보 없음)	정보를 사용할 수 없는 이유를 적거나, 정보가 완벽하지 못한 경우 완벽하게 갖춰지는 시기는 언제인지 등을 명확히 설명한다.

[표 7] GRI 보고 누락 사유 (GRI1: Foundation 2021)

GRI 2: General Disclosure(일반공시)에서는 보고 조직에 대한 공개 내용 및 실질적인 공시와 관련된 내용이 포함되어 있다. 조직 및 보고 관행 5가지, 활동 및 근로자 3가지, 거버넌스 13가지, 전략, 정책 및 관행 7가지, 이해관계자 참여 2가지로 총 5가지 주제와 30가지의 구성 요소로 구성되어 있다.

주제	2021	2016	포함 내용	
조직 및 보고 관행	2-1	102-1 102-3 102-4 102-5	조직 내용	- 기업명 - 소유권 형식 - 사업장 위치 - 운영 국가
	2-2	102-45	조직의 지속 가능성 보고에 포함된 기업 목록	- 지속가능경영보고에 포함된 기업 리스트 - 연결재무제표 또는 재무제표 정보
	2-3	102-50 102-52 102-53	보고 주기, 보고 기간, 보고서 문의처	- 보고서 보고 기간과 빈도 명시 - 보고서 발행일 - 문의처 번호 - 시작 및 종료 일자
	2-4	102-48	정보의 수정	- 이전 보고 기간에 작성된 정보 재작성 보고 및 설명
	2-5	102-56	외부 검증	- 최고 경영진의 참여 여부와 방법 - 외부 보증 정책 및 관행 설명 - 조직과 보증 제공자 간의 관계 설명 - 외부 검증 보고서 링크 또는 정보 제공

주제	2021	2016	포함 내용	
활동 및 근로자	2-6	102-2 102-6 102-7 102-9 102-10	활동, 가치 사슬 및 기타 비즈니스 관계	- 가치 사슬에 관한 설명 (조직 활동, 서비스 및 시장, 공급망 등)
	2-7	102-7-a -i 102-8	직원	- 비정규직, 정규직, 시간제 직원 포함한 총 직원 수를 성별, 지역별로 보고
	2-8	102-8-d	직원이 아닌 근로자	직원이 아닌 근로자 수 변동 사항
거버넌스	2-9	102-18 102-22	거버넌스 및 구성	- 최고 거버넌스 위원회를 포함한 거버넌스 구조 설명
	2-10	102-24	최고 거버넌스 기구의 임명과 선정	- 최고 거버넌스 기구의 지명 및 선출 과정을 설명
	2-11	102-23	최고 거버넌스 기구 의장	- 최고 거버넌스 기구의 의장이 해당 분야의 고위 간부인지 여부를 보고합니다
	2-12	102-21 102-26 102-29 102-30	영향 관리를 감독하는 최고 거버넌스 기구의 역할	- 조직의 목적, 가치 또는 사명을 개발, 승인 및 업데이트와 지속 가능한 개발과 관련된 성명, 전략, 정책 및 목표 설정에 있어 최고 거버넌스 기구와 고위 경영진의 역할을 설명
	2-13	102-19 102-20	영향 관리에 대한 책임 위임	- 최고 거버넌스 기구가 관리 책임을 위임하는 방법을 설명
	2-14	102-32	지속가능 경영 보고 관련 최고 거버넌스 기구의 역할	최고 거버넌스 기구가 검토 및 승인에 대한 책임이 있는지 보고 조직의 중요한 주제를 포함하여 보고된 정보와 정보 검토 및 승인 프로세스를 설명

주제	2021	2016	포함 내용	
거버넌스	2-15	102-25	이해 상충	이해 상충을 방지하고 완화하기 위한 최고 거버넌스 기구의 프로세스 설명
	2-16	102-33 102-34	중요한 우려 사항 전달	- 중요한 문제가 최고층에 전달되었는지 여부와 방법을 설명
	2-17	102-27	최고 거버넌스 기구의 집단 지식	집단 지식, 기술 및 경험을 향상시키기 위해 취한 조치를 보고
	2-18	102-28	최고 지배구조 기구의 활동 평가	- 최고 거버넌스 기구의 활동을 평가하는 프로세스를 설명
	2-19	102-35	보수 정책	최고 거버넌스 기구의 구성원에 대한 보상 정책을 설명
	2-20	102-36 102-37	보수 결정 절차	보상 정책을 설계하고 결정하는 프로세스를 설명
	2-21	102-38 102-39	연간 총보상 비율	- 조직의 최고 급여에 대한 연간 총보상 비율 보고 - 연간 총 보상의 백분율 증가 비율 보고 데이터를 이해하는 데 필요한 정보 제공
전략, 정책 및 관행	2-22	102-14	지속가능 발전 전략 성명서	최고 거버넌스 기구 또는 최고 경영진의 성명 보고
	2-23	102-11 102-16	정책 공약	- 책임 있는 비즈니스에 대한 정책 설명 - 인권 존중에 대한 구체적인 정책 설명 - 공약이 공개되지 않은 경우 그 이유 설명 - 정책이 승인된 수준 보고
	2-24		정책 공약 포함	- 2-23과 관련된 비즈니스에 대한 각 정책 약속을 포함하는 방법 설명

주제	2021	2016		포함 내용
전략, 정책 및 관행	2-25	103-2-c-vi	부정적인 영향 개선을 위한 프로세스	조직이 초래했거나 기여했다고 식별한 부정적인 영향의 개선을 제공하거나 협력하겠다는 약속을 설명 고충을 식별하고 해결하기 위한 접근 방식 설명 조직이 제공하거나 협력하는 기타 프로세스 설명 이해관계자의 참여에 대한 설명
	2-26	102-17	조언을 구하는 메커니즘 및 우려 제기	책임 있는 업무 수행을 위한 조직의 정책 및 관행 구현에 대한 조언을 구함
	2-27	307-1 419-1	법률 및 규정 준수	보고 기간 동안의 규정 및 법률을 위반한 중대한 사례의 총 수를 보고하고 총계 분류
	2-28	102-13	가입 협회	- 산업 협회, 기타 회원 협회 및 국가 또는 중요한 역할에 참여하는 국제 옹호 단체 보고
이해관계자 참여	2-29	102-40 102-42 102-43	이해관계자 참여 접근 방식	참여하는 이해관계자의 범주 및 식별 방법 이해관계자 참여의 목적 조직이 이해관계자와의 의미 있는 참여를 보장하는 방법
	2-30	102-41	단체교섭 협약	단체교섭 협약이 적용되는 전체 직원의 비율을 보고 단체교섭이 없는 경우 협약 또는 근무 조건 및 고용 조건을 결정하는지에 대한 여부 보고

주제	2021	2016	포함 내용	
중대성 주제	3-1	102-46	중요 주제 결정 프로세스	중요 주제 결정에 관한 프로세스 보고
	3-2	102-47 102-49	중요 주제 리스트	중요 주제 프로세스에 따른 주제 리스트
	3-3	102-11 103-1 103-2 103-3	중요 주제 관리	중요 주제별 관리 보고

[표 8] 일반 공시 지표 (출처: GRI2:General Disclosure 2021)

특히 GRI 3:Material Topics(중대성 주제)에 대해 조직의 중요한 주제와 관련된 중대성 주제에 대한 정의가 변경되었으며, 중대성 주제 결정 프로세스와 공시 내용 변경에 관한 내용이 포함되어 있다.

내용을 살펴보면 가장 먼저 중대 주제 정의에 대한 변화이다. 이전에는 기업의 경제, 사회, 환경 가치에 영향을 미치거나 이해관계자 및 사회 전반에 중요한 주제를 중대성 지도에 표현했다면, 이제는 영향(Impact)에 초점을 맞춰 인권의 영향을 포함하여 경제, 환경 및 사람에게 기업이 미치는 영향을 강조하고 있다. 또한, 중요성 원칙에 기반하여 먼저 중요한 측면을 나열하고 이에 해당하는 표준 공개 내용을 보고서에 담을 것을 권장하고 있다.

두 번째로, GRI Standards 2016까지 첨부해야 했던 중대성 지도가 사라진다. '중대 주제'에 대한 개념 수정 이후 더 이상 두 개의 독립적인 기준을 포괄하지 않기 때문에 중대성 매트릭스가 더 이상 필요하지 않음을 이야기하고 있으며, GRI Standards 2021 적용 시 중대성 주제에 대한 우선순위 시각화 자료를 제공하여 기업에서 식별한 초기 주제 리스트 및 실질적인 데이터를 기반으로 보고하기 때문에 매트릭스에 대한 필요성이 없다고 명시하고 있다.

세 번째로는 권장하는 중대성 평가 프로세스가 변경되었다. [그림 13]과 [그림 14]을 통해 크게는 2단계 프로세스와 세부적으로는 4단계 프로세스로 구성되어 있는 것을 확인할 수 있다.

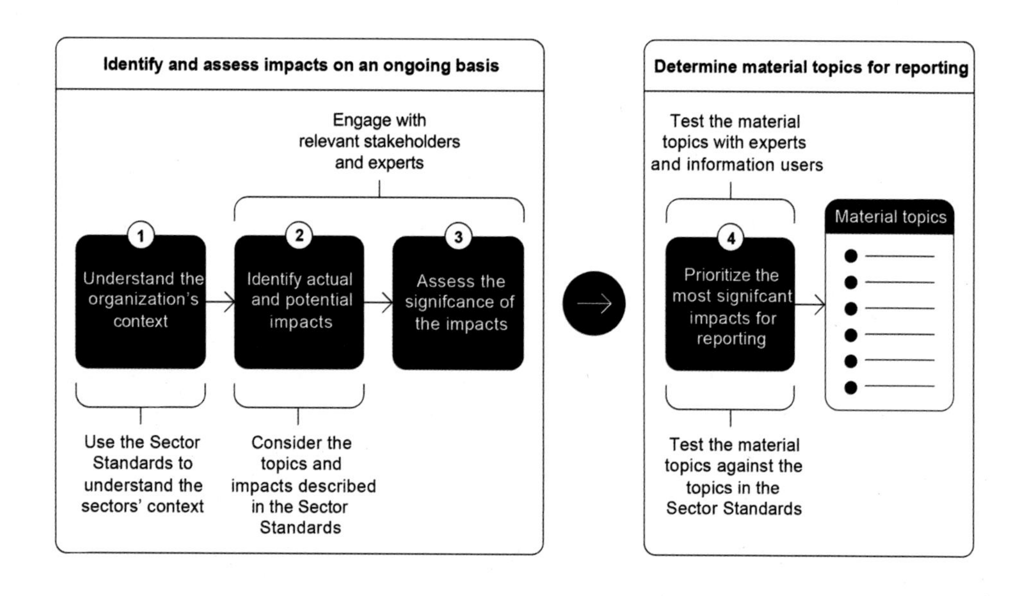

[그림 14] 중대성 평가 프로세스 (출처: GRI 3:Material Topics 2021)

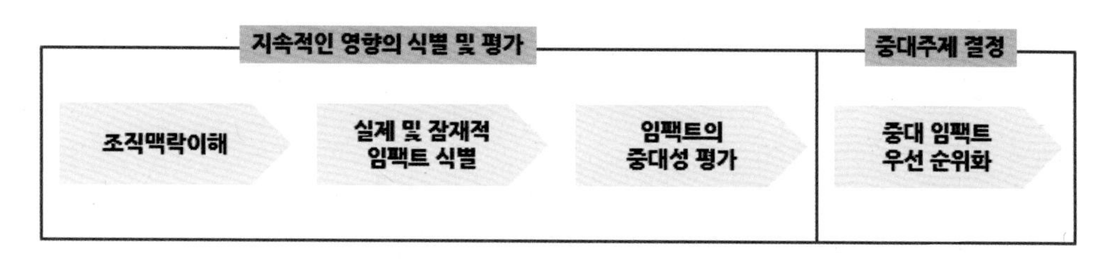

[그림 15] GRI Standards 2021 중대성 평가 프로세스 (출처: 자체 제작)

지속적인 영향의 식별 및 평가 프로세스는 조직의 맥락 이해, 실제 및 잠재적 임팩트 식별, 임팩트의 중대성 평가로 구성되어 있고 중대 주제 결정은 중대 임팩트 우선 순위화로 구성된 것을 확인할 수 있다.

각각에 대해 살펴보면 먼저 조직 맥락에 대한 이해가 필요하다. 이 단계에서는 조직 활동 식별, 비즈니스 관계 식별, 이해관계자 식별 등을 통해 실제, 잠재적인 영향을 파악하기 위한 준비 단계이다.

다음은 실제 및 잠재적 영향을 식별하는 과정으로 실제 영향은 이미 발생한 영향을 뜻하고 잠재적 영향은 발생할 수는 있지만, 아직 발생하지 않은 영향을 뜻한다. 이러한 영향에는 부정과 긍정적 영향, 단기 및 장기 영향, 의도된 영향과 의도하지 않은 영향 등이 포함되며 이런 다양한 영향에 대해 먼저 식별하고, 이러한 영향이 제품, 서비스 등에 어떠한 영향을 미치는지까지도 고려해야 한다.

식별 단계가 끝나면 영향에 대한 중대성을 평가하는 과정으로 실제 및 잠재적 영향을 식별할 수 있고 식별한 영향의 중요성을 평가하여 우선순위를 결정하도록 한다. 부정적 영향의 경우 심각성 및 발생 가능성에 따른 분석이 포함되도록 한다. 또한, 영향 식별과 중대성 평가 단계에서는 이해관계자 및 전문가가 선정 과정에 포함되어야 한다는 것을 명시하고 있다.

마지막 중대 임팩트 우선순위화 과정에서는 전문가 및 이해관계자들과 함께 중대 이슈를 평가하는 과정으로 산업 표준 주제와 비교해가며 중대 이슈를 평가한다. 가장 큰 영향력의 중요한 주제부터 가장 작은 영향력의 중요한 주제까지 나열하고 주제별 값을 정의한 후 문서화하도록 한다. 우선순위를 지정하기 위해서는 주제별 카테고리를 선정하고 주제별로 그룹화를 진행하게 되며 중요도에 따라 이를 순서대로 나열하여 우선순위를 시각화하는 과정을 거친다.

2021년 신규 개발된 산업 표준은 현재(2022년 12월 기준)까지 석유&가스(GRI 11:Oil and Gas), 석탄(GRI 12: Coal), 농축어업(GRI 13:Agriculture, Aquaculture and Fishing) 등 총 세 산업에 관한 표준만 발표된 상황이다. 향후 광업, 식품, 섬유 및 의류, 금융, 자산 운용, 재생 에너지, 임업 등의 산업 표준이 추가 발표될 예정이며 40여 개의 표준을 제작 중이라고 밝혔다.

산업 표준의 구성을 살펴보면 산업 특성별 소개와 산업 활동 및 비즈니스 관계가 소개되어 있다. 소개 내용은 해당 산업이 지속가능 발전에 어떻게 기여하고 있고 SDGs와 어떻게 연결되는지, 산업별 중요한 중대 주제 및 해당 주제에 대한 설명과 보고해야 할 지표가 포함되어 있다.

Activities

The impacts of an organization vary according to the types of activities it undertakes. The following list outlines some of the key activities of the oil and gas sector, as defined in this Standard. This list is not exhaustive.

Exploration: Surveying of resources, including aerial surveys, seismic testing, and exploratory drilling.

Development: Design, planning, and construction of oil and gas fields, including processing and worker facilities.

Production: Extraction of oil and gas from onshore or offshore reserves, and separation of oil, gas and water.

Oil sands mining: Extraction of bitumen from oil sands using surface mining or *in situ* techniques.

Closure and rehabilitation: Closure, decommissioning, dismantling, removal, disposal, or modification of assets, facilities and sites.

Refining: Refining of oil into petroleum products for use as fuels and as feedstocks for chemicals.

Processing: Processing gas into pipe-quality natural gas and natural gas liquids, including removing hydrocarbons and fluids.

Transportation: Marine and land transportation of oil and gas.

Storage and pipelines: Distribution and storage of oil and gas in tanks and marine vessels and distribution via marine and land-based pipelines.

Sales and marketing: Selling of oil and gas products for the purpose of, for example, fuels, gas for retail use, and inputs in the production of specialty chemicals, petrochemicals, and polymers.

[그림 16] 산업 활동 내용 (출처: GRI 11:Oil and Gas Sector 2021)

[그림 17] 산업별 중대성 주제 (출처: GRI 11:Oil and Gas Sector 2021)

Table 2. Links between the likely material topics for the oil and gas sector and the SDGs

	1	2	3	4	5	6	7	8	9	10	11	12	13	14	15	16	17
Topic 11.1 GHG Emissions													●	●			
Topic 11.2 Climate adaptation, resilience, and transition	●						●	●	●			●	●				
Topic 11.3 Air emissions			●								●				●		
Topic 11.4 Biodiversity						●						●		●	●		
Topic 11.5 Waste			●			●						●		●	●		
Topic 11.6 Water and effluents						●						●		●	●		
Topic 11.7 Closure and rehabilitation				●				●			●			●	●		
Topic 11.8 Asset integrity and critical incident management											●			●			
Topic 11.9 Occupational health and safety			●					●									
Topic 11.10 Employment practices	●			●	●			●		●							
Topic 11.11 Non-discrimination and equal opportunity				●	●			●		●						●	
Topic 11.12 Forced labor and modern slavery								●								●	
Topic 11.13 Freedom of association and collective bargaining								●								●	
Topic 11.14 Economic impacts	●				●			●	●	●							
Topic 11.15 Local communities	●		●		●	●										●	
Topic 11.16 Land and resource rights	●	●									●					●	
Topic 11.17 Rights of indigenous peoples	●		●		●						●					●	
Topic 11.18 Conflict and security																●	
Topic 11.19 Anti-competitive behavior																●	
Topic 11.20 Anti-corruption												●				●	
Topic 11.21 Payments to governments	●															●	●
Topic 11.22 Public policy																●	

[그림 18] SDGs 연결성 (출처: GRI 11:Oil and Gas Sector 2021)

2) 재무적 가이드라인

(1) SASB

SASB(Sustainability Accounting Standards Board, 지속가능회계기준위원회)는 미국 재무회계기준위원회(FASB)에서 기업의 비재무적 공시에 대한 문제점을 보완하기 위해 2011년 설립하였다. 이후 2018년 이사회에서는 투자자들의 의사 결정에 영향을 줄 수 있는 지속가능 주제를 식별,

관리, 보고하는 것에 도움을 주기 위해 11개 산업군 총 77개 세부 산업으로 구분된 ESG 정보 공개 지표를 'SASB Standards'라는 이름으로 발표하였다.

SASB 표준은 전 세계 기업들이 투자자에게 가장 중요한 지속가능 주제에 대해 보고할 수 있도록 지원하는 표준으로 재정적인 부분에 대한 문제에 초점을 두고 있다. 특징은 회계 지표의 특성처럼 산업별 중대성 이슈(Materiality)를 규명하고 분야별로 관련 정보를 공개 매트릭스와 회계 기준 및 기술적인 프로토콜과 관련된 토픽을 함께 제시한다는 점이 가장 큰 특징이다. SASB 표준은 경제, 사회, 환경이 기업에 미치는 영향에 대해 나타낸 것으로 내부 지향(Inward looking)적인 관점의 성향을 갖고 있다.

SASB 표준은 투자자들이 재무적 중대성 이슈 파악을 통해 기업의 재무 상태 또는 운영 성과를 파악할 수 있도록 만들어졌기 때문에 투자자를 고려한 지표 중 하나라고 할 수 있다. 현재 총 10개 산업별 기준이 공개되어 있으며, 가정 및 개인용품, 산업용 기계, 상업은행, 전력 발전, 주택 건설, 철강 제조, 전기 및 전자장비, 투자은행 및 중개, 하드웨어, 화학 등이 공개되어 있다. 현재까지 SASB 표준처럼 산업별 차이를 다양하게 제시한 이니셔티브가 없어 향후 산업별 표준의 중요한 역할을 할 것으로 기대된다.

SASB에서 말하는 지속가능의 의미는 '기업이 장시간에 걸쳐 가치를 창출할 수 있는 능력을 유지 또는 향상시키는 기업 활동'으로 정의하고 있으며, SASB 표준을 활용한 보고서는 '지속가능 회계 보고서'라고도 불린다.

지속가능 회계(Sustainability accounting)란 재화와 용역의 생산 과정에서 발생하는 환경 및 사회적 영향에 대한 기업 경영뿐만 아니라 장기적 가치를 창출하는 데 필수적인 환경 및 사회적 자본에 대한 경영을 반영하는 것이며, 여기에는 지속가능에 대한 혁신, 비즈니스 모델, 기업 지배 구조에 미치는 영향과 반대 경우도 모두 포함된다.

지속가능 회계 보고서는 환경(Environment), 사회적 자본(Social Capital), 인적 자본(Human Capital), 비즈니스 모델과 혁신(Business Model & Innovation), 리더십과 지배 구조(Leadership & Governance) 등 다섯 가지 포괄적 지속가능 범주를 기준으로 구성되어 중대성 이슈를 규명하게 된다.

범주	내용
환경	재생 불가능한 천연자원을 생산 요소에 대한 투입물(예: 물, 광물, 생태계, 생물다양성 등)로 사용하거나 천연자원에 부정적 영향을 초래해 기업의 재무 상태 또는 영업 성과에 영향을 미칠 수 있는 환경(예: 공기, 토지, 물 등)으로의 유해한 방출을 통하여 환경에 미치는 기업의 영향을 포함한다.
사회적 자본	사회에서 기업 활동의 사회적 역할이라고 인식된 것 또는 기업이 기업 운영에 대한 사회적 운영 인가(Social License to Operate, SLO)를 받는 대가로 사회에 기여할 것이라는 기대와 관련된다. 사회적 자본은 고객, 지역사회, 공공 및 정부 등 주요 외부 당사자와의 관계 관리를 다룬다. 여기에는 인권, 취약 집단 보호, 지역 경제 개발, 재화와 용역에 대한 접근 및 재화와 용역의 품질, 가격 적정성(affordability), 책임감 있는 비즈니스 마케팅 관행, 고객 프라이버시와 관련된 사안이 포함된다.
인적자본	장기적인 가치를 실현하기 위한 핵심 자산인 기업의 인적 자원(직원 및 개별 계약자)에 대한 관리를 다룬다. 직원 참여, 다양성, 성과보수, 그리고 보상과 같이 직원의 생산성에 영향을 미치는 사안은 물론, 특정 능력, 기술이나 교육이 필요한, 경쟁이 치열하거나 제약이 심한 시장에서 직원을 유치하고 유지하는 사안도 포함된다. 규모의 경제에 의존하고 제품 및 서비스에 대한 가격 경쟁을 하는 산업 및 레거시(legacy) 연금 부채가 쌓인 산업에서의 근로 조건 및 노사 관계 또한 다룬다. 마지막으로 직원의 건강 및 안전에 대한 관리와 위험한 근무 환경에서 운영되는 기업의 경우 안전 근무 문화를 조성하는 능력을 포함한다.
비즈니스 모델·혁신	지속가능 사안이 혁신과 사업 모형에 미치는 영향을 다룬다. 기업의 가치 창출 과정(예: 자원 회수, 생산 과정에서 혁신, 제품의 설계, 사용, 폐기에서의 효율성 및 책임을 포함한 제품 혁신)에 환경적, 인적 및 사회적 사안을 통합하는지를 다룬다. 유형자산과 금융자산(기업 소유 자산 또는 다른 기업의 수탁기관으로서 관리하는 자산)에 미치는 환경 및 사회적 영향 관리 또한 포함한다.
리더십·지배구조	사업 모형에 고유하거나 해당 산업에서 일반적인 관행에 해당되고 보다 포괄적인 이해관계자 집단(정부, 지역사회, 고객, 직원 등)의 이익과 상충될 가능성이 있어 부채를 발생시키거나 혹은 심한 경우 운영 허가가 제한되거나 취소될 수 있는 사안에 대한 관리를 포함한다. 여기에는 규제 준수와 규제 및 정치적 영향이 포함된다. 또한 위험 관리, 안전 관리, 공급망 및 자재 조달, 이해 갈등, 반경쟁적 행동, 부패 및 뇌물수수도 포함된다.

[표 9] 지속가능 범주 (내용 출처: SASB Standards)

위 [표 9]를 기반으로 분야별 중대성 이슈가 구성되었으며, 환경 7개, 사회적 자본 6개, 인적 자본 6개, 비즈니스 모델·혁신 4개, 리더십·지배 구조 7개로 총 30가지의 일반 이슈(General Issue)로 구성되어 있다. 보고서 작성 시 [표 9]를 참고하여 기업에 해당하는 중대성 이슈 선정하고 이를 바탕으로 기본적인 보고서를 작성한다. [표 10]은 기본적인 중대성 이슈로 SASB 표준에서 제공하는 산업별 중대성 이슈는 표의 중대성 이슈를 참고한다.

구분	중대성 이슈	
환경	- 온실가스 배출 - 대기질 - 에너지 관리 - 연료 관리	- 물 및 폐수 관리 - 폐기물 및 유해물질 관리 - 생물 다양성 영향
사회적 자본	- 인권 및 지역사회 관계 - 접근성 및 적정 가격 - 고객 편익	- 데이터 보안 및 고객 프라이버시 - 공정한 공개 및 라벨링 - 공정한 마케팅 및 광고
인적 자본	- 노사관계 - 공정 노사 관행 - 다양성 및 포용성	- 직원 건강, 안전, 복지 - 보상 및 복리후생 - 직원 채용, 계발, 유지
비즈니스 모델·혁신	- 체계적 위험 관리 - 사고 및 안전성 관리 - 사업 윤리 및 지급 투명성 - 경쟁적 행위	- 규제 포획 및 정치적 영향력 - 자재 조달 - 공급망 관리
리더십·지배구조	- 재화와 용역의 수명주기에 걸친 영향 - 자산 및 영업에 미치는 환경적 · 사회적 영향	- 제품 포장 - 제품 품질 및 안전성

[표 10] 지속가능 사안 유니버스(내용 출처: SASB Standards)

지속가능 주제를 식별할 때는 SASB 표준에서 제시하는 5가지의 원칙[표 11]을 참고한다. 각 주제는 산업 기준에 포함되도록 원칙에 따라 평가하며, 보고상 공시될 필요성이 가장 높은 중요한 지속가능 주제에 중점을 두고 기준을 수립하도록 한다.

항목	내용
기업 가치에 영향을 미칠 가능성	위원회는 연구 및 이해관계자 의견을 수렴하여 (1) 수익과 비용, (2) 자산과 부채, (3) 자본 비용 또는 위험 프로파일의 세 가지 경로를 통해 영업 및 재무성과에 영향을 미치거나 미칠 수 있는 주제를 파악한다.
투자자 관심도	SASB는 (1) 직접적인 재무적 영향 및 위험, (2) 법적, 규제적 및 정책적 동인, (3) 산업 규범, 모범 사례, 경쟁 동인, (4) 재무적 영향으로 이어질 수 있는 이해관계자 우려, (5) 혁신 기회의 다섯 가지 요소에 대한 현재 또는 잠재적 영향을 통해 이용할 수 있는 정보의 '전체 맥락'에서 지속가능 주제의 발생 여부를 평가함으로써 투자자가 관심을 가질 만한 사안을 다룬다.
동일 산업 내 전반적 관련성	위원회는 한 산업에 체계적인 주제 및/또는 그 산업에 고유한 위험과 기회를 대표하는 주제로서 그에 따라 해당 산업 내 다수의 기업에 적용될 만한 주제를 다룬다.
기업의 조치 가능성	위원회는 광범위한 지속가능 동향이 개별 기업의 통제하거나 영향을 미칠 수 있는 산업 특유 주제로 변환될 수 있는지를 평가한다.
이해관계자 (투자자 및 증권발행 기업) 합의 반영도	위원회는 각 공시 주제에 대해 해당 주제가 산업 내 대부분의 기업에 중요한 정보가 될 수 있다고 합리적으로 판단된다고 증권발행 기업과 투자자 사이에 합의가 있는지를 고려한다.

[표 11] 주제 식별 원칙 (내용 출처: SASB Standards)

SASB 표준은 산업별 중대성 지도(Materiality map) 작성을 권고하고 있다. 기업에서 선별한 이슈들이 해당 산업군 내 산업의 50% 이상에 대한 중요성 이슈 가능성과 50% 이하에서 중요성 이슈가 될 가능성을 따지게 되며, 만약 가능성이 없는 이슈도 중대성 지도에 기재하여 산업 내 다른 기업과 비교할 수 있도록 데이터를 공개를 권고하고 있다.

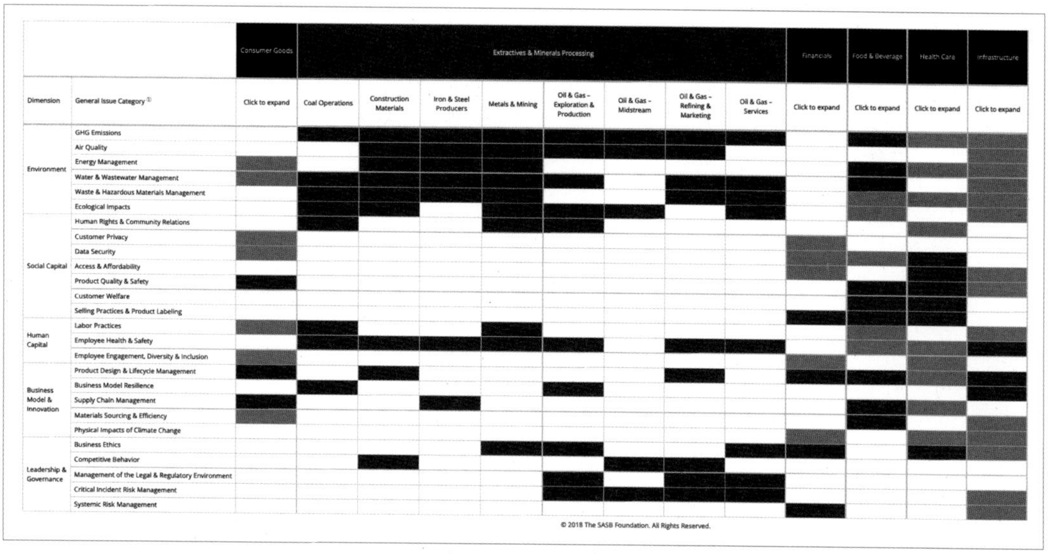

		Consumer Goods	Extractives & Minerals Processing								Financials	Food & Beverage	Health Care	Infrastructure
Dimension	General Issue Category ①	Click to expand	Coal Operations	Construction Materials	Iron & Steel Producers	Metals & Mining	Oil & Gas - Exploration & Production	Oil & Gas - Midstream	Oil & Gas - Refining & Marketing	Oil & Gas - Services	Click to expand	Click to expand	Click to expand	Click to expand
Environment	GHG Emissions													
	Air Quality													
	Energy Management													
	Water & Wastewater Management													
	Waste & Hazardous Materials Management													
	Ecological Impacts													
Social Capital	Human Rights & Community Relations													
	Customer Privacy													
	Data Security													
	Access & Affordability													
	Product Quality & Safety													
	Customer Welfare													
	Selling Practices & Product Labeling													
Human Capital	Labor Practices													
	Employee Health & Safety													
	Employee Engagement, Diversity & Inclusion													
Business Model & Innovation	Product Design & Lifecycle Management													
	Business Model Resilience													
	Supply Chain Management													
	Materials Sourcing & Efficiency													
	Physical Impacts of Climate Change													
Leadership & Governance	Business Ethics													
	Competitive Behavior													
	Management of the Legal & Regulatory Environment													
	Critical Incident Risk Management													
	Systemic Risk Management													

[그림 19] 중대성 지도(Materiality map) 예시 (출처: https://www.sasb.org/)

SASB 표준에서는 지속가능 주제별 성과 측정을 위한 지표 판단 기준으로 총 9개의 원칙을 제시하고 있으며, 이는 후보 지표를 평가할 때 판단 기준으로 사용할 것을 권고하고 있다. 세부적인 내용은 [표 12]와 같다.

항목	내용
표현의 타당성	지표가 다루려고 하는 공시 주제 측면과 관련된 성과를 적절하고 정확하게 기술하거나, 해당 공시 주제 측면에서의 성과에 대한 대용치(proxy)기능을 한다.
유용성	지표가 관련 주제에 대한 영업성과를 관리하는 데 있어 기업에 유용한 정보를 제공하고 재무 분석 수행에 있어 투자자에게 유용한 정보를 제공한다.
적용가능성	지표가 해당 산업의 일반적인 운영 맥락을 바탕으로 산업 내 대부분의 기업에 적용할 수 있는 정의, 원칙, 방법론에 기초한다.
비교가능성	지표를 통해 주로 (a) 산업 내 P2P 벤치마킹에 도움이 되고 증권발행 기관의 전년 대비 벤치마킹에 도움이 되는 정량적 데이터와 (b) 공시의 비교를 용이하게 하는 정성적 정보도 산출한다.
완전성	개별적 또는 집합적으로 지표가 지속가능 주제의 모든 측면과 관련된 성과를 이해하고 해석할 수 있을 만큼의 충분한 데이터와 정보를 제공한다.
검증가능성	데이터 검증 및 인증의 목적상, 지표는 효과적인 내부 통제를 뒷받침할 수 있다.
연계성	지표가 증권 발행 기업에서 이미 활용하고 있는 지표에 기반 하거나 증권 발행 기업, 정부, 산업 협회 등에서 이미 활용되고 있는 기준, 정의, 개념에서 도출된 것이다.
중립성	지표가 편의적이지 않고 SASB를 대신한 가치 판단이 없어, 투자자가 세계관이나 전망에 관계없이 활용할 수 있는 객관적인 성과 공시를 제공한다.
분배성	지표가 한 산업 내, 또는 전체 산업에 걸쳐 식별 가능한 범위의 데이터를 도출하도록 설계되어, 이용자가 주제에 관한 성과 또는 주제의 한 측면에 대한 성과를 구분할 수 있다.

[표 12] SASB 지표 판단기준 (내용 출처: SASB Standards)

SASB 표준에서는 일관된 적용을 가능하게 하고 비용 효과적이며 의사 결정에 유용한 정보를 쉽게 제공할 수 있도록 구조화된 방식을 제시한다. 표준화된 기준서 요소를 확인해 보면 일반 공시 지침, 산업 설명, 주제 및 주제 설명, 지속가능 회계 지표, 기술 프로토콜, 활동 지표 등으로 구성되어 있으며, 기준서 작성 시 기업에 맞는 요소들을 선별하여 작성하도록 한다.

구분	내용
일반 공시지침	범위, 보고 형식, 시기, 제한 사항, 미래 전망 등 SASB 기준 활용에 관한 일반적인 지침을 제공한다.
산업 설명	기준의 대상이 되는 산업을 설명한다. 여기에는 사업 모형에 대한 모든 가정 및 포함되거나 포함되지 않는 산업 부문(segments)에 대한 설명이 포함한다.
주제 및 주제 설명	주제별 다양한 측면에 대한 관리 또는 부실 관리로 인해 가치 창출에 어떤 영향을 미칠 수 있는지를 나열하고 간략하게 설명한다.
지속가능 회계 지표	각 공시 주제나 주제의 한 측면에 대한 성과를 측정하기 위한 표준화된 정량적–또는 경우에 따라 정성적–지표를 기업에 제공한다.
기술 프로토콜	지표마다 기술 프로토콜은 PCAOB(Public Company Accounting Oversight Board)의 AT Section 101에서 정의한 다음과 같은 속성을 갖는 '적합한 판단 기준'의 근거로 기능할 수 있는 정의, 범위, 회계 지침, 취합, 공시에 대한 지침을 제공한다.
활동 지표	총 직원 수, 제품 생산량 또는 서비스 제공량, 시설 수, 또는 고객 수와 같은 고급 사업 정보 등을 포함한다.

[표 13] SASB 보고서 작성 요소 (내용 출처: SASB Standards)

(2) TCFD

G20 정상들은 금융 부문에서 향후 기후 변화 관련 문제를 어떻게 반영할 수 있을 것인지에 대한 방법론이 필요했고 금융안정위원회(FSB)에 이를 개발할 것을 요청하였다. 요청 사항을 통해 2015년 TCFD(Task Force on Climate Related Financial Disclosures, 기후 관련 재무 공개 테스크포스)가 설립되었으며, 이후 2017년 6월 최종 권고안과 지침을 발표하였다.

TCFD는 EU에서 시행되고 있는 CSRD에 반영될 만큼 그 영향력이 점차 커지고 있다. 또한, 2021년 6월 개최된 G7 회담에서 TCFD의 권고에 따른 기후 관련 보고를 의무화하겠다고 함으로써 기후 변화와 관련된 공시 중 가장 핵심적인 기후 변화 공시 프레임워크가 되었다. 그 결과 2021년 기준 약 3,100개 이상의 기업이 지지를 표명하였다. 또한, 8개 국가에서 의무

공시로 도입하였으며 총 93개 국가가 TCFD를 지지하고 있다.

TCFD 권고안(Recommendations of the Task Force on Climate-related Financial Disclosures)은 CDP, GRI, CDSB 등 기존에 있던 글로벌 이니셔티브 특성들을 반영하여 구성되었다. TCFD의 발행 목적은 기업과 금융기관이 의무적으로 발간하는 재무 보고서 또는 사업 보고서를 통해 투자자 및 기타 이해관계자들에게 표준화된 기후 변화 관련 정보를 제공하는 것을 목적으로 하고 있다.

권고안의 권고 사항은 지배 구조, 전략, 위험 관리, 지표·목표라는 네 가지 영역에 걸친 11개 항목으로 구성되어 있으며, 각각의 내용을 살펴보면 지배 구조는 기후 변화와 관련된 위험과 기회에 대한 조직의 지배 구조에 대한 공시, 전략 부분은 기후 변화와 관련된 위험과 기회가 그러한 정보가 중용한 조직의 사업, 전략 및 재무 계획에 미치는 실질적, 잠재적 영향을 공시할 것을 요구한다. 위험 관리 부분은 조직이 기후 변화와 관련된 위험을 식별, 평가 및 관리하는 방법을 공시하며, 지표와 목표는 해당 정보가 중요한 곳의 기후 변화와 관련된 위험과 기회를 평가하고 관리하는 데 사용되는 지표와 목표를 공시하도록 권고하고 있다.

[그림 20] TCFD 권고안 (출처: TCFD 권고안 이행 문서)

권고안을 작성하는 작성 구조는 [그림 19]와 같다. 작성 구조는 권고안(Recommendations), 권고 정보 공개(Recommended Disclosures), 모든 섹터에 대한 지침(Guidance for All Sectors), 특정 섹터(Supplemental Guidance for Certain Sectors)에 대한 보충 지침 등 4가지의 구성 요소가 모여

하나의 구조를 이루게 된다.

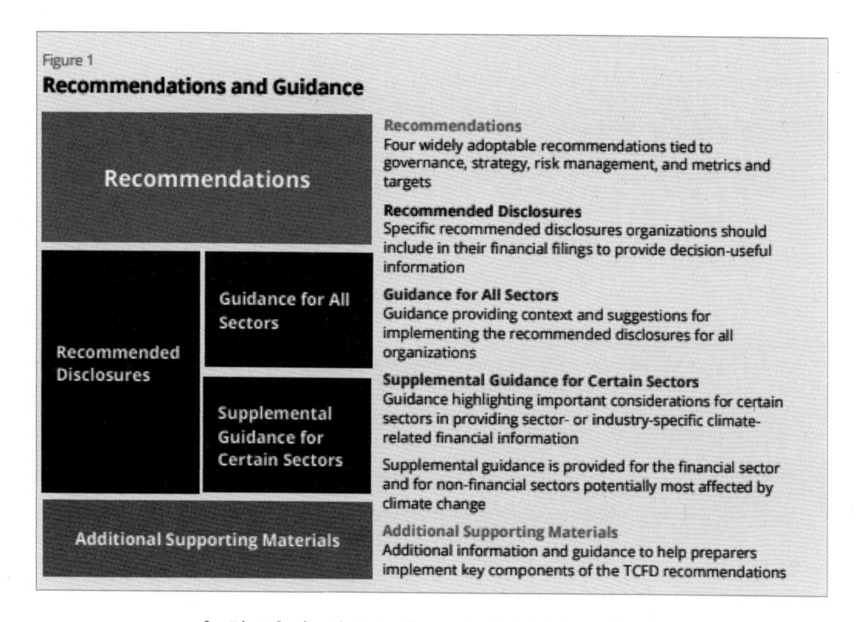

[그림 21] 권고안 구조 (출처: TCFD 권고안 이행 문서)

작성되어야 하는 내용을 살펴보면 권고안 부분은 지배 구조, 전략, 위험 관리, 지표·목표 등 해당 영역의 명칭을 작성하며, 권고 정보 공개는 정보 제공을 위해 조직이 재무 공시자료에 포함되어야 하는 11개 항목의 구체적인 권고 정보 사항을 작성한다.

이어서 모든 섹터에 대한 지침은 정보 공개를 이행하기 위한 배경 및 제안을 작성하며, 특정 섹터에 대한 보충 지침은 특정 섹터에 대한 중요한 고려 사항을 강조하고 잠재적인 기후 변화와 관련된 재무 영향에 대한 계획을 작성한다.

TCFD(기후변화 관련 재무정보공개 협의체) 대조표

TCFD 권고안		참고 페이지	참고 페이지
거버넌스	a) 기후변화와 관련된 위험과 기회에 대한 이사회의 관리, 감독에 대한 내용	기후변화 관련 규제 변화, 물리적 기후 위험의 증가 등 기후변화 이슈는 사업의 운영과 재무적 성과에 직접적인 영향을 미치는 중요한 분야입니다. 이와 같은 기후변화 이슈 및 이에 대한 삼성전자의 활동은 최고 의사결정기구인 이사회에 보고되며, 이사회는 기후변화 대응과 자원 순환에 대한 회사의 주요 활동을 감독하고 있습니다.	P.23 CDP : CC1.1a, CC1.1b
	b) 기후변화와 관련된 위험과 기회를 평가, 관리하는 경영진의 역할	기후변화 대응 전략 수립과 이행 과제 발굴, 투자 집행 등의 주요 사안에 대한 책임과 권한은 CEO에게 있습니다. 또한 실질적인 책임 이행을 위해 경영진의 KPI 항목 중 일부로 기후변화 관련 지표를 반영하였습니다. CEO는 주요 분야별 최고 책임자들과 함께 전사 지속가능경영협의회와 환경 분야 임원들로 구성된 전사 협의체를 운영하여 환경경영 계획을 수립하고 이행 성과를 검토합니다. 또한, 환경경영 TF는 기후변화 대응을 포함해 환경경영 실행과제를 수립하고 진행사항을 점검합니다. 사업 부문별 환경안전 회의에서는 기후변화를 포함한 사업장의 환경경영 이슈를 모니터링하고 주요 사안을 협의합니다. 에코협의회는 친환경 제품을 개발하기 위한 전략 수립 및 성과를 협의합니다.	P.23 CDP : CC1.2a
추진 전략	a) 단기·중기·장기 측면에서 기후변화 관련 위험과 기회 설명	기후변화로 인한 리스크와 기회는 제품과 서비스는 물론 제조공정, 공급망, 연구개발, 기타 영업 활동까지 영향을 주고 있습니다. 삼성전자는 환경안전, 기후변화 및 에너지, 컴플라이언스 등 각 분야의 리스크 관리 프로세스와 매뉴얼에 따라 글로벌 사업장에서 발생하는 리스크를 상시 모니터링합니다. 삼성전자는 기후변화로 인한 위험과 기회 요인의 재무적 영향력을 파악하기 위해 리스크 요인을 전환리스크와 물리적 리스크로 구분하고 이로 인한 위험과 기회 요인을 분석하고 있습니다. 단기적으로는 탄소배출권 가격 상승과 기상이변, 고효율 기술 도입을 잠재적인 리스크로 보고 있으며, 탄소배출권 확보와 에너지 비용절감을 기회요인으로 인식하고 있습니다. 중기적으로는 소비패턴 변화와 재생에너지 사용 확대를 기회요인으로 예상하며, 기온상승과 같은 물리적 영향을 장기적인 리스크 요인으로 예상합니다. 특히, 장기 리스크는 파리협정에 따른 국가별 감축계획, 기후변화에 관한 정부 간 협의체 (IPCC1)) 평가보고서의 대표농도 경로 시나리오 및 국제 에너지 기구 (IEA2))의 에너지기술 전망 등을 고려하여 대응방안을 수립합니다. 세부 내용은 2022 지속가능경영보고서 26 페이지 기후변화 리스크·기회의 재무적 영향 분석 섹션을 참고하십시오.	P.23, P.25 CDP : CC2.2c, CC2.3a, CC2.4a, CC3.1c
	b) 기후변화 관련 위험과 기회가 기업의 사업, 전략 및 재무계획에 미치는 영향	기후변화는 세계 각지에서 발생하고 있으며 각국의 규제 역시 지속적으로 강화되고 있습니다. 자연재해로 인한 피해 복구 비용과 사업기회 손실 비용 발생이 예상되며, 기후변화 악화로 인해 이와 같은 비용이 증가할 것으로 예상됩니다. 삼성전자는 이런 자연재해로 인한 사업영향을 미연에 방지하기 위해, 환경, 안전, 방재 설비에 대한 투자를 지속하고 있으며, 이로 인해 보험료 인하가 예상됩니다. 글로벌 각 국가는 기후변화 대응을 위한 관련 규제를 강화하는 추세입니다. 삼성전자는 한국 온실가스 배출권거래제 규제 대상기업으로 규제 강화로 인해 온실가스 배출권 규제 대응 비용 및 재생에너지 구매 비용이 증가할 것으로 예상됩니다. 또한, 글로벌 기후관련 규제 위반 및 기후변화 대응 미이행에 따른 소비자 인지도가 하락할 경우, 매출에 직접적인 영향이 있을 것으로 예상됩니다.	P.26 CDP : CC2.5, CC2.6
	c) 기후변화 시나리오가 사업, 전략 및 재무 계획에 미치는 영향	기후변화 리스크는 파급 경로가 매우 복잡하며 광범위하게 영향을 미칠 것으로 예상됩니다. 삼성전자는 기후변화 시나리오에 따른 사회/경제적 변화로 인해 비즈니스에 미치는 영향력을 파악하기 위해 노력하고 있습니다. 시나리오는 정부, 고객, 투자자 등 글로벌 이해관계자가 적극적으로 기후변화에 대응하는 시나라오와 현재 수준을 유지하는 시나라오로 구분합니다. 적극적인 기후변화 대응 시나라오의 경우, 장기적으로 에너지 등급이 낮은 제품의 매출 감소가 예상되며, 고효율 에어컨, 공기청정기, 건조기 등의 친환경 제품의 매출 비중이 증가할 것으로 예상됩니다. 삼성전자는 이와 같은 시나리오 대비하기 위해 초저전력 반도체 개발 및 제품 에너지 효율 개선을 위한 투자를 지속할 계획입니다. 또한 사업장 온실가스 배출 감축을 위한 투자와 재생에너지 전환을 적극적으로 이행하고 제품 에너지 효율 개선을 위한 투자도 지속할 계획입니다.	P.26-31 CDP : CC3.1c, CC3.1d

[그림 22] 삼성전자 TCFD 대조표 (출처: 2022년 삼성전자 지속가능경영보고서)

카테고리별 권고 사항에 대한 자세한 내용은 [표 14]를 통해 확인할 수 있다. [표 14]에서 주의 깊게 볼 것은 전략적으로 기업이 택하고 있는 시나리오는 어떤 것인지, 이 시나리오가 과연 기업에 어떤 영향을 끼치는지 명확하게 명시하고 시나리오에 따른 정성적 분석과 대응 방안이 수립되어야 한다는 점이다.

구분	권고 사항
지배 구조	기후 변화 관련 리스크와 기회에 대한 이사회의 감독 역할 기후 변화의 위험과 기회를 평가하고 관리하는 경영진의 역할
전략	기업이 단기, 중기 및 장기에 걸쳐 확인한 기후 변화와 관련된 위험과 기회 기후 변화의 위험과 기회가 조직의 사업, 전략, 재무 계획에 미치는 영향 2℃ 이하의 시나리오를 포함해 다양한 기후 변화와 관련된 시나리오를 고려하여 조직 전략의 회복 탄력성을 설명

구분	권고 사항
위험 관리	기후 변화와 관련된 리스크를 식별하고 평가를 위한 프로세스 설명 기후 변화와 관련된 위험을 관리하기 위한 프로세스 설명 기후 변화와 관련된 위험을 식별, 평가 및 관리하는 프로세스가 조직의 전반적인 위험 관리에 통합되는 방식
지표·목표	조직의 전략 및 위험 관리 프로세스에 따라 기후 변화와 관련된 위험과 기회를 평가하기 위해 사용한 지표 공개 Scope 1, Scope 2 그리고 Scope3에 해당할 경우 온실가스 배출량 및 관련 위험 공개 기후 변화와 관련된 위험과 기회를 관리하기 위해 목표 대비 성과 설명

[표 14] TCFD 권고한 세부 공시 항목 (출처: TCFD 권고안 이행 문서)

TCFD에서 권고하고 있는 시나리오 분석의 이유는 기업이 미래 상황에 어떻게 대응하는지를 고려하고 이해하기 위함이다. 기후 변화 관련 시나리오의 경우 시간이 흐르면서 기후 변화의 물리적 변화 및 위험과 기회가 기업 운영에 어떤 영향을 끼치게 될 것인가를 예측하는 데 큰 도움을 주며, 분석을 통해 미래를 예측할 수 있다는 점은 주요 이니셔티브로써 매력적인 요인으로 꼽힌다. 그렇다면 시나리오 분석은 어떻게 진행해야 하는 것일까? 가장 먼저 시나리오가 갖춰야 할 5가지의 특징을 [표 15]와 같이 정의하였다.

구분	내용
타당성	시나리오에 나오는 이벤트는 가능성이 있고 설명이 신뢰성(즉 무슨 일이 일어났는지, 왜 그리고 어떻게 일어났고 신뢰할 수 있는지의 설명)이 있어야만 한다.
특이성	각 시나리오는 주요 요인의 다른 조합에 초점을 두고 있어야만 한다. 시나리오는 구성과 전달 메시지에서 분명한 차별을 두어야 하며, 한 가지 테마에서의 변형은 해당하지 않는다. 어떻게 동일한 주요 요인의 다른 순열 및 또는 일시적 전개가 얼마나 다른 결과를 가져올 수 있는지 다수의 시나리오를 사용해야만 한다.
일관성	각 시나리오는 강한 내적 논리가 있어야 한다. 시나리오 분석의 목적은 요인의 상호 작용 탐구에 있으며, 각 행동에 맞는 반응이 필요하다. 변화가 해당 시나리오의 주요 부분이라는 논리적 설명이 전제된 것이 아니라면 행위자 또는 외부 요인이 현재 추세와 상태를 완전히 바꿀 수는 없다.

구분	내용
관련성	각 시나리오 및 시나리오 세트 전체는 기후 변화 관련 리스크와 기회의 전략적 또는 재무적 영향과 관련된 미래 상황에 구체적인 통찰력을 더할 수 있어야 한다.
도전성	시나리오는 미래에 관한 일반적인 통념과 단순한 가정에 도전적이어야 한다. 불확실성의 주요 요소를 생각한다면, 시나리오는 현상 유지 가정의 근거를 대대적으로 변화시킬 대안 모색을 시도해야 한다.

[표 15] 시나리오가 갖춰야 할 특징
(출처: The Use of Scenario Analysis in Disclosure of Climate-Related Risks and Opportunities, TCFD)

TCFD에서는 기후 변화 관련 위험과 기회에 시나리오 분석을 적용하는 과정으로 총 6단계의 과정을 제안하고 있다. 적용 단계는 지배 구조 시행 보장을 시작으로 기후 변화 관련 위험의 중요성 평가, 시나리오 범위 확인 및 정의, 비즈니스 영향 평가, 잠재적 대응 확인, 문서의 정보 공개 단계로 분석 적용 단계로 구성되어 있다.

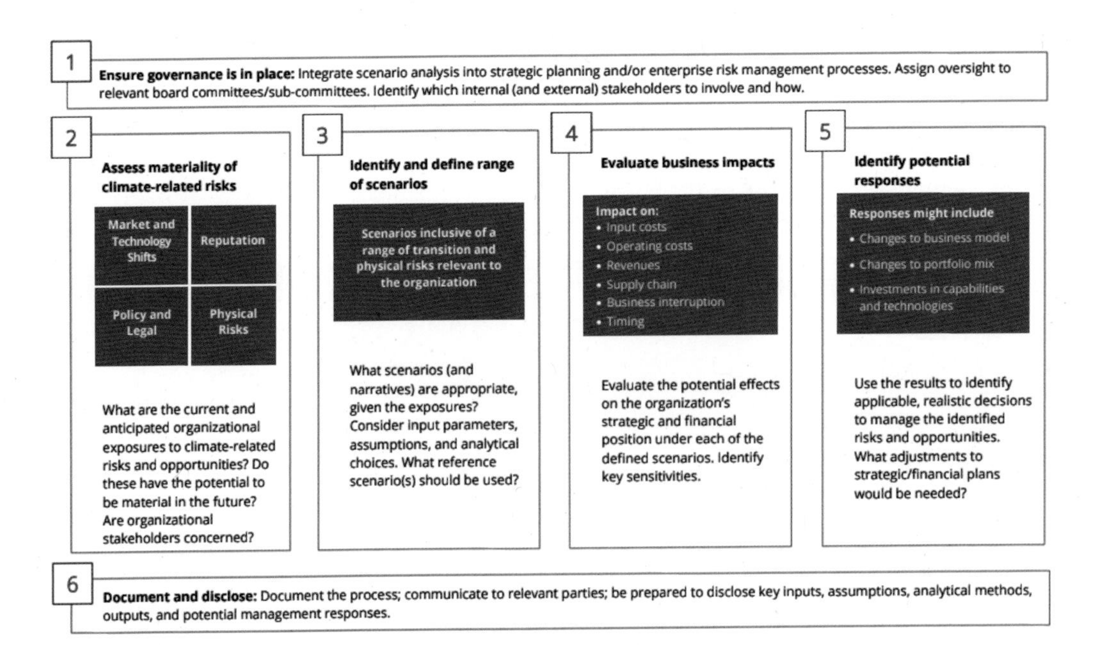

[그림 23] 기후 변화 관련 위험과 기회에 시나리오 분석을 적용하는 과정
(출처: The Use of Scenario Analysis in Disclosure of Climate-Related Risks and Opportunities, TCFD)

[그림 22]를 참조하여 1단계 지배 구조 시행 보장 단계에서는 전략 및 위험 관리 프로세스에 시나리오 분석을 활용한다. 관련 운영위원회에 감독권을 배정한 후 내부 이해관계자가 어떻게 관여할지를 결정한다.

2단계 기후변화 관련 위험의 중요성 평가의 경우 시장 및 기술 변화, 평판, 정책 및 법률, 물리적 위험 등을 고려하여 기후 변화 관련 위험 및 기회에 대한 현재 그리고 앞으로 예상되는 기업의 리스크는 무엇인지, 미래에 중요하게 될 잠재적 가치가 있는지, 조직의 이해관계자는 우려하고 있는지에 대한 중요성 평가를 진행한다.

3단계 시나리오 범위 확인 및 정의에서는 조직에 관련된 다양한 전환 및 물리적 위험을 포함하는 시나리오를 정의함으로써 어떤 시나리오가 적절한지, 투입 매개변수, 가정 및 분석적 선택을 고려하여 어떤 시나리오가 사용될지를 선택한다.

4단계 비즈니스 영향 평가에서는 시나리오가 미치는 분야에 대해 정의한다. 예를 들어 투입 비용, 운영 비용, 수익, 공급망, 영업 정지, 시점 등의 분야를 예로 들 수 있으며, 각 정해진 시나리오 설정하에 조직의 전략 및 재무 상태에 관한 잠재적 영향을 평가하고 주요 민감도를 확인한다.

5단계 잠재적 대응 확인 단계에서는 비즈니스 모델의 변경, 포트폴리오 구성의 변경, 역량 및 기술에의 투자 등 갑자기 발생할 수 있는 문제에 대한 대안을 미리 고려한다.

마지막으로 문서 및 정보 공개는 위 과정을 모두 문서화하고 관련 당사자와 커뮤니케이션을 지속함으로써 주요 입력 내용, 가정, 분석 방법, 결과 및 잠재적 경영진 대응을 공개할 준비를 한다.

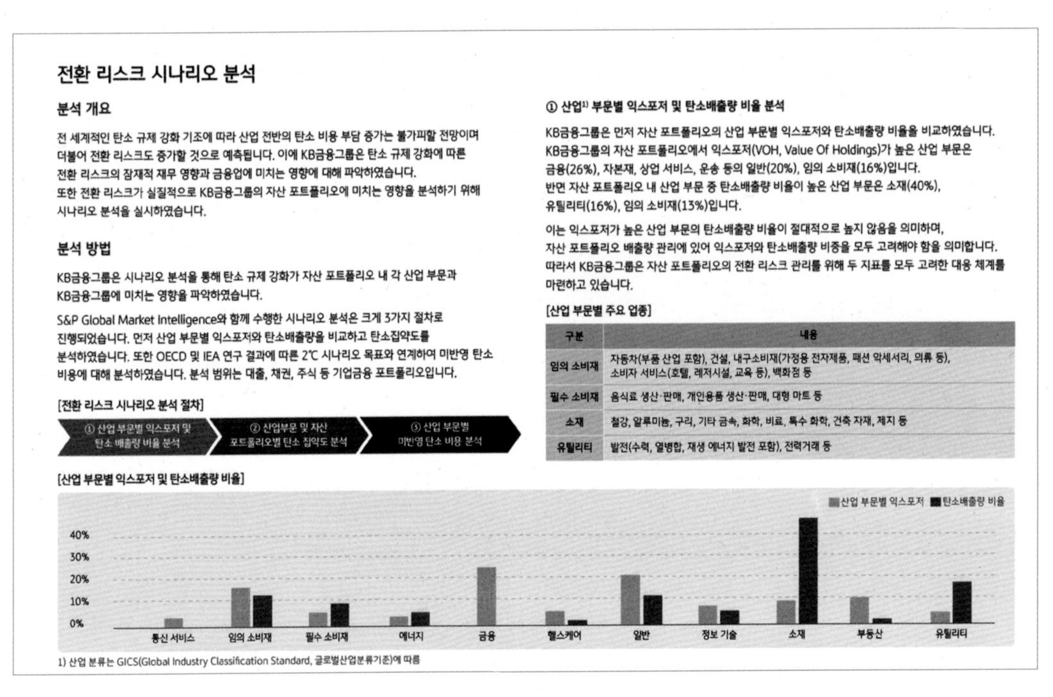

전환 리스크 시나리오 분석

분석 개요

전 세계적인 탄소 규제 강화 기조에 따라 산업 전반의 탄소 비용 부담 증가는 불가피할 전망이며 더불어 전환 리스크도 증가할 것으로 예측됩니다. 이에 KB금융그룹은 탄소 규제 강화에 따른 전환 리스크의 잠재적 재무 영향과 금융업에 미치는 영향에 대해 파악하였습니다.
또한 전환 리스크가 실질적으로 KB금융그룹의 자산 포트폴리오에 미치는 영향을 분석하기 위해 시나리오 분석을 실시하였습니다.

분석 방법

KB금융그룹은 시나리오 분석을 통해 탄소 규제 강화가 자산 포트폴리오 내 각 산업 부문과 KB금융그룹에 미치는 영향을 파악하였습니다.

S&P Global Market Intelligence와 함께 수행한 시나리오 분석은 크게 3가지 절차로 진행되었습니다. 먼저 산업 부문별 익스포저와 탄소배출량을 비교하고 탄소집약도를 분석하였습니다. 또한 OECD 및 IEA 연구 결과에 따른 2℃ 시나리오 목표와 연계하여 미반영 탄소 비용에 대해 분석하였습니다. 분석 범위는 대출, 채권, 주식 등 기업금융 포트폴리오입니다.

[전환 리스크 시나리오 분석 절차]

① 산업[1] 부문별 익스포저 및 탄소배출량 비율 분석

KB금융그룹은 먼저 자산 포트폴리오의 산업 부문별 익스포저와 탄소배출량 비율을 비교하였습니다.
KB금융그룹의 자산 포트폴리오에서 익스포저(VOH, Value Of Holdings)가 높은 산업 부문은 금융(26%), 자본재, 상업 서비스, 운송 등의 일반(20%), 임의 소비재(16%)입니다.
반면 자산 포트폴리오 내 산업 부문 중 탄소배출량 비율이 높은 산업 부문은 소재(40%), 유틸리티(16%), 임의 소비재(13%)입니다.

이는 익스포저가 높은 산업 부문의 탄소배출량 비율이 절대적으로 높지 않음을 의미하며, 자산 포트폴리오 배출량 관리에 있어 익스포저와 탄소배출량 비중을 모두 고려해야 함을 의미합니다.
따라서 KB금융그룹은 자산 포트폴리오의 전환 리스크 관리를 위해 두 지표를 모두 고려한 대응 체계를 마련하고 있습니다.

[산업 부문별 주요 업종]

구분	내용
임의 소비재	자동차(부품 산업 포함), 건설, 내구소비재(가정용 전자제품, 패션 악세서리, 의류 등), 소비자 서비스(호텔, 레저시설, 교육 등), 백화점 등
필수 소비재	음식료 생산·판매, 개인용품 생산·판매, 대형 마트 등
소재	철강, 알루미늄, 구리, 기타 금속, 화학, 비료, 특수 화학, 건축 자재, 제지 등
유틸리티	발전(수력, 열병합, 재생 에너지 발전 포함), 전력거래 등

[산업 부문별 익스포저 및 탄소배출량 비율]

1) 산업 분류는 GICS(Global Industry Classification Standard, 글로벌산업분류기준)에 따름

[그림 24] KB그룹 TCFD 시나리오 분석 (출처: 2022년 KB금융그룹 TCFD 보고서)

TCFD는 보고 대상, 보고 위치 및 보고 원칙을 규정하고 있다. 채권 또는 주식을 발행하는 모든 조직을 우선 보고 대상으로 두고 있으며, 투자자, 대출기관 및 보험회사의 의사 결정에 기후 변화 요소를 반영할 수 있도록 기후 변화 관련 재무 정보도 함께 공개할 것을 권고하고 있다.

보고 위치는 재무 보고서 또는 사업 보고서, 통합 보고서를 통해 공개할 것을 권고하고 있으며, 상장기업의 경우 각국의 공시 규정에 부합한 형태로 기후 변화 관련 재무 정보를 공시한다. 금융기관별 공시제도가 따로 있는 경우 대상 규정에 따라 중대한 기후 변화 요인을 공시하도록 권고하고 있다.

TCFD에서는 권고안의 효과적인 정보 공개를 위해 7가지의 기본 원칙을 따를 것을 권장하고 있다. 기본 원칙에 대한 제시 내용은 [표 16]과 같다.

구분	내용
1	관련 정보를 포괄적으로 제시해야 한다.
2	구체적이며 완벽함을 유지해야 한다.
3	명확하고 균형 있으며 이해하기 쉬워야 한다.
4	시간이 지남에 따라 일관성이 유지되어야 한다.
5	섹터, 산업 또는 포트폴리오 내의 조직 간에 서로 비교 가능해야 한다.
6	신뢰성 있고 검증이 가능해야 하며 객관적이어야 한다.
7	정보 공개는 적시에 제공되어야 한다.

[표 16] TCFD 정보 공개 기본 원칙 (출처: TCFD 권고안 이행 문서)

(3) ISSB

최근 많은 기업이 지속가능경영보고서를 발간하고 있다. 그에 따라 보고서를 작성하는 작성 기준도 함께 다양해졌다. 하지만 정보 이용자의 입장에서 기업은 이런 다양해진 기준을 모두 다 수용할 수만은 없는 것이 현실이며, 어떤 기준으로 작성해야 할지에 대한 혼란이 가중되어 가고 있다. 이런 상황 속에서 2021년 4월, IFRS(International Financial Reporting Standards, 국제회계기준) 재단에서는 국제적으로 인정하는 단일 지속가능 기준을 제정하기 위해 ISSB(International Sustainability Standards Board)를 설립하였다.

이후 2022년 3월 ISSB에서는 투자자의 정보 요구를 충족하기 위한 두 가지의 기준에 대한 공개 초안을 발표하였다. 설립 후 1년도 걸리지 않은 시간에 빠르게 공시기준을 발표할 수 있었던 이유는 ISSB에서 기존에 있던 공시기준들을 통합했기에 가능했다.

ISSB의 구성인 [그림 24]를 살펴보면 먼저 기존의 SASB, IR 등 기존의 재무적 가이드라인들이 IFRS로 통합되었다. 공시 초안은 기후 변화 관련 재무 정보 공개 협의체인 TCFD의 공시 권고안을 기반으로 작성되어 있으며, GRI와는 Collaboration을 통해 비재무적인 내용을 담고 있다.

[그림 25] ISSB 구성 (출처: https://www.auditboard.com/)

그렇다면 왜 지속가능경영보고서 작성에 가장 많이 활용되고 있는 GRI는 ISSB와의 통합을 추진하지 않고 협약을 통해서만 참여하게 되었을까? 이는 각각의 가이드라인이 추구하는 보고서 공개 범위가 차이가 있기 때문이다. 이는 IFRS에서 보고한 Statement of Intent to Work Together Towards Comprehensive Corporate Reporting 보고서를 통해 확인할 수 있다.

보고서에서는 3가지의 영역[그림 54]으로 보고서 범위를 규정하고 있다. 가장 작은 영역을 차지하고 있는 부분은 재무제표에만 반영된 보고를 의미하며 이는 회계 기준에만 속한 내용을 보고하는 것으로 투자자를 중심으로 보고가 이루어지는 범위이다. 다음은 중간 범위로 기업 가치 창출에 주요한 영향을 미치는 지속가능 항목에 대한 보고 부분이다. SASB가 여기에 해당하게 되며, 해당 범위 또한 투자자를 중심으로 보고가 이루어진다.

가장 큰 영역을 차지하고 있는 것은 기업이 경제, 환경, 사람들에게 중요한 영향을 미치는 사안에 대해 보고하는 영역으로 투자자를 포함한 기업을 둘러싸고 있는 모든 이해관계자를 대상으로 정보를 공개하는 범위이다. 현재 나온 공개 초안의 경우에는 광범위를 대상으로 하는 보고서가 아닌 투자자만을 중심으로 한 보고서가 목적이기 때문에 GRI와는 협약 관계를 맺어 진행하고 있다. 이는 보고서 작성 가이드라인이 재무 정보 중심이냐 비재무 정보 중심이냐에 따라서도 구분할 수 있다.

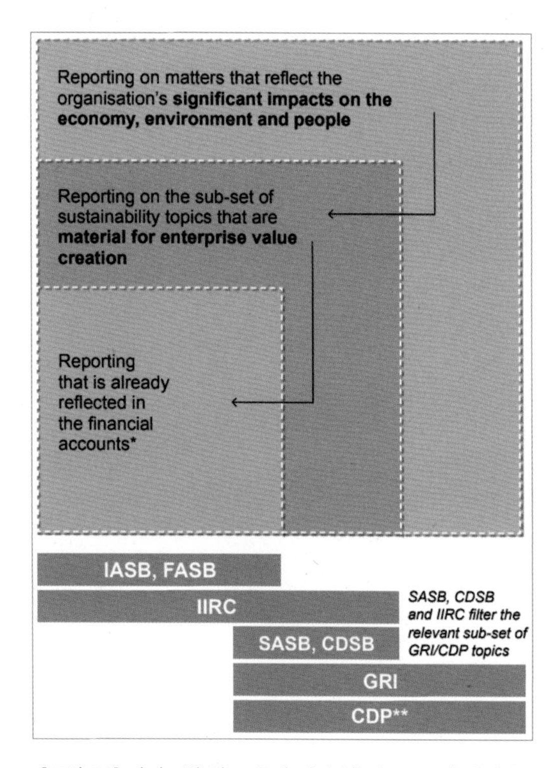

[그림 26] 가이드별 정보 공개 범위 (출처: IFRS 홈페이지)

공개 초안의 2가지 기준을 간단히 살펴보면, 공개 초안 구성은 'S1'으로 불리는 일반적인 지속가능 관련 재무정보 공시 요구안(General Requirements for Disclosure of Sustainability-related Financial Information)과 'S2'로 불리는 기후 관련 재무정보 공시안(Climate-related Disclosure)으로 나뉘어 구성되어 있다.

S1에서는 투자자가 기업 가치에 대해 평가 및 의사 결정할 수 있도록 기업의 지속가능 관련 중요 위험·기회 요인 등을 구체적으로 공시할 것을 권고하고 있다. 또한, 지속가능 관련 지배 구조, 전략, 리스크 관리, 지표·목표 등 기업 가치 산정에 필요한 정보도 모두 공시하도록 하고 있다.

S2는 기업에 중요한 기후 관련 리스크와 기회가 기업 가치에 미치는 영향을 투자자가 평가할 수 있도록 정보를 공시할 것을 권고한다. TCFD의 '거버넌스, 전략, 위험 관리, 지표와 감축 목표'를 토대로 작성할 것을 권고하고 있으며, 기후 관련 전환 리스크와 기회를 '산업 전반 지표(Cross-industry Metrics)' 통해 공시할 것을 권고하고 있다.

현재까지는 ISSB에 대한 통합이 지속적으로 진행되고 있는 단계로 바로 보고서 작성에 활용하는 것보다는 앞으로의 상황을 지켜보고 보고서 작성 기준 활용 여부를 선택할 수 있도록 하는 것이 바람직하다.

3) 국내 공시 기준

(1) 한국거래소(KRX)

국내 금융위원회에서도 ESG 책임 투자 활성화를 위한 제도적 기반 조성 계획을 발표했다. 이후 그에 대한 후속 절차로 2021년 1월 한국거래소(KRX)에서는 'ESG 정보 공개 가이던스'를 제정했다고 밝혔다.

가이던스 발행 목적은 "지속가능 경영에 대한 유가증권시장 상장법인과 투자자의 인식을 제고하고, ESG 정보 공개의 확대를 통해 지속가능 투자 문화의 활성화를 유도하며, 기업이 자율적으로 지속가능경영보고서, 통합 보고서 등의 이름으로 ESG 정보를 공개하는 경우 이를 위한 기본 원칙 등에 대한 가이드를 제공하는 것을 그 목적으로 한다.(KRX, 2020 ESG 가이던스)라고 명시하였다.

가이던스 구성은 목적, ESG의 개념, 이사회와 경영진의 역할, 정보 공개 원칙, 중요성 평가, 보고서 작성 및 공개 절차, 공개 지표 등으로 구성되어 있다. 이 중에서도 가이던스의 핵심 내용인 정보 공개 원칙, 중요성 평가, 보고서 작성 및 공개 절차, 공개 지표 등에 대해서 알아보고자 한다.

① 정보 공개 원칙

가이던스에서는 상장기업이 지켜야 할 정보 공개 원칙으로 총 6개의 원칙을 제시하고 있으며, 이는 정확성, 명확성, 비교 가능성, 균형, 검증 가능성, 적시성으로 세부적인 내용들은 [표 21]과 같다.

항목	내용
정확성 (Accuracy)	정보는 이해관계자가 기업의 성과를 평가할 수 있도록 정확해야 한다. 정보의 수집 및 분석 등 보고서를 준비하는 과정에서 다양한 오류가 발생할 수 있으며, 정보의 작성자 및 보고서 작성자 등이 정보를 체계적으로 관리함으로써 정보의 오류나 누락을 방지해야 한다.
명확성 (Clarity)	정보 공개는 이해관계자의 요구에 맞는 정보를 전달하기 위한 목적으로 작성되어야 하며, 이해관계자가 쉽게 이해가 가능한 방법으로 제공되어야 한다. 지나치게 구체적이거나 개략적인 것은 이를 지양하여야 한다. 정성적 정보 및 정량적 정보를 적절히 사용하는 것을 권장한다.
비교 가능성 (Comparability)	정보는 이해관계자가 기업의 목표와 성과를 비교할 수 있고, 이를 다른 기업의 성과와도 비교할 수 있어야 한다. 이를 위해서는 일관된 방법을 적용하여 정보를 공개해야 하며, 지표의 산출 방법에 중대한 변화가 있는 경우 이전의 정보를 정정하고 변경 내용을 명시하는 것이 필요하다. 다른 기업과의 비교가능성을 높이기 위해서는 글로벌 표준을 적용하고, 권장된 지표 및 방법론에 따라 보고하는 것이 바람직하다.
균형 (Balance)	많은 기업이 사고 등 부정적인 이슈는 축소하고 긍정적인 활동은 부각하기도 한다. 그러나 정보의 완전성을 보장하고 이해관계자가 조직 전반의 성과를 합리적으로 평가할 수 있기 위해서는 기업에 유리한 정보뿐만 아니라 불리한 정보도 이를 보고서에 포함해야 한다. 이 경우 기업이 부정적인 이슈에 어떻게 대응하고 있는지 적극적으로 소명하는 것을 권장한다.

항목	내용
검증 가능성 (Verifiability)	정보는 검증이 가능하도록 정의, 수집 및 기록되어야 하며, 정보의 공개는 재무 보고서와 유사한 내부 통제 절차를 따라야 한다. 보고서의 품질을 높이기 위해 독립적인 제3자 검증기관의 검증을 거치는 것이 바람직하며, 검증 수준, 범위 및 과정 등을 보고서에 함께 명시하는 것이 필요하다.
적시성 (Timeliness)	이해관계자들이 정보를 효과적으로 활용할 수 있도록 정보를 정기적으로 공개하는 것이 필요하다. 정보의 적시성을 위해서는 재무 보고서와 ESG 정보의 공개 기간을 동일하게 하는 것이 바람직하며, 재무 보고서 발간 이후 최대한 빠른 시기에 ESG 정보를 공개하는 것이 필요하다. 다만 재무적 결과에 중대한 영향을 미칠 수 있는 ESG 이슈가 발생했을 경우 이를 적시에 공개하는 것을 권장한다.

[표 17] 정보 공개 원칙 (내용 출처: KRX, ESG 정보공개 가이던스)

② 중요성 평가

중요성 평가는 국제적 기구·조직이 정의하는 중요성 개념을 참고할 것을 권고하고 있다. 기업이 중요성 평가를 진행해야 하는 이유로는 지속가능경영보고서에서 다뤄야 하는 주제가 기업의 경제적, 환경적, 사회적 영향을 반영하거나 이해관계자의 의사 결정에 영향을 미칠 수 있는 주제 등이 너무 다양하여 이를 모두 보고서에서 다룰 수 없기 때문에 ESG 이슈 중에서도 그 정보의 중요성(Materiality)을 고려하여 공개할 정보의 범위와 내용을 결정하는 것을 권고하고 있다.

가이던스에서의 중요성 평가는 경영 기초 자료 수집 및 검토, 국내외 ESG 동향 분석, 이해관계자 의견 수렴, 중요 주제 선정으로 총 4단계의 과정을 제안한다.

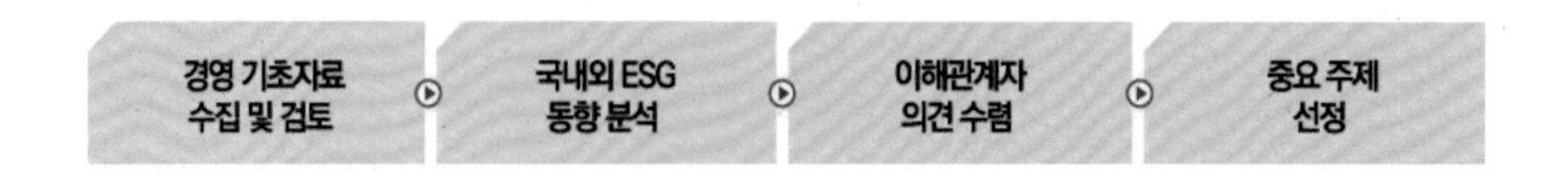

[그림 27] 중요성 평가 절차 (출처: ESG 정보공개 가이던스, KRX)

중요성 평가 1단계에서는 경영 기초 자료(경영전략, 이사회 회의록, 부서별 KPI, 내부 감사보고서 등) 수집 및 검토를 진행한다. ESG 관련 이슈 목록 작성을 하게 되며, 이 과정에서 ESG 요소가 경영 전략 및 의사 결정에 어떻게 연계되어 관리되는지를 검토하도록 한다.

2단계에서는 동종 업계 벤치마킹 및 언론 보도를 통한 조사를 진행한다. 조사를 통해 반영할 수 있는 지속가능 경영 이슈들과 이해관계자들의 관심을 파악하고 특히 언론을 통해 기업에 대한 부정적인 이슈를 살펴보거나, 동종 업계 내 우수 보고 사례를 통해 글로벌 보고 수준 등을 파악하도록 한다.

3단계 이해관계자 의견 수렴 단계에서는 기업은 이해관계자의 기대와 관심 사항을 고려하여 보고서의 범위를 결정해야 한다. 이를 위해서는 기업과 관련된 이해관계자 집단 파악이 필요하며, 이해관계자가 회사에 끼치는 영향력을 조사할 필요가 있다. 설문조사 및 간담회 등을 통해 이해관계자의 관심 사항을 파악한다.

마지막으로는 중요 주제 선정을 위해 위 단계에서 도출된 주제들을 내·외부 중요성으로 평가하고, 상대적 보고 우선순위를 선정한다. 중요성 평가 매트릭스 등의 프레임워크를 활용하여 우선 추진하고 보고해야 할 주제를 도출하며, 보고서에는 주제에 대한 상대적 우선순위 결정 과정을 설명하도록 한다.

내부 중요성 평가 항목

- 기업의 핵심가치, 정책, 전략, 운영 관리 체제, 목표 및 세부 목표
- 기업의 성공을 위해 투자한 이해관계자(예: 직원, 주주, 투자업체)의 관심사와 기대 수준
- 기업에게 중대한 위험 · 기회 요인

외부 중요성 평가 항목

- 이해관계자가 제기한 주요 ESG 관심사항·주제 및 지표
- 동종 업체 및 경쟁사에서 보고하고 있는 산업별 주요주제 및 향후 해결 과제
- 기업이나 이해관계자에게 전략적으로 중요한 관련 법률, 규제, 국제 협약, 자발적 협약

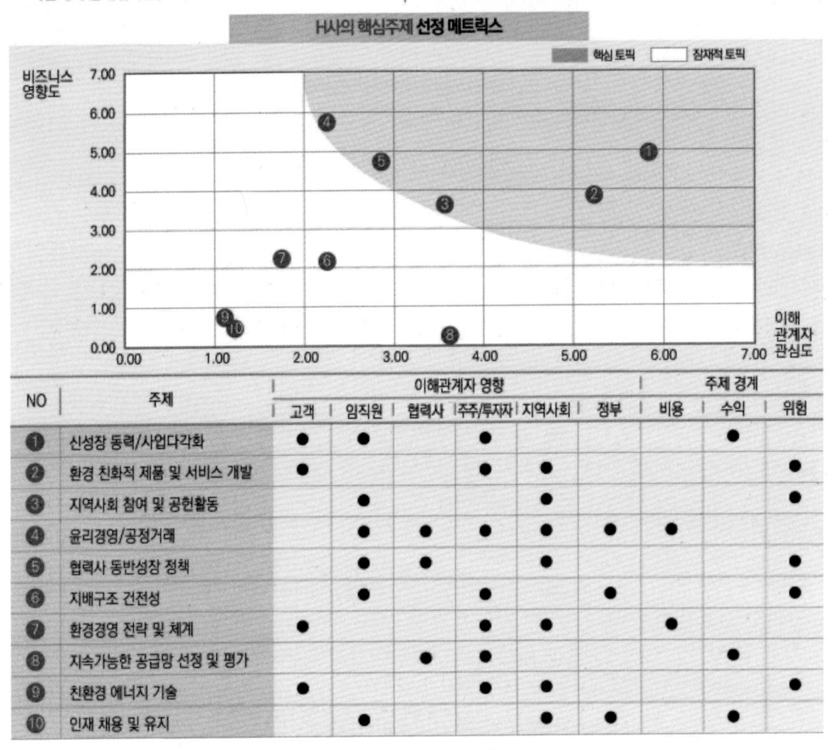

NO	주제	이해관계자 영향						주제 경계		
		고객	임직원	협력사	주주/투자자	지역사회	정부	비용	수익	위험
1	신성장 동력/사업다각화	●	●		●				●	
2	환경 친화적 제품 및 서비스 개발	●			●	●				●
3	지역사회 참여 및 공헌활동		●			●				●
4	윤리경영/공정거래		●	●	●	●	●	●		
5	협력사 동반성장 정책		●	●		●				●
6	지배구조 건전성		●		●		●			●
7	환경경영 전략 및 체계	●			●	●		●		
8	지속가능한 공급망 선정 및 평가			●	●				●	
9	친환경 에너지 기술	●			●	●				●
10	인재 채용 및 유지		●			●	●		●	

[그림 28] 중요성 평가 주제 선정 (출처: ESG 정보공개 가이던스, KRX)

③ 보고서 작성 및 공개 절차

보고서 작성 절차는 총 5단계로 구성되어 있다. 제일 먼저 중요 주제 선정을 시작으로 보고 기획, 내용 작성, 내용 검증, 대외 공개 순서로 총 5단계를 이야기하고 있다. 1단계인 중요 주제 선정의 경우 중요성 평가 단계에서 나온 중요 주제를 활용하여 중요 주제를 선정한다.

[그림 29] 보고서 작성 및 공개 절차 (출처: ESG 정보공개 가이던스, KRX)

2단계 보고 기획은 보고서를 작성하기 전에 보고서의 전체적인 보고 방향을 기획하고 그 내용을 구성한다. 이 단계에서는 이해관계자의 관심 사항, 기업 전략, 기업의 사업 모델, 중요 주제 등을 고려하여 기본적인 프레임을 적용하거나, 기업의 사업 모델, 주요 보고 주제 등을 고려하여 가장 적절한 프레임을 선택한다. 글로벌 공개 표준을 참고한다면 ESG 이슈의 일반적인 분류 및 구성을 적용하는 데 좀 더 효과적일 수 있다.

3단계 보고서 내용 작성 시 ESG 활동에 대한 단순한 나열보다는 ESG 요소를 조직의 전략, 조직 구조, 운영 체계, 활동 및 성과 목표와 연계하여 보고 하는 것을 권고한다. 특히 정보공개 원칙에서 제시된 요건을 고려하여 내용을 작성하며 권고 지표 관련 내용이 잘 드러날 수 있도록 작성해야 한다. 작성 후에는 보고 담당자, 자료 수집 담당자 등이 함께 작성 내용을 검토하고 보완하도록 한다.

4단계 내용 검증 단계에서는 보고서 작성 절차가 모두 끝난 상태로 작성된 내용에 대한 검증을 통해 정보의 품질 요건이 충족되었는지 확인이 필요하다. 제3자 검증을 통해 정보의 신뢰성을 높일 수 있으며, 해당 기업과는 이해관계가 없는 제3자를 통해 독립적인 검진이 진행되는 것이 가장 중요하다. 검증 단계에서는 AccountAbility의 AA1000AS와 국제감사인증기준위원회(IAASB)의 ISAE3000 등 글로벌 표준을 준용하여 객관성을 확보할 수 있도록 한다. 검증 단계가 끝나면 검증 범위, 방법론 등을 보고서에 명시하고, 검증 의견에 따라 보고 내용을 수정 및 보완한다.

마지막 대외 공개는 이해관계자 각각의 접근 가능성을 고려하여 기업 홈페이지 또는 한국거래소의 전자공시 시스템(KIND) 등 각 채널의 접근성을 고려한 적절한 공개 채널을 선정하여야 한다. 전자공시 시스템은 기업의 재무 현황, 공시 내용 등 기업에 대한 다양한 정보를 제공하고 있고, 거래소 공시 규정으로 지속가능경영보고서를 자율 공시 사항으로 규정하고 있다. 이런 환경을 고려하여 한국거래소에서는 보고서 업로드 채널에 전자공시 시스템을 포함할 것을 권고하고 있다. 정보는 연 1회 이상 공개하는 것을 원칙으로 하고 있으며, 사업 보고서를 공개하는 시점과 지나치게 차이가 나지 않는 범위 내에서 매년 일정한 시기에 공개하는 것을 권고한다.

④ 공개 지표

한국거래소에서는 통상적으로 사용되고 있는 ESG 관련 정보 공개 표준과 글로벌 이니셔티브 등의 핵심적이고 공통적인 지표들을 선정하여 ESG 권고 지표(12개 항목 21개 지표)를 만들었다.

기업이 ESG 정보를 공개하는 경우 이러한 지표를 포함할 것을 고려해야 하며, '공개 또는 설명(Respond or Explain)' 원칙에 따라 각 지표를 공개하고, 만약 특정 지표가 생략되는 경우 주석 등을 이용하여 그 이유를 설명해야 한다. 권고 지표의 세부 내용은 [표 18]과 같다.

구분	항목	지표	비고
조직	ESG 대응	경영진의 역할	ESG 이슈의 파악/관리와 관련한 경영진의 역할
	ESG 평가	ESG 위험 및 기회	ESG 관련 위험 및 기회에 대한 평가
	이해관계자	이해관계자 참여	이해관계자의 ESG 프로세스 참여 방식
환경	온실가스 배출	직접 배출량 (Scope 1)	회사가 소유하고 관리하는 물리적 장치나 공장에서 대기중으로 방출하는 온실가스 배출량
		간접 배출량 (Scope 2)	회사 소비용으로 매입 또는 획득한 전기, 냉난방 및 증기 배출에 기인한 온실가스 배출량
		배출 집약도	활동, 생산 기타 조직별 미터법의 단위당 배출된 온실가스 배출량
	에너지 사용	직접 에너지 사용량	조직이 소유하거나 관리하는 주체의 에너지 소비량
		간접 에너지 사용량	판매 제품의 사용 및 폐기 처리 등 조직 밖에서 소비된 에너지 소비량
		에너지 사용 집약도	활동, 생산 기타 조직별 미터법의 단위당 필요한 에너지 소비량
	물 사용	물 사용 총량	조직의 물 사용 총량
환경	폐기물 배출	폐기물 배출 총량	매립, 재활용 등 처리 방법별로 폐기물의 총 중량
	법규 위반·사고	환경 법규 위반·사고	환경 법규 위반·환경 관련 사고 건수 및 조치 내용

구분	항목	지표	비고
사회	임직원 현황	평등 및 다양성	성별·고용 형태별 임직원 현황, 차별 관련 제재 건수 및 조치 내용
		신규 고용 및 이직	신규 고용 근로자 및 이직 근로자 현황
		청년 인턴 채용	청년 인턴 채용 현황 및 정규직 전환 비율
		육아 휴직	육아휴직 사용 임직원 현황
	안전·보건	산업 재해	업무상 사망, 부상 및 질병 건수 및 조치 내용
		제품 안전	제품 리콜(수거, 파기, 회수, 시정조치 등) 건수 및 조치 내용
		표시·광고	표시·광고 규제 위반 건수 및 조치 내용
	정보 보안	개인정보 보호	개인정보 보호 위반 건수 및 조치 내용
	공정 경쟁	공정경쟁·시장지배적 지위 남용	내부 거래·하도급 거래·가맹사업·대리점 거래 관련 법규 위반 건수 및 조치 내용

[표 18] ESG 정보공개 권고 지표 (자료 출처: ESG 정보공개 가이던스, KRX)

5 지속가능경영보고서 검증 기준

지속가능경영보고서를 작성하는 기업들이 늘어남에 따라 그에 따른 보고서 신뢰성에 대한 중요성도 커지고 있다. 지속가능경영보고서의 정보들은 이해관계자들의 의사 결정에 필요한 정보로도 활용되기 때문에 정보에 대한 객관성과 신뢰성은 매우 중요하다.

지속가능경영보고서에 관한 신뢰성 확보를 위한 방법으로 가장 많이 사용되는 방법이 제3자 검증이다. 제3자 검증이란 기업에서 작성한 지속가능경영보고서에 포함된 정보를 검증하는 것으로 포함된 정보가 신뢰성이 있는지 평가하고 검증하는 것을 의미한다.

검증은 기업과 연결성이 전혀 없는 독립적 위치의 외부 전문가 또는 전문기관(컨설팅 기관, ISO 인증기관, 회계법인 등)에서 일정 기준과 절차를 가지고 평가를 진행하게 된다. 검증이 완료된 후에는 제3자 검증 의견서를 보고서에 첨부하게 되며, 검증기관이 보고서에 대한 보증의 역할을 하게 된다.

지속가능경영보고서의 제3자 검증에 대한 필요성은 첫째, 정밀한 검토 과정을 통해 보고서의 질 향상에 도움이 된다. 둘째, 수록된 정보에 대한 신뢰성을 높여준다. 셋째, 소송 문제 발생 시 보증을 통해 해당 문제를 완화시켜 줄 수 있다. 넷째, 이해관계자와의 관계 개선을 위한 행위로 간주 될 수 있으며, 검증에 대한 신뢰성 확보로 투자 유치까지도 연결될 수 있다.

1) AA1000 표준

AA1000 표준은 1995년 영국에서 설립된 Accountability라고 하는 비영리 기관에서 만들어진 검증 기준이다. 2003년 3월 검증 기준이 만들어졌으며 기본 원칙 1개(AA1000AP: 보고서 검증 원칙)와 표준 2개(AA1000AS: 보고서 검증 절차 표준, AA1000SES: 이해관계자 참여 표준)로 구성되어 있다.

AA1000AP는 보고서 검증에 대한 원칙을 제시하고 있으며, 정기적인 성과 개선을 위해 지속적인 과제의 식별 및 대응 과정에 대한 프레임워크로 활용된다. 보고서 검증의 기본 원칙은 포괄성(Inclusiveness), 중요성(Materiality), 대응성(Responsiveness), 영향성(Impact) 등 총 4가지의 기본 원칙을 검증 기준으로 두고 있다. 기존에는 영향성을 제외한 3대 원칙을 기본 원칙으로 적용했지만, 최근 영향성이 추가되면서 검증 의견서 작성 시 영향성에 대한 의견도 함께 표명하도록 하고 있다.

검증 원칙	내용
포괄성 (inclusiveness)	적극적으로 이해관계자를 식별하고, 조직의 중요한 지속가능 주제 선정 및 관련 전략적 대응 방안 개발에 이해관계자를 참여토록 하며, 포괄적인 조직은 조직이 영향을 미치는 대상과 조직에 영향을 미치는 관계자들에 대한 설명 의무를 다한다.
중요성 (materiality)	각 주제가 조직과 이해관계자에게 미치는 영향을 고려해 가장 관련도가 높은 지속가능 주제들을 찾아서 우선순위를 설정하는 것이며, 중요 주제란 조직 및 이해관계자의 평가, 의사 결정, 활동 및 성과에 단기·중장기적으로 상당한 영향과 파급력을 미치는 주제를 의미한다.
대응성 (responsiveness)	중요한 지속가능 주제와 관련 영향에 대해 조직이 적시에 적절한 대응을 취하는 것을 의미하며, 대응성은 의사결정, 활동, 성과 및 이해관계자와의 커뮤니케이션을 통해 실현된다.
영향성 (Impact)	조직의 활동, 성과 또는 결과가 다른 집단이나 조직의 일부 또는 경제, 환경, 사회와 이해관계자 및 조직 스스로에게 미치는 효과를 나타내며, 중요 주제는 조직에 다양한 직접적 또는 간접적인 영향(긍정적, 부정적, 계획적, 우발적, 예상한 바와 일치하거나 일치하지 않는, 단기, 중기 또는 장기적)을 미칠 수 있다.

[표 19] AA1000 검증 기준 원칙 (출처: AA1000 ACCOUNTABILITY PRINCIPLES 2018)

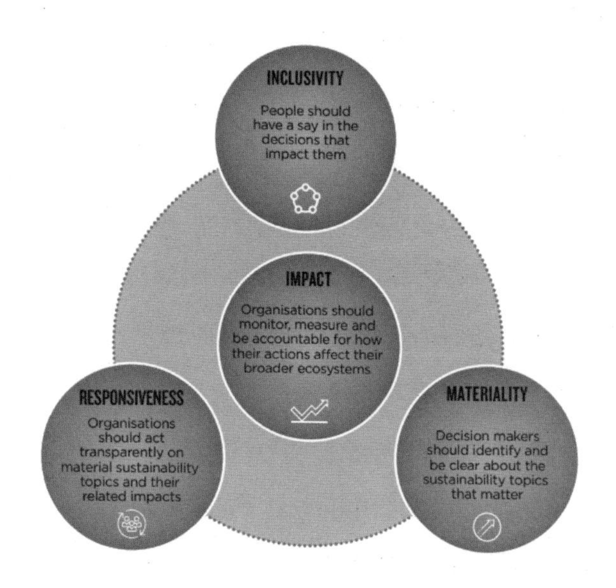

[그림 30] AA1000 검증 기준 원칙 (출처: AA1000 ACCOUNTABILITY PRINCIPLES 2018)

AA1000AS는 보고서 검증 원칙의 준수 사항(특성, 범위)에 대해 평가를 할 수 있는 방법론으로 재무적 영역과 비재무적 영역까지 포괄하는 기준을 제시하며 지속가능경영보고의 목표 달성을 위한 신뢰성을 보장한다. 특히 이해관계자와의 관계를 중시하고, 검증은 AA1000AS 기준에 따라 검증 유형(type) 및 검증 수준(level)을 결정하여 검증을 수행한다.

검증 유형은 Type 1과 Type 2로 나뉘며, Type 1은 기업의 내부 자료로만 검증을 진행하게 된다. 검증의 4대 기본 원칙에 대한 충족 여부와 조직의 지속가능 경영 성과 및 지속가능경영보고에서 어떻게 의사소통하고 있는지를 검증하며, 특정 정보에 대한 신뢰성은 검증하지 않고 AA1000 준수 근거 및 범위에 대한 검증 결과를 제시하게 된다. 기업에서 공개한 정보에 대한 증명은 요구하지 않으며, 경영자에게 명확한 정보 공개를 요구하지 않는 등 검증이 까다롭지 않다고 할 수 있다.

반면 Type 2의 경우 외부 자료를 포함한 검증을 진행하며, 검증 원칙에 대한 충족 여부와 특정 지속가능 경영 성과 정보에 대한 신뢰성을 검증해야 한다. 여기서 특정 지속가능 경영 성과란 중대성 평가 결과와 기업과 관련된 이해관계자들이 의사 결정에 필요한 가치 있는 내용을 의미한다. 특정 성과 정보에 대한 신뢰성 검증의 경우 정보의 완전성과 정확성을 포함한 자료와 증거가 충분히 포함되어야 하고, 검증 보고서에는 검증 결과에 관한 확인 사항과 결론이 명확하게 제시되어야 한다.

AA1000AS의 검증 수준은 중간 수준(Moderate Assurance)과 높은 수준(High Assurance)으로 나뉜다. 중간 수준의 검증은 검증 결과에 대한 오류나 편견을 줄이기 위해 제한적인 범위 내에서만 검증을 진행하며, 기업 내부의 자료와 관리 수준에 중점을 둔 검증을 진행한다.

내부 자료만을 사용하기 때문에 자료 수집 범위가 매우 제한적이며 표본 추출 범위가 작고 정보의 신뢰성보다는 개연성을 중시하게 된다. 일반 검증을 통해 작성된 검증 보고서는 검증인의 검증 작업 범위가 내부 자료에만 한정되어 있어 결론 또한 매우 한정적이며, 좁은 검증 작업 범위에 근거한 신뢰성만을 제공하게 된다.

이와 반대로 높은 수준의 검증은 검증 결과에 대한 오류가 없을 정도로 매우 높은 신뢰

수준의 검증 단계가 진행되며, 내부적인 자료는 물론 조직의 이해관계자들을 통한 외부적인 자료들까지 모두 수집이 되고 모든 계층을 대상으로 한 증거가 수집된다. 방대한 자료를 통해 충분한 자료의 표본 추출이 이뤄질 수 있으며, 모든 자료가 증거 확보 및 조사를 통해 이뤄지기 때문에 정보에 대한 신뢰성과 타당성을 중시한다. 높은 검증을 통해 작성된 검증 보고서는 수집한 내·외부 자료를 토대로 검증 특성 및 범위에 대한 결론을 제시하며 자료에 대한 신뢰성도 매우 높다.

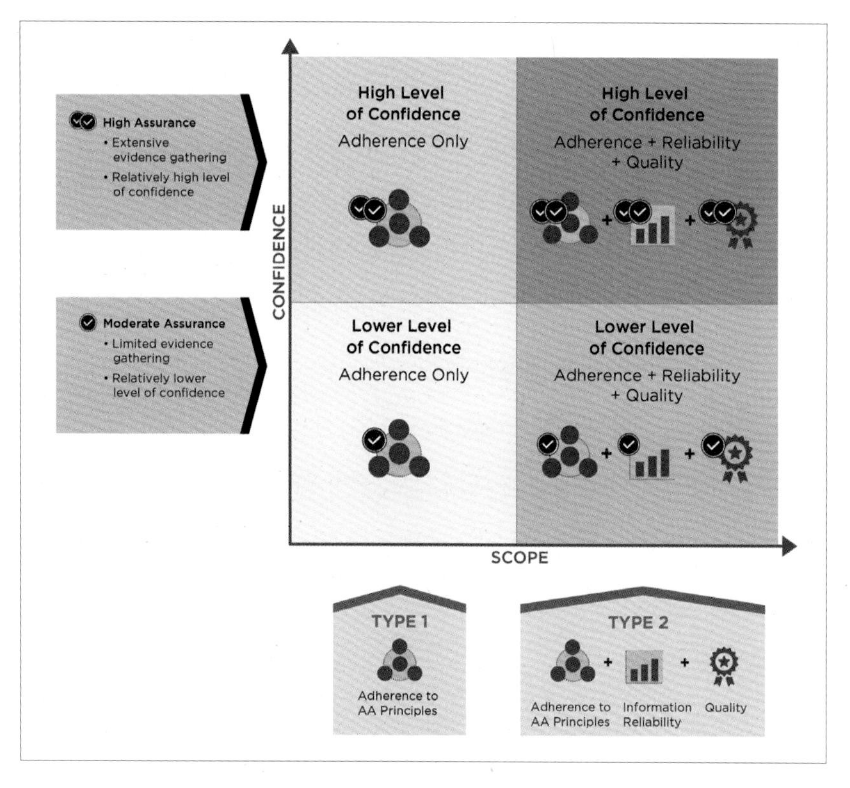

[그림 31] Types and Levels of AA1000AS v3 Engagement (출처: AA1000AS v3)

AA1000AS는 2021년 1월 AA1000AS v3로 업데이트되었다. AA1000AS v3에 따르면 검증의견서를 발행하는 기관은 반드시 제시하고 있는 프로토콜을 따라야 한다고 명시하고 있다. 어느 기관, 누가 검증했고, 어떤 절차를 따랐는지 밝혀야 하며, e-licence가 도입되면서 해당 기관이 이전에 어떤 기업의 보고서를 검증했는지에 대한 프로필을 열람할 수 있게 되었다.

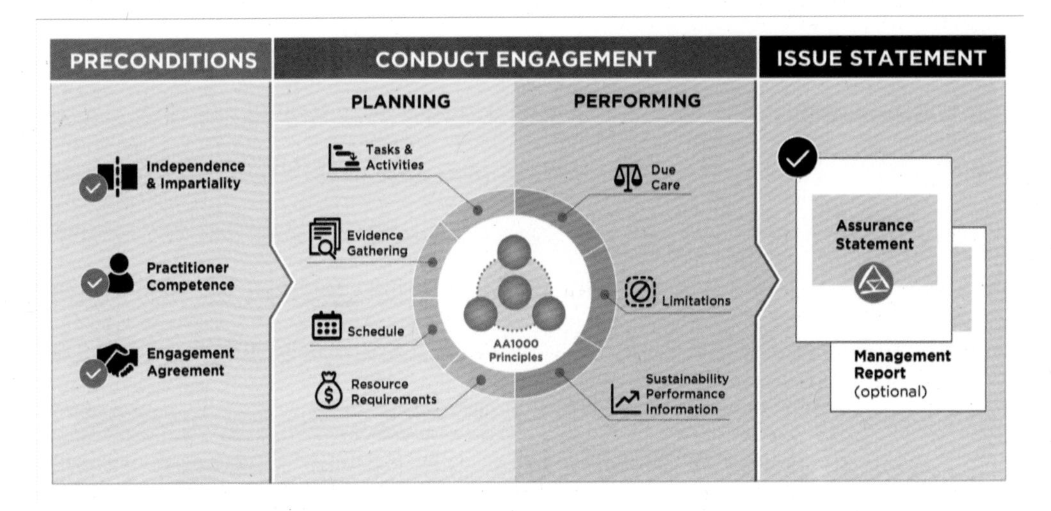

[그림 32] AA1000AS v3 검증 프로세스 (출처: AA1000AS v3)

AA1000의 검증 절차는 기획, 검증 수행, 검증 결과 정리 및 보완, 검증 의견서 순으로 진행되며, 기획 단계에서는 회사 또는 개인의 목표 및 GRI 보고서 검증의 목적에 대한 고객 요구사항을 파악하고 검증 범위와 검증 유형, 검증 수준 등을 정한다.

검증 수행 단계는 문서 검토와 현장 검증으로 나뉘어 진행된다. 보고 범위, 보고 기간, 보고서 이슈 내용과 보고 내용 및 품질에 대해 검토하며, 이해관계자들과의 인터뷰, 성과 정보 기초 자료 검증 등 신뢰성과 관련된 검증을 진행한다. 검증 수행 단계가 끝나면 보고 내용에 대해 시정 조치 및 이의를 확인하고 최종 보고서의 수정 내용을 검토한 후 보고서 검증에 대한 검증 의견서를 발행한다.

6 지속가능경영보고서 작성팁

PwC에서 발표한 Sustainability Reporting tips-Simple actions to make your reporting more accessible and effective을 참고하여 총 13개의 지속가능경영보고서 작성에 관한 팁

을 전달하고자 한다. 작성 팁을 공개한 PricewaterhouseCoopers(PwC)는 영국 런던에 본사를 두고 있으며, 세계적인 회계·경영 컨설팅 업체이다. KPMG, Deloitte, EY 등과 함께 세계 4대 회계법인에 속하기도 하며, 유엔글로벌콤팩트(UNGC), 유엔책임투자원칙(PRI), GRI와 협력하여 기업별 SDGs에 대한 지원을 협력하고 있다.

해당 내용은 지속가능경영보고서 작성을 좀 더 효과적인 방법으로 작성하기 위한 참고용으로 활용될 뿐 정답이 아니라는 것을 인지해야 한다.

1) 장면을 설정하라

이해관계자들로부터 기업의 비지니스와 시장 환경의 개요를 제공해야 한다. 이는 보고서의 맥락 구성을 위해 필요한 부분으로 이해관계자들에게 기업에 대해 전반적인 설명을 하는 것이기 때문에 최대한 상세히 제공할 수 있어야 한다.

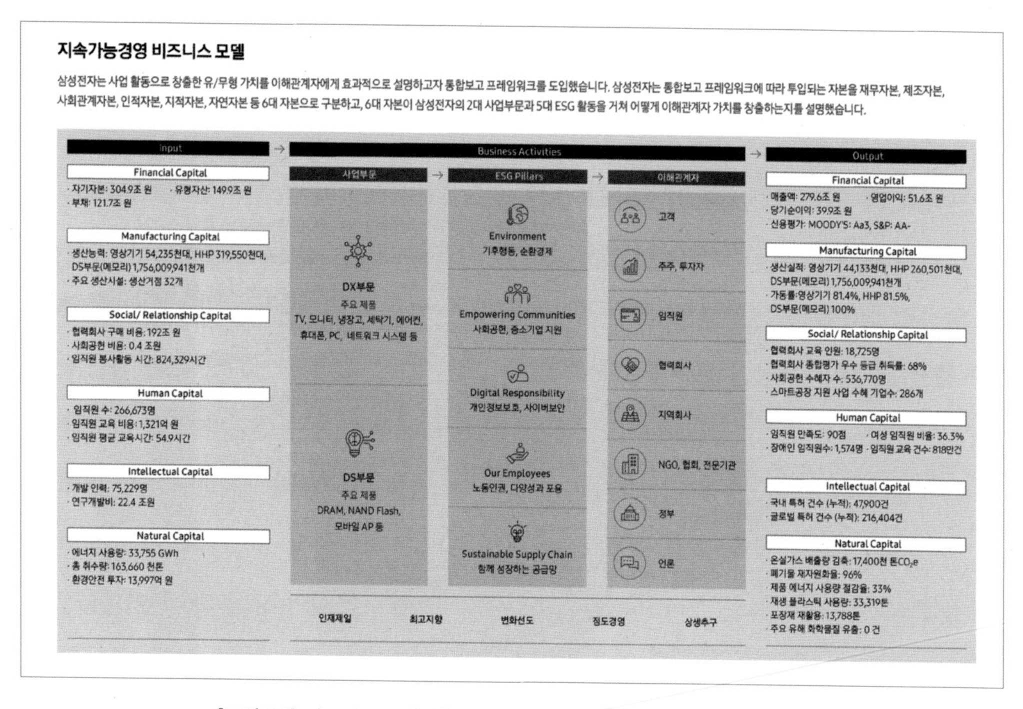

[그림 33] 비즈니스 소개 (출처: 2022년 삼성전자 지속가능경영보고서)

2) 상황에 대해 유동적으로 보고하라

기업의 비즈니스에 대한 지속가능 전략을 단기, 중기, 장기로 명확하게 설명해야 한다. 또한, 기업은 전반적인 비즈니스에 대한 핵심적인 협력 전략 사업이 어떠한 방식으로 융합되는지 증명해야 하며, 위기 관리 및 기회 등에 관한 내용도 상세히 작성하도록 한다.

비즈니스 지속가능성

DX | Device eXperience Division

삼성전자는 '지속가능경영'을 기업경영의 본질적 가치이자 핵심요소로 인식하고 제품과 서비스에 연계하기 위해 노력하고 있습니다. 아울러, 2025년까지 모든 모바일 및 가전 제품 제조 과정에 재활용 소재 사용을 추진하는 등 제품이 환경에 미치는 영향을 최소화하는 활동을 지속할 계획입니다.

핵심부품 평생 보증 서비스

- 가전제품 폐기물 저감을 위해 한국용 신제품의 핵심부품 (디지털인버터 압축기/모터) 대상 평생 보증 서비스 제공 (2021년~)
- 미국용 세탁기 (미국산만 해당), 구주용 냉장고/세탁기는 핵심부품 (디지털인버터 압축기/모터) 대상 20년 보증 예정 (2022년 하반기~)

평생보증

모터 & 컴프레서

솔라셀 리모컨

- 일회용 배터리 없이 태양광이나 조명으로 충전 가능한 솔라셀 리모컨 개발. 리모컨의 외관은 재활용 소재 적용 (2021년-QLED TV 최초 적용, 2022년-에어컨 확대 적용)
- 2022년에는 에너지 저장을 위한 리튬이온 배터리를 온실가스 배출이 더 적은 Super Cap으로 대체하고 당사에서 생산되는 2022년형 모든 스마트 TV에 확대

스마트싱스 에너지 (SmartThings Energy)

- 삼성전자 스마트 가전을 비롯한 가구 전체 전력 사용량 모니터링 서비스[1]를 제공하였으며, AI 기반 스마트 가전 절약 모드[2]를 활용해 에너지 절감을 도와주는 스마트싱스 에너지 서비스 제공

1) 한국, 미국, 영국, 인도, 브라질 2) 한국
* 가구 전체 전력 사용량은 스마트 미터 연동 가구에 한함

친환경 재활용 소재 사용

- 갤럭시 S22와 Tab S8, 22년 출시 고해상도 모니터 부품에 해양에서 수거한 폐기물[1]로 만든 친환경 플라스틱 소재 적용

1) PET병, 폐어망 등

- 2022년 영상디스플레이 전모델[2]에는 재생 플라스틱 소재를 적용

2) TV, 모니터, 리모컨 (아웃소싱 제품 포함)

삼성 글로벌 골즈

- UN 지속가능발전목표 17가지를 소개하고, 관심있는 목표에 소비자가 직접 기부할 수 있는 어플리케이션
- 2021년[1] 기부금액 약 269만 달러

1) 2020년 11월 ~ 2021년 10월

갤럭시 업사이클링

- 갤럭시 업사이클링 앳 홈: '스마트싱스' 앱으로 중고 스마트폰과 사용 중인 스마트폰을 연동하여 소리 감지 및 알림, 조도 감지
- 디지털 검안기: 중고 갤럭시 스마트폰을 활용해 실명의 원인이 되는 각종 안저 질환을 진단하는 기기. 베트남, 인도, 모로코, 파푸아뉴기니 등 개발 도상국 지원

친환경 패키지

- 영상디스플레이 제품의 박스안에 삽입되는 EPS 쿠션과 포장부자재[1]인 플라스틱은 재활용 소재를 적용

1) 액세서리 백, PP밴드, 박스홀더, 스탠드백

- 포장 박스를 생활 소품으로 업사이클링할 수 있는 '에코 패키지'를 TV 전 제품에 적용하고 청소기, 공기청정기, 쿠커 등 가전 제품으로 확대

미세플라스틱 저감 기술

- 의류 세탁시 발생하는 미세플라스틱이 해양오염과 인체에 미치는 부정적 영향을 줄이기 위해 미세플라스틱 저감 세탁기를 파타고니아와 공동개발 중

[그림 34] 비즈니스 지속가능 소개 (출처: 2022년 삼성전자 지속가능경영보고서)

3) 측정할 수 있는 것들은 측정하라

지속가능 전략이 기업과 직접적으로 어떠한 관련이 있는지 핵심 성과 지표를 확인하고 설명해야 한다. 핵심 성과 지표 설정에 대한 이유와 타당성을 설명해야 하며, 실현이 가능한 목표를 기준으로 성과 측정과 검토가 이루어져야 한다.

[그림 35] 분야별 주요 성과 (출처: 2022년 삼성전자 지속가능경영보고서)

4) 잘한 점, 못한 점, 미비한 점들을 모두 공개하라

균형 있고 투명한 방식으로 정보를 공개해야 한다. 잘한 점에 대해서는 칭찬하면서도 지속가능에 부정적인 영향을 끼치는 것과 성과가 저조한 부분에 대해서는 결과를 은폐하지 않도록 한다. 현재 미비한 부분에 대해서는 개선 방향에 대해 대안을 제시하고 모든 정보는 투명하게 공개해야 한다.

거버넌스

		2018	2019	2020	2021
거버넌스 / 윤리규정 위반					
총 내부 윤리규정 위반 건수	건	13	9	12	6
내부 윤리규정 위반에 대한 조치 건수 - 감봉	건	2	4	2	2
내부 윤리규정 위반에 대한 조치 건수 - 면책	건	0	0	0	0
내부 윤리규정 위반에 대한 조치 건수 - 해임	건	0	0	0	1
내부 윤리규정 위반에 대한 조치 건수 - 기타 징계	건	11	5	10	3

[그림 36] 데이터 공개 (출처: 2021년 NAVER 지속가능경영보고서)

5) 리스크와 기회를 식별하라

지속가능과 관련된 사항에 대해서 발생하는 주요 전략적 리스크와 기회들을 도출하여 상세히 설명해야 한다. 기업과 연관된 핵심 전략 부분들의 적합성과 그에 따라 초래할 수 있는 결과들을 통해 발생할 수 있는 리스크에 대비하고, 기회를 극대화할 수 있는 방법을 찾을 수 있도록 한다.

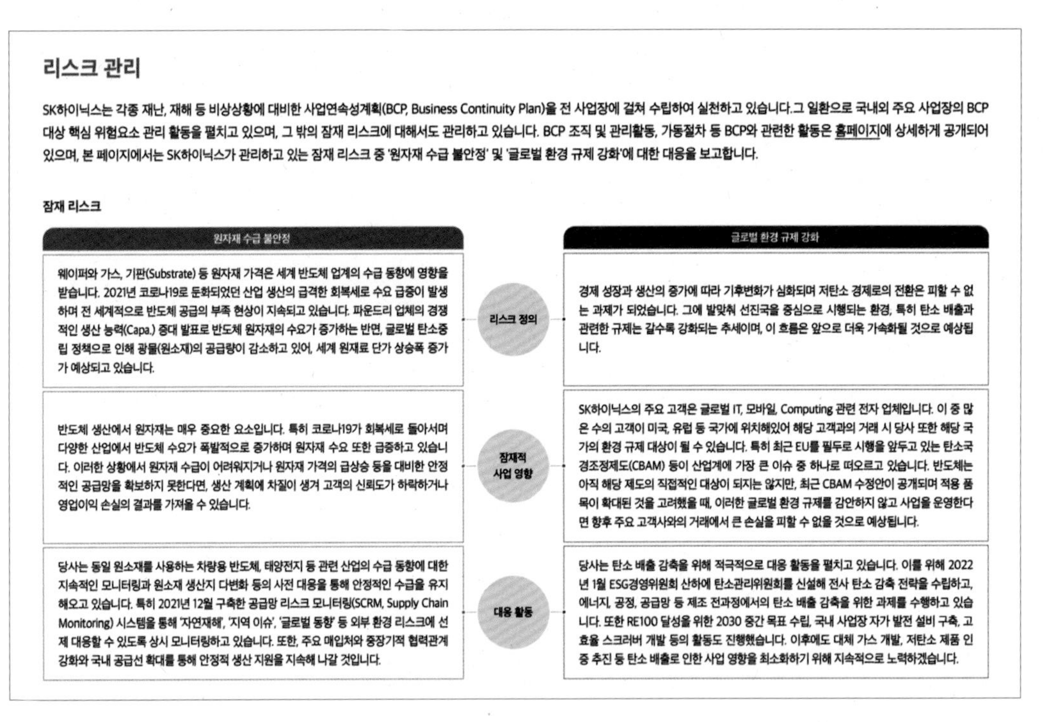

리스크 관리

SK하이닉스는 각종 재난, 재해 등 비상상황에 대비한 사업연속성계획(BCP, Business Continuity Plan)을 전 사업장에 걸쳐 수립하여 실천하고 있습니다.그 일환으로 국내외 주요 사업장의 BCP 대상 핵심 위험요소 관리 활동을 펼치고 있으며, 그 밖의 잠재 리스크에 대해서도 관리하고 있습니다. BCP 조직 및 관리활동, 가동절차 등 BCP와 관련한 활동은 홈페이지에 상세하게 공개되어 있으며, 본 페이지에서는 SK하이닉스가 관리하고 있는 잠재 리스크 중 '원자재 수급 불안정' 및 '글로벌 환경 규제 강화'에 대한 대응을 보고합니다.

잠재 리스크

원자재 수급 불안정		글로벌 환경 규제 강화
웨이퍼와 가스, 기판(Substrate) 등 원자재 가격은 세계 반도체 업계의 수급 동향에 영향을 받습니다. 2021년 코로나19로 둔화되었던 산업 생산의 급격한 회복세로 수요 급증이 발생하며 전 세계적으로 반도체 공급의 부족 현상이 지속되고 있습니다. 파운드리 업체의 경쟁적인 생산 능력(Capa.) 증대 발표로 반도체 원자재의 수요가 증가하는 반면, 글로벌 탄소중립 정책으로 인해 광물(원소재)의 공급량이 감소하고 있어, 세계 원재료 단가 상승폭 증가가 예상되고 있습니다.	리스크 정의	경제 성장과 생산의 증가에 따라 기후변화가 심화되며 저탄소 경제로의 전환은 피할 수 없는 과제가 되었습니다. 그에 발맞춰 선진국을 중심으로 시행되는 환경, 특히 탄소 배출과 관련한 규제는 갈수록 강화되는 추세이며, 이 흐름은 앞으로 더욱 가속화될 것으로 예상됩니다.
반도체 생산에서 원자재는 매우 중요한 요소입니다. 특히 코로나19가 회복세로 돌아서며 다양한 산업에서 반도체 수요가 폭발적으로 증가하며 원자재 수요 또한 급증하고 있습니다. 이러한 상황에서 원자재 수급이 어려워지거나 원자재 가격의 급상승 등을 대비한 안정적인 공급망을 확보하지 못한다면, 생산 계획에 차질이 생겨 고객의 신뢰도가 하락하거나 영업이익 손실의 결과를 가져올 수 있습니다.	잠재적 사업 영향	SK하이닉스의 주요 고객은 글로벌 IT, 모바일, Computing 관련 전자 업체입니다. 이 중 많은 수의 고객이 미국, 유럽 등 국가에 위치해있어 해당 고객과의 거래 시 당사 또한 해당 국가의 환경 규제 대상이 될 수 있습니다. 특히 최근 EU를 필두로 시행을 앞두고 있는 탄소국경조정제도(CBAM) 등이 산업계에 가장 큰 이슈 중 하나로 떠오르고 있습니다. 반도체는 아직 해당 제도의 직접적인 대상이 되지는 않지만, 최근 CBAM 수정안이 공개되며 적용 품목이 확대된 것을 고려했을 때, 이러한 글로벌 환경 규제를 감안하지 않고 사업을 운영한다면 향후 주요 고객사와의 거래에서 큰 손실을 피할 수 없을 것으로 예상됩니다.
당사는 동일 원소재를 사용하는 차량용 반도체, 태양전지 등 관련 산업의 수급 동향에 대한 지속적인 모니터링과 원소재 생산지 다변화 등의 사전 대응을 통해 안정적인 수급을 유지해오고 있습니다. 특히 2021년 12월 구축한 공급망 리스크 모니터링(SCRM, Supply Chain Monitoring) 시스템을 통해 '자연재해', '지역 이슈', '글로벌 동향' 등 외부 환경 리스크에 선제 대응할 수 있도록 상시 모니터링하고 있습니다. 또한, 주요 매입처와 중장기적 협력관계 강화와 국내 공급선 확대를 통해 안정적 생산 지원을 지속해 나갈 것입니다.	대응 활동	당사는 탄소 배출 감축을 위해 적극적으로 대응 활동을 펼치고 있습니다. 이를 위해 2022년 1월 ESG경영위원회 산하에 탄소관리위원회를 신설해 전사 탄소 감축 전략을 수립하고, 에너지, 공정, 공급망 등 제조 전과정에서의 탄소 배출 감축을 위한 과제를 수행하고 있습니다. 또한 RE100 달성을 위한 2030 중간 목표 수립, 국내 사업장 자가 발전 설비 구축, 고효율 스크러버 개발 등의 활동도 진행했습니다. 이후에도 대체 가스 개발, 저탄소 제품 인증 추진 등 탄소 배출로 인한 사업 영향을 최소화하기 위해 지속적으로 노력하겠습니다.

[그림 37] 리스크 관리 (출처: 2022년 하이닉스 지속가능경영보고서)

6) 중요성 평가

기업과 관련하여 내·외부 이해관계자들과 관련된 지속가능 문제에 대해 도출된 결과를 입증해야 한다. 중요성 평가를 위해서는 동종 업계 내에서 발행된 지속가능경영보고서를 참고하여 벤치마킹하고 중요성 평가에서 선택된 사항들에 대해서는 선택 과정과 이유에 대해서는 자세히 설명해야 한다.

7) 수익성에 대해서도 언급하라

기업에서 설정한 지속가능 전략의 수익성도 함께 설명해야 한다. 전략이 끼치는 영향과 그에 따른 향후 경제적 이익을 확인하고, 이를 극대화할 수 있는 잠재적 수단에 대해서 파악하고 구체화한다.

지속가능경영 가치창출

삼성전자는 지속가능경영 활동의 긍·부정 효과를 측정하기 위해 2016년부터 KPMG의 '트루 밸류(True Value)' 방식을 적용해 지속가능경영 가치 창출 성과를 측정하고 있습니다. 또한 이를 화폐 가치로 전환하기 위해 사회·환경적 활동의 경제적 가치를 분석한 연구 결과를 검토하여 측정 지표를 선정했습니다. 삼성전자의 지속가능경영 가치는 1)재무적 가치 2)사회·경제적 가치 3)환경적 가치로 구성되며, Positive(+) 또는 Negative(-)로 산출합니다.

가치 측정 방법

구분		유형	산정 방법[1]
재무적 가치		편익	한 해 동안 기업이 창출한 당기순이익
사회·경제적 가치	투자자 가치	편익	투자자 및 채권자에 지급된 배당금과 이자지급액으로 산정
	협력회사 지원	편익	상생펀드 지원금으로 산정
	지역사회 개발	편익	지역사회 문제 해결을 위한 기부금액
			교육 프로젝트 투자 비용의 투자수익률 (118%) 산정[2]
			인프라 구축 프로젝트 투자 비용의 투자수익률 (250%) 산정[3]
			위생시설 개발 프로젝트 투자 비용의 투자수익률 (550%) 산정[4]
환경적 가치	사업장 온실가스 배출	비용	온실가스 배출의 사회적 비용 산정[5]
	대기 환경영향	비용	대기오염물질 (NOx·SOx·PM) 배출의 사회적 비용 산정[6]
	수계 환경영향	비용	사업장이 위치한 지역의 물 부족 정도에 기반하여 용수 사용량의 사회적 비용 산정[7]
	폐기물 환경영향	비용	폐기물의 매립·소각·재활용 별 사회적 비용 산정[8]

1) 환율은 2021년 12월 31일 기준 달러 (USD)당 1,186원, 유로 (EURO)당 1,342원으로 환산
2) G.Psacharopoulos and H.A. Patrinos, Returns to investment in education: a further update (2004)
3) BCG, The cement sector: a strategic contributor to Europe's future
4) G. Hutton, Global costs and benefits of drinking-water supply and sanitation interventions to reach the MDG target and universal coverage (2012)
5) EPA, Technical update of the social cost of carbon for regulatory impact analysis (2013)
6) EEA, Revealing the cost of air pollution from industrial facilities in Europe (2011), Transportation Cost and Benefit Analysis II – Air Pollution Costs, Victoria Transport Policy Institute (2011)
7) TruCost PLC, Natural capital at risk: the top 100 externalities of business (2013)
8) A. Rabl, J.V. Spadaro and A. Zoughaib, Environmental impacts and costs of solid waste: a comparison of landfill and incineration (2009)

2021년 지속가능경영 가치

2021년 1월1일부터 12월31일까지 1년간 삼성전자가 창출한 총 지속가능경영 가치는 약 49.13조 원입니다. 이 중 재무적 가치는 당기순이익 증가로 인해 2020년 대비 약 34% 상승한 39.91조 원입니다. 삼성전자는 사회·환경적 가치 창출을 위해 미래세대 교육지원, 중소기업과 스타트업 지원 등 지역사회 발전을 위한 노력도 지속하고 있으며, 미국, 유럽, 중국에 재생에너지 100% 사용에 이어 브라질, 멕시코 등에서도 재생에너지 사용을 확대해 나가고 있습니다. 그 결과 2021년 창출한 사회·경제·환경적 가치는 9.22조 원입니다.

2021 삼성전자 지속가능경영 가치 (단위: 조 원)

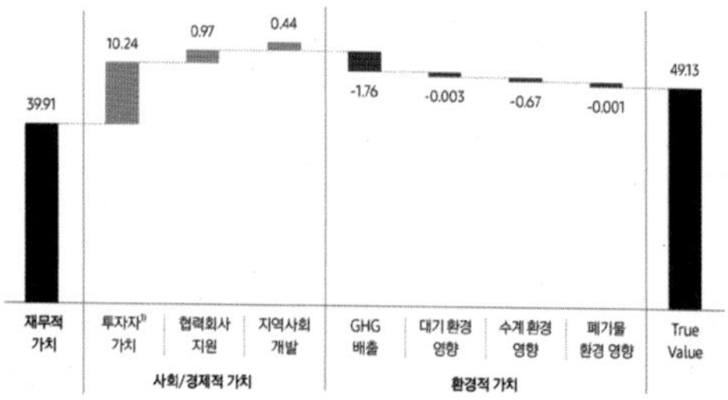

재무적 가치	사회/경제적 가치: 투자자 가치[1]	사회/경제적 가치: 협력회사 지원	사회/경제적 가치: 지역사회 개발	환경적 가치: GHG 배출	환경적 가치: 대기 환경 영향	환경적 가치: 수계 환경 영향	환경적 가치: 폐기물 환경 영향	True Value
39.91	10.24	0.97	0.44	-1.76	-0.003	-0.67	-0.001	49.13

1) 사업보고서 현금흐름표에 있는 금액을 기준으로 산정함. 2021년 특별 배당금 (10.7조원)은 2020년 지속가능경영 가치에 기 반영하여 2021년 지속가능경영 가치 산정시 제외.

삼성전자는 지속가능경영 활동의 가치를 보다 정확하게 산출하기 위한 노력의 일환으로 글로벌 사회·환경적 가치 측정 연구 동향을 모니터링해 왔습니다. 그 결과, 임금 및 세금, 제품 사용단계에서의 온실가스 감축 등이 지속가능경영 가치에서 차지하는 중요성과 이 항목들을 가치 산정에 포함하는 글로벌 추세를 감안하여 2023년에는 해당 항목 등을 포함할 계획입니다.

→ 임금 및 세금 등을 포함할 경우, 2021년 지속가능경영 가치는 약 98조 원으로 추산됩니다.

[그림 38] 가치 창출 (출처: 2022년 삼성전자 지속가능경영보고서)

8) 지속가능 경영에 대한 고려 범위를 넓혀라

기업과 관련된 비즈니스의 모든 환경, 사회, 경제 영향을 고려하기 위해 관련된 긍정적 또는 부정적인 부분의 가치 사슬 측면을 고려해야 한다. 지속가능경영보고서 작성을 위해서는 재무적인 부분과 비재무적인 부분까지도 고려하여 보고서를 작성해야 한다.

9) 보상 체계를 확실히 하라

이사진들과 직원들에게 기업에서 산출한 지속가능 전략과 목표를 달성 시 어떠한 보상이

제공되는지와 이를 어떻게 달성했는지에 대해서 명확히 공개해야 한다. 보고서 관련 이해관계자가 임직원과 직원들이 받는 보수에 대해 알 수 있도록 실제 성과와 어떠한 연관성이 있는지에 대한 보상 체계도 명확히 해야 한다.

10) 많은 곳에 물어 봐라

주요 이해관계자와 어떤 방식으로 소통하고 협력했는지 그리고 이런 것들이 지속가능 전략 보고에 어떠한 영향을 끼쳤는지에 관한 내용을 설명해야 한다. 보고서에는 이해관계자 분석에 관한 내용과 그에 따른 결과는 어떻게 되었는지 과정을 설명하고, 이해관계자들의 연결 관계에 따른 각자의 역할은 어떻게 되는지도 설명한다.

이해관계자 소통

글로벌 기업시민으로서의 책임을 다하기 위해서는 다양한 이해관계자와의 커뮤니케이션이 필수적입니다. 이해관계자 포럼, 설문조사, 현장방문을 통한 의견 청취 등 다양한 활동을 진행해 이해관계자와 지속가능경영 이슈에 대한 공감대를 형성하고, 협력관계를 구축하는 노력을 기울이고 있습니다.

이해관계자	중요 관심사		소통 채널		주요 활동	
고객	· 제품과 서비스 품질 · 안전한 제품 사용	· 정확한 제품 정보 제공 · 투명한 커뮤니케이션	· 고객만족도 조사 · 컨택센터, 서비스센터 · 삼성전자 뉴스룸	· 삼성반도체이야기 · 영삼성 (YoungSamsung)	· 품질과 안전성 관리체계 강화 · 국가별 홈페이지 구축하여 제품 정보 제공	· 고객 VOC 청취 및 해결
주주 & 투자자	· 경제 성과 · 리스크 관리 · 정보 공유	· 지속가능경영 어젠다 (환경, 사회, 거버넌스 등)	· IR 미팅/ 로드쇼 · 주주총회 · 1:1 미팅	· 애널리스트 데이 · 투자자 ESG 로드쇼	· 안정적 수익창출 · 주주환원 정책 강화	· 대외 후원금 운영 투명성 강화
임직원	· 안전하고 건강한 근로환경 · 다양성과 포용 · 교육과 경력개발	· 고용과 복리후생 · 노사관계	· 노동조합, 노사협의회 · 상담센터 · 만족도 조사	· 사내 소통 채널 · 제보시스템 (컴플라이언스, 윤리)	· 경력설계 주기 맞춤형 프로그램 운영 · 사업부 타운홀 행사 개최 (경영현황 설명 등)	· MZ세대 임직원의 경영진 멘토링 · 사업장 근로환경 관리 · 창의적 조직문화 구축
협력회사	· 공정거래 · 동반성장	· 근로자 인권보호	· 핫라인, 사이버신문고 등 · 협력회사 간담회 · 상생협력데이	· 상생협력 아카데미 · 협력회사 경영자문단	· 공정거래, 동반성장 추진 · 협력회사 혁신활동 지원 · 기술 이전 박람회 실시	· 협력회사 지원 펀드 운영 · 협력회사 근로환경 책임관리
지역사회	· 현지 채용, 지역경제 활성화 등 · 간접 경제효과	· 지역사회 환경보호 · 기부, 봉사 등 사회공헌 활동	· 지역봉사센터	· 지역사회 협의회	· 스마트공장 구축 등 중소기업 지원 · 사업장 인근 하천생태계 보존활동 실시	· 교육과 취업 사회공헌 프로그램 추진
NGO, 협회, 전문기관	· 지역사회, 환경에 대한 사회적 책임	· UN SDGs에 대한 기여 · UNGC 가입 · 투명하고 신속한 정보 공개	· 기업 간담회 · NGO 미팅	· 시민사회 - 경영진 간담회	· 글로벌 NGO 대상 의견 수렴 · RBA, BSR 활동	· EPRM과 RMI 활동
정부	· 간접 경제효과 · 공정거래	· 안전·보건 · 컴플라이언스	· 정책 간담회 · 의회	· 정책자문기구	· 정부와 협업하여 중소기업 지원 프로그램 운영	· 정부와 협업하여 벤처투자 창구 설립·운영
언론	· 투명하고 신속한 정보 공개		· 보도자료	· 삼성전자 뉴스룸	· 취재 지원 · 기자회견	· 미디어데이 개최 · 기획홍보

[그림 39] 이해관계자 소통 (출처: 2022년 삼성전자 지속가능경영보고서)

11) 증명하라

독립적인 연구, 외부 벤치마킹, 전문가 검토 패널 또는 기존 검증을 통해 보고된 정보에 대한 신뢰성을 보장해야 한다. 기업과 직접적인 연결성이 없는 곳을 선정하여 제3자 검증을 진행하고 지속가능경영보고서에 대한 객관성과 신뢰성을 확보해야 한다. 보고서에 대한 보증의 경우 보고서에 대한 검토 범위도 명확히 명시해야 한다.

12) 커뮤니케이션 채널을 고려하라

이해관계자들과의 커뮤니케이션을 위한 채널을 신중히 고려해야 한다. 이들에게 전달할 메시지에 적합한 내용과 매체, 스타일 등을 신중히 고려해야 한다. 어떠한 형태, 어떤 방식으로 메시지를 효과적으로 전달할지 고려해야 하며, 이를 효과적으로 전달할 수 있는 각각의 포맷에 맞춰 내용 작성 후 전달해야 한다.

13) 빅 브라더

지속가능 경영 시스템의 운영이 어떤 방식으로 진행되는지 설명해야 한다. 지속가능 경영 문제에 대한 책임을 질 수 있는 임원진에 대해 파악해야 하며, 구현된 정책을 설명하고 성과에 대해서는 어떻게 경영진들이 그에 대한 보상을 받게 되는지 명확히 설명해야 한다.

7 지속가능경영보고서 작성 템플릿

이 장에서는 보고서 작성 템플릿에 대하여 간단하게 소개하고자 한다. 작성 템플릿은 GRI Standards 2021 부합 보고서 기준으로 구성하였으며, 최소한의 틀을 제공하는 것으로 추가적인 내용은 기업 환경에 맞춰 작성할 수 있도록 하며, 템플릿은 참고의 목적으로 활용할 것을 권장한다.

해당 템플릿은 GRI Standards 2021 일반 표준 1, 2, 3에 관한 템플릿으로 산업 표준의 경우 GRI에서 해당 산업에 관한 표준이 공개되면 각각 기업에 맞춰 적용할 수 있도록 한다.

1) 목차 및 작성 기준

(1) Intro

1.1 보고서 표지

- 지속가능경영보고서를 대표할 수 있는 이미지 선택

1.2 About This Report (GRI 2-3)

- 지속가능경영보고서의 전반적인 내용을 서술

1.3 CEO 메시지 (GRI 2-22)

- CEO의 지속가능 경영에 관한 실천 의지
- 커뮤니케이션 채널을 통한 CEO의 의지 표명 관련 내용 서술

1.4 목차

- 지속가능경영보고서 관련 전체적인 목차

(2) Overview

2-1 Overview 표지

- Overview 관련 이미지와 목차

2-2 회사, 기업 소개 (GRI 2-1)

- 기업와 관련한 전반적인 내용 서술

2-3 회사 연혁

- 회사 연혁 표 또는 이미지로 삽입

2-4 경영 철학

- 지속가능 경영을 위한 미션, 비전, 전략, 경영 목표 및 우선순위 핵심 가치에 대해 서술

2-5 운영 국가(GRI 2-1)

- 기업 서비스 및 운영 국가에 대한 이미지 또는 내용 서술

2-6 핵심 사업 (GRI 2-6)

- 기업의 비즈니스 모델 및 핵심 사업
- 사회 혹은 환경적 가치 등을 고려한 제품/서비스 제공 여부에 대해 서술

2-7 협력사 및 가입 협회 (GRI 2-2, 2-28)

- 지속가능경영보고서에 포함된 기업 현황 서술
- 협력 기업에 관한 리스트와 기업이 속한 산업 협회, 단체 리스트

2-8 공급망 (GRI 2-6)

- 협력 업체 선정에 대한 공정성 여부 서술
- 협력 업체 선정 시, 지속가능 경영 요소 고려 여부
- 협력 업체 지속가능 경영 도입을 지원하기 위한 제도 운영 여부
- 친환경적 공급망 관리를 위한 제도 운영 여부와 그에 따른 환경 및 경제적 가치 창출 기여 여부 서술
- -공정 경쟁 실천 여부

2-9 고용안정 (GRI 2-7, 2-8)

- 고용 창출을 위한 제도 마련과 운영을 통한 사회 기여 여부 서술
- 출산, 보육 지원 근무 제도 및 경제적 지원 여부, 보육 여건에 관한 세부 사항 서술

2-10 지역별 근로자 (GRI 2-7)

- 지역 상생을 위한 기업의 노력과 지역 고용 창출을 위한 제도 및 운영에 관하여 서술

2-11 이해관계자 (GRI 2-29)

- 기업이 정의하고 있는 이해관계자 범위 및 커뮤니케이션 방법 서술
- 이해관계자와의 지속적인 소통을 통한 의견 수렴 및 결과 반영 여부 서술

2-12 중대성 평가 (GRI 3-1, 3-2, 3-3)

- 지속가능 경영 주요 이슈 파악과 관리 및 대응 방침 공시 여부
- 중대 이슈 파악 방법 및 이해관계자와의 소통 여부

(3) Sustainability

3-1 Sustainability 표지

- 지속가능 경영 관련 이미지와 목차

3-2 경제 성과(GRI 2-2)

- 매출 및 경영 현황, 기술력, 인력 등 개괄적인 내용 서술

3-3 이사회(GRI 2-9, 2-10, 2-11, 2-12, 2-15, 2-16, 2-17)

- 주주 및 기업 집단, 이사회 구성 및 권한, 책임 등 지배 구조와 관련된 내용 서술
- 이사회 선임 관련 안내 및 프로세스 서술
- 이해관계 상충 방지 안내에 관한 안내 및 프로세스 서술

3-4 관리 체계(GRI 2-13, 2-14)

- 이사회 내에 지속가능 경영 사안을 다루는 조직이 설치되어 운영되고 있으며, 관리 체계는 어떻게 구성되어 있는지 서술
- 주요 정보 검토 및 승인 관련 프로세스 안내
- 지속가능 경영 추진 전담 부서 및 인력 서술

3-5 성과 측정(GRI 2-18, 2-19, 2-20, 2-21)

- 경영 활동으로 창출된 경제적 가치에 대한 분배 관련 기본 정보
- 이사회 성과 측정 및 보상 안내
- 성과 평가 프로세스와 이사회 보상 비율
- 보상 관련 사항을 대내외적으로 공시하고 있는지 서술

3-6 리스크 관리(GRI 2-25)

- 리스크 관리 프로세스 및 분석, 담당 부서 안내
- 리스크 관리를 통한 예상되는 기회 및 기대 효과 안내
- 리스크에 대해 예방 원칙 유무

3-7 기업 윤리 및 컴플라이언스 체계 (GRI 2-26)

- 기업의 행동 강령, 윤리 헌장 등 윤리 경영 지침 제정 현황 및 공시 여부
- 부패 방지 안내 및 방지 프로세스
- 컴플라이언스 관리 체계 및 기업 윤리 처리 프로세스

3-8 법률 및 규정 준수 (GRI 2-27)

- 기업의 법률 및 규정 준수 현황
- 위반 법률 및 규정에 관한 대처 및 극복 방안

3-9 인권 (GRI 2-23, 2-24)

- 고용 정책 중 인종, 종교, 성, 장애 등 불합리한 차별에 관한 차별 금지 조항 여부 및 관련 정책 실천 방법
- 최근 1년 동안 차별 문제 발생에 대한 현황 및 점검, 개선 계획 실행 여부, 내부 관리 프로세스 서술
- 안전 보건 담당 부서 설치 여부 및 활동 현황
- 임직원을 대상으로 한 안전 보건 교육, 훈련 실시 여부 및 상담 제도에 관해 서술

3-10 노사 관계 및 고충 처리 (GRI 2-30)

- 노사 또는 유사 기구 설립 운영 여부
- 노사 운영 현황 및 경영 활동 반영 여부, 결과 공시 여부

(4) Appendix

4-1 보고서 Index

- 보고서의 전체적인 Index 제공

4-2 GRI Index

- 보고서의 GRI 표준 여부를 Index로 제공

4-3 ESG 성과표

4-4 TCFD 대조표

4-5 SASB 대조표

4-6 외부 검증 의견서(GRI 2-5)

- 제3자 검증을 통한 검증 결과 의견서 첨부

2) 템플릿

화면	작성 내용	GRI
① 표지 이미지 ② 기업명 ③ 20XX 지속가능경영보고	1-1. 보고서 표지 ① 보고서 대표 이미지 ② 기업명 ③ 작성 대상 연도	
About This Report ① 보고서 개요 ② 보고 기준 ③ 보고 기간 ④ 보고 범위 ⑤ 보고서 검증 ⑥ 보고서 문의처	1-2. About This Report ① 보고서 발간 개요 ② 보고서 작성 기준 ③ 보고서 대상 기간 ④ 보고서 발간 대상 범위 ⑤ 검증기관 언급 ⑥ 보고서 오류나 문의 대응	2-3
CEO 메시지 ① 대표이사 이미지 ② CEO 메시지 및 지속가능발전 성명서	1.3 CEO 메시지 ① 대표이사 이미지 ② 메시지 - 인사말 - 오프닝, 클로징 멘트 - 지속가능 발전 전략 성명서	2-22
목차 ① Overview ② Focus areas ③ Sustainability Management ④ Appendix	1.4 목차	

화면	작성 내용	GRI
① Overview 이미지 ② 목차 - 회사소개 - 핵심사업 ...	2-1 Overview 표지 ① overview 관련 이미지 ② overview 목차	
회사소개 ①회사소개 내용 또는 이미지 ② 표 기업명 대표이사 설립연도 사업영역 본사위치 기업 소유권 및 법적 형태	2-2 회사, 기업 소개 ① 회사 소개 관련 내용 또는 이미지 ② 기업 관련 사항 - 기업명 - 대표이사 - 설립연도 - 사업 영역 - 본사 위치 - 기업 소유권 및 법적 형태	2-1
회사연혁 ① 연혁 표 또는 이미지	2-3 회사 연혁 ① 회사 연혁 표 또는 이미지	
경영철학 ① 경영 철학 ② 기업 핵심가치	2-4 경영 철학 ① 경영 철학 - 미션 - 비전 - 경영 목표 ② 기업의 우선순위 핵심 가치	

화면	작성 내용	GRI
운영국가 ① 운영 국가 안내	2-5 운영 국가 ① 기업 서비스 및 재화 운영 국가	2-1
핵심사업 ① 핵심사업 안내	2-6 핵심 사업 ① 기업 비즈니스 모델 및 핵심 사업	2-6
협력사 ① 협력기업 수 구분 / 2020 / 2021 / 2022 국내 국외 ② 주요 협력기업 기업명 / 소재지 **가입협회** ③ 가입협회 단체명 / 가입년월 / 주요활동 / 국가	2-7 협력사 및 가입 협회 ① 지속가능 보고에 포함된 기업 현황 ② 주요 협력 기업 리스트 ③ 산업 협회 및 국가, 또는 중요한 역할에 참여하는 단체	2-2 2-28
공급망 ① 공급망 관리 안내	2-8 공급망 ① 기업 공급망 관련 내용 및 이미지	2-6

화면	작성 내용	GRI
고용안정 ① 고용 관련 안내 ② 임직원 현황 ③ 직원외 현황	2-9 고용안정 ① 고용 안내 사항 ② 기업 임직원현황 ③ 직원이 아닌 근로자 수 현황	2-7 2-8
지역별 근로자 ① 지역별 고용 안내	2-10 지역별 근로자 ① 지역별 고용 안내 및 현황	2-7
이해관계자 ① 식별 방법 및 선정 안내 ② 표	2-11 이해관계자 ① 이해관계자 식별 방법 및 선정 과정, 이해관계자 참여 목적 등 ② 선정 과정을 거쳐 도출된 이해관계자 리스트	2-29
중대성 평가 ① 중대성 평가 프로세스 ② 중요 토픽 목록 ③ 중요 토픽 관리	2-12 중대성 평가 ① 중대성 평가 프로세스 ② 중요 토픽 목록 ③ 중요 토픽 관리	3-1 3-2 3-3

<table>
<tr><th>화면</th><th>작성 내용</th><th>GRI</th></tr>
<tr><td>① Sustainability 이미지
② 목차
- 경제성과
- 거버넌스
...</td><td>3-1 Sustainability 표지
① 지속가능 경영 관련 이미지
② 지속가능 경영 목차</td><td></td></tr>
<tr><td>① 경제성과 이미지</td><td>① 경제 성과 관련 이미지</td><td></td></tr>
<tr><td>경제성과
① 경제 성과 안내
② 연결재무상태표<table><tr><th>구분</th><th>2020</th><th>2021</th><th>2022</th></tr><tr><td>총 자산</td><td></td><td></td><td></td></tr><tr><td>부채총액</td><td></td><td></td><td></td></tr><tr><td>자본총액</td><td></td><td></td><td></td></tr><tr><td>...</td><td></td><td></td><td></td></tr></table>그래프</td><td>3-2 경제 성과
① 경제 성과 안내
② 재무 상태표</td><td>2-2</td></tr>
<tr><td>경제성과
① 연결 포괄손익계산서<table><tr><th>구분</th><th>2020</th><th>2021</th><th>2022</th></tr><tr><td>총 매출액</td><td></td><td></td><td></td></tr><tr><td>매출원가</td><td></td><td></td><td></td></tr><tr><td>영업 손익</td><td></td><td></td><td></td></tr><tr><td>당기순이익</td><td></td><td></td><td></td></tr><tr><td>...</td><td></td><td></td><td></td></tr></table>그래프
③ 연결 자본변동표<table><tr><th>구분</th><th>2020</th><th>2021</th><th>2022</th></tr><tr><td>자본금</td><td></td><td></td><td></td></tr><tr><td>자본잉여금</td><td></td><td></td><td></td></tr><tr><td>이익잉여금</td><td></td><td></td><td></td></tr><tr><td>...</td><td></td><td></td><td></td></tr></table>그래프</td><td>3-2 경제 성과
① 포괄 손익계산서
② 자본 변동표</td><td>2-2</td></tr>
</table>

<table>
<tr><th>화면</th><th>작성 내용</th><th>GRI</th></tr>
<tr><td>① 거버넌스 이미지</td><td>① 거버넌스 관련 이미지</td><td></td></tr>
<tr><td>이사회
① 이사회 구성 및 역할, 운영 안내
② 이사회 구조
조직도
③ 이해관계 상충 방지 안내
안내 및 프로세스</td><td>3-3 이사회
① 이사회 구성 및 역할, 운영 안내
② 이사회 구조 안내 및 조직도
③ 이해관계 상충 방지 안내 및 프로세스</td><td>2-9
2-10
2-12
2-15
2-16
2-17</td></tr>
<tr><td>이사회
① 이사회 선임 안내 및 프로세스 안내
② 이사회 구성
<table>
<tr><th>구분</th><th>성명</th><th>담당업무</th><th>임기</th><th>주요 이력</th><th>최대주주 또는 주요 주주와의 관계</th></tr>
<tr><td>의장</td><td></td><td></td><td></td><td></td><td></td></tr>
<tr><td>대표이사</td><td></td><td></td><td></td><td></td><td></td></tr>
<tr><td>사내이사</td><td></td><td></td><td></td><td></td><td></td></tr>
<tr><td></td><td></td><td></td><td></td><td></td><td></td></tr>
<tr><td></td><td></td><td></td><td></td><td></td><td></td></tr>
<tr><td>기타비상무이사</td><td></td><td></td><td></td><td></td><td></td></tr>
<tr><td>사외이사</td><td></td><td></td><td></td><td></td><td></td></tr>
<tr><td></td><td></td><td></td><td></td><td></td><td></td></tr>
<tr><td></td><td></td><td></td><td></td><td></td><td></td></tr>
</table></td><td>3-3 이사회
① 이사회 선임 안내 및 프로세스
② 이사회 구성</td><td>2-10
2-11</td></tr>
<tr><td>관리체계
① 관리 체계 안내
ESG 전담 조직
<table>
<tr><th>구분 및 구성</th><th>구성명단</th><th>역할 및 활동</th></tr>
<tr><td>감사위원회</td><td></td><td></td></tr>
<tr><td>사외이사후보추천위원회</td><td></td><td></td></tr>
<tr><td>ESG 위원회</td><td></td><td></td></tr>
<tr><td>…</td><td></td><td></td></tr>
</table>
② 관리체계 조직도
조직도
③ 정보 검토
검토 및 승인 프로세스</td><td>3-4 관리 체계
① 관리 체계 안내
② 관리 체계 조직도
③ 주요 정보 검토 및 승인 프로세스 안내</td><td>2-13
2-14</td></tr>
</table>

<table>
<tr><th>화면</th><th>작성 내용</th><th>GRI</th></tr>
<tr>
<td>성과 측정
① 이사회 성과평가 및 보상
성과 및 보상 안내
② 성과 평가 프로세스
평가 프로세스
③ 총 보상 비율
<table>
<tr><th>구분</th><th>단위</th><th>2020</th><th>2021</th><th>2022</th></tr>
<tr><td>사내이사 인원 수</td><td>명</td><td></td><td></td><td></td></tr>
<tr><td>사내이사 지급총액</td><td>백만 원</td><td></td><td></td><td></td></tr>
<tr><td>사외이사 인원 수</td><td>명</td><td></td><td></td><td></td></tr>
<tr><td>사외이사 지급총액</td><td>백만 원</td><td></td><td></td><td></td></tr>
</table>
</td>
<td>3-5 성과 측정
① 이사회 성과 평가 및 보상 안내
② 성과 평가 프로세스
③ 총 보상 비율</td>
<td>2-18
2-192
-20
2-21</td>
</tr>
<tr>
<td>리스크 관리
① 리스크 관리 및 기회
리스크 관리 및 기회 안내
② 리크스 관리 프로세스
프로세스
③ 리크스 관리 체계
관리 체계</td>
<td>3-6 리스크 관리
① 리스크 관리 및 기회 안내
② 리스크 관리 프로세스
③ 리스크 관리 체계</td>
<td>2-25</td>
</tr>
<tr>
<td>기업 윤리 및 컴플라이언스 체계
① 기업 윤리
기업 윤리 안내
② 부패방지
안내 및 프로세스
③ 컴플라이언스 관리 체계
관리 체계
④ 기업윤리 처리 프로세스
프로세스</td>
<td>3-7 기업 윤리 및 컴플라이언스 체계
① 기업 윤리
② 부패 방지 안내 및 프로세스
③ 컴플라이언스 관리 체계 안내
④ 기업 윤리 처리 프로세스</td>
<td>2-26</td>
</tr>
<tr>
<td>법률 및 규정 준수
① 현황
<table>
<tr><th>항목</th><th>단위</th><th>2020</th><th>2021</th><th>2022</th></tr>
<tr><td>법규 위반</td><td>건</td><td></td><td></td><td></td></tr>
<tr><td>행정처분</td><td>원</td><td></td><td></td><td></td></tr>
<tr><td>시정조치</td><td>건</td><td></td><td></td><td></td></tr>
</table>
② 제재 대처 사항
대처 및 극복 방안</td>
<td>3-8 법률 및 규정 준수
① 법률 준수 현황
② 법률 사항 대처 및 극복 방안 제시</td>
<td>2-27</td>
</tr>
</table>

<table>
<tr><th>화면</th><th>작성 내용</th><th>GRI</th></tr>
<tr><td>① 사회 및 인권 이미지</td><td>① 사회 및 인권 이미지</td><td></td></tr>
<tr><td>인권
① 인권 관련 정책
정책 설명
② 정책 실천
정책 실천을 위한 방법 안내</td><td>3-9 인권
① 인권 존중에 관한 구체적 정책
② 정책 실천을 위한 방법</td><td>2-23
2-24</td></tr>
<tr><td>노사관계 / 고충 처리
① 노사 관계
관계 안내
② 협의 및 처리 현황
<table>
<tr><th>항목</th><th>단위</th><th>2020</th><th>2021</th><th>2022</th></tr>
<tr><td>노사협의</td><td>시간</td><td></td><td></td><td></td></tr>
<tr><td>고충처리</td><td>건</td><td></td><td></td><td></td></tr>
<tr><td>분쟁/불만 처리</td><td>건</td><td></td><td></td><td></td></tr>
</table>
③ 인원 현황
<table>
<tr><th>항목</th><th>단위</th><th>2020</th><th>2021</th><th>2022</th></tr>
<tr><td>인원</td><td>명</td><td></td><td></td><td></td></tr>
</table>
</td><td>3-10 노사관계 및 고충 처리
① 노사 관계 안내
② 노사 협의 및 처리 현황
③ 인원 현황</td><td>2-30</td></tr>
<tr><td>① Appendix 표지 이미지</td><td>① Appendix 표지 이미지</td><td></td></tr>
</table>

<table>
<tr><th>화면</th><th>작성 내용</th><th>GRI</th></tr>
<tr><td>

Contents Index

<table>
<tr><th>구분</th><th>항목</th><th>페이지</th><th>비고</th></tr>
<tr><td>1</td><td>About This Report</td><td>1</td><td></td></tr>
<tr><td>1-1</td><td>CEO 메시지</td><td>2</td><td></td></tr>
<tr><td>1-2</td><td>목차</td><td>3</td><td></td></tr>
<tr><td>2-1</td><td>Overview</td><td>5</td><td></td></tr>
<tr><td>...</td><td>...</td><td>...</td><td></td></tr>
<tr><td></td><td></td><td></td><td></td></tr>
<tr><td></td><td></td><td></td><td></td></tr>
<tr><td></td><td></td><td></td><td></td></tr>
</table>

</td><td>① 보고서 Index</td><td></td></tr>
<tr><td>

GRI Index

<table>
<tr><th>주제</th><th>구분</th><th>항목</th><th>페이지</th></tr>
<tr><td rowspan="5">조직 및 보고 관행</td><td>2-1</td><td>조직내용</td><td></td></tr>
<tr><td>2-2</td><td>조직의 지속가능성 보고에 포함된 기업 목록</td><td></td></tr>
<tr><td>2-3</td><td>보고주기, 보고기간, 보고서 문의처</td><td></td></tr>
<tr><td>2-4</td><td>정보의 수정</td><td></td></tr>
<tr><td>2-5</td><td>외부 검증</td><td></td></tr>
<tr><td rowspan="3">활동 및 근로자</td><td>2-6</td><td>활동, 가치 사슬 및 기타 비즈니스 관계</td><td></td></tr>
<tr><td>2-7</td><td>직원</td><td></td></tr>
<tr><td>2-8</td><td>직원이 아닌 근로자</td><td></td></tr>
<tr><td rowspan="13">거버넌스</td><td>2-9</td><td>거버넌스 및 구성</td><td></td></tr>
<tr><td>2-10</td><td>최고 거버넌스 기구의 임명과 선정</td><td></td></tr>
<tr><td>2-11</td><td>최고 거버넌스 기구 의장</td><td></td></tr>
<tr><td>2-12</td><td>영향 관리를 감독하는 최고 거버넌스 기구의 역할</td><td></td></tr>
<tr><td>2-13</td><td>영향 관리에 대한 책임 위임</td><td></td></tr>
<tr><td>2-14</td><td>지속가능경영보고 관련 최고 거버넌스 기구의 역할</td><td></td></tr>
<tr><td>2-15</td><td>이해 상충</td><td></td></tr>
<tr><td>2-16</td><td>중요한 우려 사항 전달</td><td></td></tr>
<tr><td>2-17</td><td>최고 거버넌스 기구의 집단 지식</td><td></td></tr>
<tr><td>2-18</td><td>최고 지배구조 기구의 활동 평가</td><td></td></tr>
<tr><td>2-19</td><td>보수 정책</td><td></td></tr>
<tr><td>2-20</td><td>보수 결정 절차</td><td></td></tr>
<tr><td>2-21</td><td>연간 총 보상 비율</td><td></td></tr>
</table>

</td><td>① GRI Index</td><td></td></tr>
<tr><td>

ESG 성과표

① 환경

<table>
<tr><th>구분</th><th>2020</th><th>2021</th><th>2022</th></tr>
<tr><td>온실가스 배출량</td><td></td><td></td><td></td></tr>
<tr><td>에너지 사용량</td><td></td><td></td><td></td></tr>
<tr><td>용수 사용량</td><td></td><td></td><td></td></tr>
<tr><td>...</td><td>...</td><td>...</td><td></td></tr>
</table>

② 사회

<table>
<tr><th>구분</th><th>2020</th><th>2021</th><th>2022</th></tr>
<tr><td>총 고용수</td><td></td><td></td><td></td></tr>
<tr><td>채용 및 이직</td><td></td><td></td><td></td></tr>
<tr><td>...</td><td>...</td><td>...</td><td></td></tr>
</table>

③ 거버넌스

<table>
<tr><th>구분</th><th>2020</th><th>2021</th><th>2022</th></tr>
<tr><td>윤리 규정 위반 수</td><td></td><td></td><td></td></tr>
<tr><td>조치 건수</td><td></td><td></td><td></td></tr>
<tr><td>...</td><td>...</td><td>...</td><td></td></tr>
</table>

</td><td>① 환경 성과표
② 사회 성과표
③ 거버넌스 성과표</td><td></td></tr>
<tr><td>

TCFD 대조표

<table>
<tr><th>주제</th><th>구분</th><th>참고 내용</th><th>페이지</th></tr>
<tr><td rowspan="2">거버넌스</td><td>기후변화와 관련된 위험과 기회에 대한 이사회의 관리, 감독에 대한 내용</td><td></td><td></td></tr>
<tr><td>기후변화와 관련된 위험과 기회를 평가, 관리하는 경영진의 역할</td><td></td><td></td></tr>
<tr><td rowspan="3">추진 전략</td><td>단기·중기·장기 측면에서 기후변화 관련 위험과 기회 설명</td><td></td><td></td></tr>
<tr><td>기후변화 관련 위험과 기회가 기업의 사업, 전략 및 재무계획에 미치는 영향</td><td></td><td></td></tr>
<tr><td>기후변화 시나리오가 사업, 전략 및 재무 계획에 미치는 영향</td><td></td><td></td></tr>
<tr><td>리스크 관리</td><td>기후변화 관련 리스크를 식별하고 평가하기 위한 절차</td><td></td><td></td></tr>
<tr><td>...</td><td>...</td><td>...</td><td></td></tr>
</table>

</td><td>① TCFD 대조표</td><td></td></tr>
</table>

화면	작성 내용	GRI
SASB 대조표 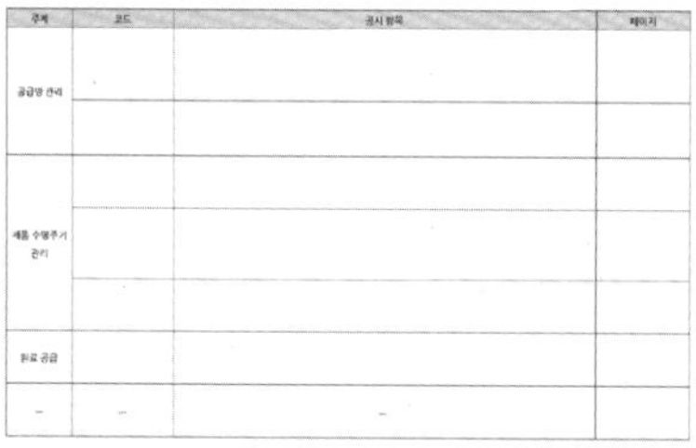	① SASB 대조표	
외부 검증 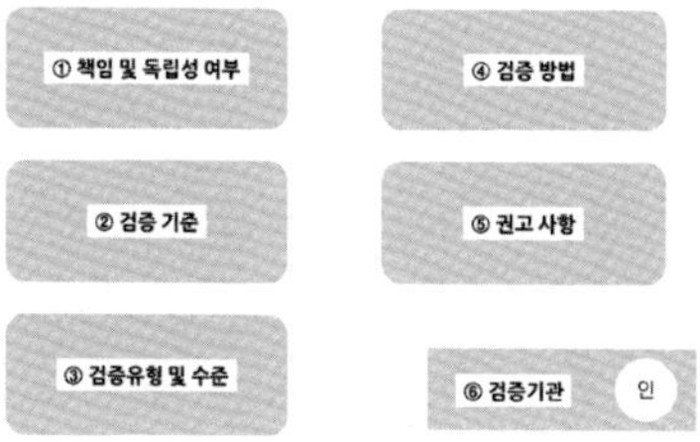 ① 책임 및 독립성 여부 ④ 검증 방법 ② 검증 기준 ⑤ 권고 사항 ③ 검증유형 및 수준 ⑥ 검증기관 인	① 책임 및 독립성 여부 ② 검증 기준 ③ 검증 유형 및 수준 ④ 검증 방법 ⑤ 권고 사항 ⑥ 검증 기관	2-5

3) 이해관계자 설문조사 양식

지속가능경영보고서 작성을 위한 이해관계자 설문조사

(설문 관련 인사말 첨부)

1. 작성자 정보

1) 본인의 소속과 이름, 이메일 주소, 전화번호 등을 기입해 주시기 바랍니다. (선택 사항)

이름 :

이메일 주소 :

전화번호 :

2) 설문을 시작하기에 앞서 개인정보 수집에 동의하십니까? (본 설문의 응답 내용 및 참여자의 개인 신상정보는 통계법 제 33조(비밀의 보호)와 제34조(통계조사자 등의 의무)에 의해 비밀 보장됨을 알려드립니다.)

① 동의함

② 동의하지 않음

2. 일반 문항

1) 귀하의 소속 정보를 아래 보기 중 선택해 주시기 바랍니다.

① 임직원

② 노동조합

③ 정부(국회)

④ 지자체

⑤ 협회, 학회, 연구소

⑥ 언론 및 미디어

⑦ 협력 업체

⑧ 국민(고객)

⑨ 기타(구체적으로 명시)

2) 귀하는 (기업명)과 이해관계자로 있었던 기간은 얼마나 됩니까?

① 1년 미만

② 1~3년

③ 3~5년

④ 5년 이상

3) 귀하는 어느 부서에 속해 있습니까?

① 운영

② 회계

③ 인사

④ 마케팅

⑤ 기타 (구체적으로 적어주세요)

4) 귀하는 지속가능 경영(ESG 또는 사회적 가치)에 대해 들어 보신 적이 있습니까? 지속가능 경영에 대한 이해도를 체크해 주시기 바랍니다.

① 전혀 들어본 적 없음

② 들어본 적이 있음

③ 대략적인 의미는 알고 있음

④ 매우 잘 알고 있음

5) [기업명]에게 중요한 이해관계자를 순서대로 기재해 주시기 바랍니다. (순위에 따라 1 – 5 순위까지 숫자를 기입하여 주시기 바랍니다.)

① 회사 임직원 ( )

② 고객 (구매업체)( )

③ 협력 업체 (공급업체)( )

④ 정부 및 지자체, 유관기관 ( )

⑤ NGO, 지역사회 시민 ( )

6) 기업의 지속가능 이니셔티브 및 목표에 대해 어느정도 알고 계십니까?

① 매우 잘 알고 있다

② 잘 알고 있다

③ 보통이다

④ 잘 모른다

⑤ 전혀 모른다

7) 지속가능이 기업의 성공에 얼마나 중요하다고 생각하십니까?

① 매우 중요하다

② 중요하다

③ 보통이다

④ 중요하지 않다

⑤ 전혀 중요하지 않다

8) 기업이 지속가능 이니셔티브와 진행 상황을 이해관계자에게 얼마나 잘 전달한다고 생각하십니까?

① 매우 잘 전달하고 있다

② 잘 전달하고 있다

③ 보통이다

④ 잘 전달하지 못하고 있다

⑤ 전혀 전달하지 못하고 있다

9) 기업이 지속가능 이니셔티브에 대해 가장 효과적으로 전달할 수 있는 채널은 무엇이라고 생각하십니까?

① 홈페이지

② 소셜 미디어 (인스타그램, 유튜브, 페이스북 등)

③ 챗봇

④ 뉴스레터

⑤ 보고서 (ESG, 지속가능경영보고서 등)

⑥ 웨비나

⑦ 기타 (구체적으로)

10) 기업 내 지속가능 관련 활동에 참여한 적이 있으십니까?

① 네

② 아니오

11) 기업이 직면한 가장 중요한 지속가능 문제는 무엇이라고 생각하십니까? (최대 3개 선택)

① 탄소 배출 감소

② 에너지 효율 개선

③ 수자원 관리

④ 폐기물 감소 및 재활용

⑤ 공급망 지속 가능성

⑥ 직원 참여 및 교육

⑦ 기타 (구체적으로 기재)

12) 기업이 지속가능 노력의 우선순위를 어떻게 정해야 한다고 생각하십니까? (최대 3개 선택)

① 단기적이고 달성 가능한 목표

② 장기적이고 전략적인 이니셔티브

③ 직원 참여 및 교육

④ 이해관계자 참여 및 커뮤니케이션

⑤ 재생 에너지에 대한 투자

⑥ 기타 (구체적으로 기재하십시오)

13) 기업의 지속가능 이니셔티브를 개선하기 위한 제안이 있으십니까? (①을 선택했을 경우 제안 내용을 자세히 적어 주세요)

① 네

② 아니오

* 제안 내용 :

3. 지속가능 경영 이슈 (객관식)

아래의 항목들은 (기업명)이 지속가능 경영을 실천하는 기업이 되기 위한 필요 설문 사항입니다. 각 이슈 및 해당 사항에 대해서 해당 선택지를 참고하시어 각각 설문에 대한 답을 표시해 주시기 바랍니다.

1) 지속가능을 기업 전략에 통합

① 매우 중요하다

② 중요하다

③ 보통이다

④ 중요하지 않다

⑤ 전혀 중요하지 않다

2) 지속가능 성과 측정 및 추적

① 매우 중요하다

② 중요하다

③ 보통이다

④ 중요하지 않다

⑤ 전혀 중요하지 않다

3) 단기 및 장기 지속가능 목표 설정

① 매우 중요하다

② 중요하다

③ 보통이다

④ 중요하지 않다

⑤ 전혀 중요하지 않다

4) 탄소 발자국 줄이기

① 매우 중요하다

② 중요하다

③ 보통이다

④ 중요하지 않다

⑤ 전혀 중요하지 않다

5) 에너지 효율 및 재생 에너지 촉진

① 매우 중요하다

② 중요하다

③ 보통이다

④ 중요하지 않다

⑤ 전혀 중요하지 않다

6) 폐기물 최소화 및 재활용 촉진

① 매우 중요하다

② 중요하다

③ 보통이다

④ 중요하지 않다

⑤ 전혀 중요하지 않다

7) 물 사용 관리 및 보존

① 매우 중요하다

② 중요하다

③ 보통이다

④ 중요하지 않다

⑤ 전혀 중요하지 않다

8) 지속가능한 조달 및 책임 있는 소싱

① 매우 중요하다

② 중요하다

③ 보통이다

④ 중요하지 않다

⑤ 전혀 중요하지 않다

9) 지속가능에 대해 공급망 파트너와의 협력

① 매우 중요하다

② 중요하다

③ 보통이다

④ 중요하지 않다

⑤ 전혀 중요하지 않다

10) 생물 다양성 및 서식지 보전 촉진

① 매우 중요하다

② 중요하다

③ 보통이다

④ 중요하지 않다

⑤ 전혀 중요하지 않다

11) 환경 규제 준수 보장

① 매우 중요하다

② 중요하다

③ 보통이다

④ 중요하지 않다

⑤ 전혀 중요하지 않다

12) 사회적 책임 및 지역사회 참여 증진

① 매우 중요하다

② 중요하다

③ 보통이다

④ 중요하지 않다

⑤ 전혀 중요하지 않다

13) 직원의 건강 및 일과 삶의 균형 지원

① 매우 중요하다

② 중요하다

③ 보통이다

④ 중요하지 않다

⑤ 전혀 중요하지 않다

14) 다양성, 형평성 및 포용성 보장

① 매우 중요하다

② 중요하다

③ 보통이다

④ 중요하지 않다

⑤ 전혀 중요하지 않다

15) 공정한 노동 관행과 안전한 근무 조건 보장

① 매우 중요하다

② 중요하다

③ 보통이다

④ 중요하지 않다

⑤ 전혀 중요하지 않다

16) 지속가능 주제에 대한 지원 교육 제공

① 매우 중요하다

② 중요하다

③ 보통이다

④ 중요하지 않다

⑤ 전혀 중요하지 않다

17) 지속가능에 대한 이해관계자 참여

① 매우 중요하다

② 중요하다

③ 보통이다

④ 중요하지 않다

⑤ 전혀 중요하지 않다

18) 공시를 통한 지속가능 성과 공개

① 매우 중요하다

② 중요하다

③ 보통이다

④ 중요하지 않다

⑤ 전혀 중요하지 않다

19) 지속가능 성과에 대한 이해관계자 피드백 제공

① 매우 중요하다

② 중요하다

③ 보통이다

④ 중요하지 않다

⑤ 전혀 중요하지 않다

20) 지속 가능성 관련 위험 및 기회 평가 및 관리

① 매우 중요하다

② 중요하다

③ 보통이다

④ 중요하지 않다

⑤ 전혀 중요하지 않다

4. 지속가능 경영 이슈 (서술형)

1) 기업은 지속가능을 기업 전략에 어떻게 통합하고 있다고 생각하십니까?

2) 기업에서 지속가능 성과를 어떻게 측정하고 추적하고 있다고 생각하십니까?

3) 기업의 단기 및 장기 지속가능 목표는 무엇이라고 생각하십니까?

4) 기업에서 탄소 발자국을 줄이는 데 중점을 둔 특정 이니셔티브가 어떠한 것들이 있다고 생각하십니까?

5) 기업에서 에너지 효율성과 재생 에너지 사용에 대해 어떻게 촉진하고 있습니까?

6) 기업에서 폐기물을 최소화하고 재활용 및 폐기물 감소를 위해 어떠한 조치를 취하고 있습니까?

7) 기업에서 물 사용을 어떻게 관리하고 물 절약을 위해 어떠한 조치를 취하고 있습니까?

8) 지속가능한 조달 및 책임 있는 소싱을 촉진하기 위해 어떠한 이니셔티브가 시행되고 있습니까?

9) 지속가능 문제에 대해 공급망 파트너와 어떻게 관계를 맺고 있습니까?

10) 생물 다양성과 서식지 보전을 촉진하기 위한 프로그램이니 계획이 어떻게 운영되고 있습니까?

11) 기업은 환경 규정 및 표준 준수를 어떻게 보장하고 있다고 생각하십니까?

12) 기업이 사회적 책임과 지역사회 참여를 촉진하기 위해 어떤 조치를 취하고 있다고 생각하십니까?

13) 기업은 직원의 건강과 일과 삶의 균형을 어떻게 지원하고 있습니까?

14) 기업 내에서 다양성, 형평성 및 포함을 보장하기 위해 어떤 이니셔티브가 시행되고 있습니까?

15) 기업은 직원을 위한 공정한 노동 관행과 안전한 근무 조건을 어떻게 보장하고 있습니까?

16) 기업 내 지속가능 주제에 대한 직원 교육 및 개발을 촉진하는 프로그램이 있습니까?

17) 기업은 지속가능 문제에 대해 이해관계자(예: 고객, 공급업체, 투자자)와 어떻게 소통하고 있습니까?

18) 기업은 공개 보고(예: 지속가능경영보고서, 통합 보고서)를 통해 지속가능 성과를 공개하고 있습니까?

19) 이해관계자가 조직의 지속가능 성과에 대한 피드백을 제공할 수 있는 메커니즘이 있습니까?

20) 기업은 지속가능 관련 위험과 기회를 어떻게 평가하고 관리합니까?

5. 기타

1) [기업명]의 사회적 가치 창출 활동과 관련된 여러분의 자유로운 의견 기술 바랍니다.

4) 중대성 평가 설문 양식

1. 귀하의 이름과 직책은 무엇입니까? (성함과 직책을 적어 주세요)

2. 귀하가 근무한 기간은 얼마나 됩니까?

① 1년 미만 ② 1~3년 ③ 3~5년 ④ 5년 이상

3. 귀하는 어느 부서에 속해 있습니까?

① 운영 ② 회계 ③ 인사 ④ 마케팅 ⑤ 기타 (구체적으로 적어 주세요)

4. 위험, 기회, 비용 절감 및 규정 준수와 같은 요소를 고려하여 다음 각 지속가능 주제가 조직의 재무 성과에 미치는 잠재적 재무 영향을 평가하십시오. (1: 매우 낮음, 2: 낮음, 3: 보통, 4: 높음, 5: 매우 높음)

① 에너지 효율 및 재생에너지: (1-5)

② 폐기물 관리 및 재활용: (1-5)

③ 물 관리 및 보존: (1-5)

④ 지속가능한 조달 및 책임 있는 소싱: (1-5)

⑤ 공급망 지속가능: (1-5)

⑥ 직원 참여 및 교육: (1-5)

⑦ 다양성, 형평성 및 포용성: (1-5)

⑧ 근로 관행 및 근로 조건: (1-5)

⑨ 지역사회 참여 및 사회적 책임: (1-5)

⑩ 환경 준수 및 관리: (1-5)

5. 사회적 및 환경적 결과, 이해관계자의 관심사 및 평판 위험과 같은 요소를 고려하여 다음 각 지속가능 주제가 조직의 이해관계자에게 미치는 잠재적인 비재무적 영향을 평가하십시오. (1: 매우 낮음, 2: 낮음, 3: 보통, 4: 높음, 5: 매우 높음)

① 에너지 효율 및 재생 에너지 : (1-5)

② 폐기물 관리 및 재활용: (1-5)

③ 물 관리 및 보존: (1-5)

④ 지속가능한 조달 및 책임 있는 소싱: (1-5)

⑤ 공급망 지속가능: (1-5)

⑥ 직원 참여 및 교육: (1-5)

⑦ 다양성, 형평성 및 포용성: (1-5)

⑧ 근로 관행 및 근로 조건: (1-5)

⑨ 지역사회 참여 및 사회적 책임: (1-5)

⑩ 환경 준수 및 관리: (1-5)

8 지속가능경영보고서 작성 실무와 사례

지난해 12월 한국거래소에서는 유가증권시장 상장법인의 2022년 지속가능경영보고서 공시에 대한 분석 결과를 발표했다. 공시 기업 수는 2021년 78개사에서 2022년 128개사로 64% 증가하였으며 이는 기업들의 자율적인 ESG 공시(현재 지속가능경영보고서는 자율 공시로 이루어지고 있으며, 2025년부터 일정 규모 이상의 상장기업에 대해 공시 의무화 예정)에 대한 인식이 점차 증가하고 있다는 것을 나타낸다.

구분	2017	2018	2019	2020	2021	2022
공시 기업	8	14	20	38	78	128
증가 수	–	6	6	18	40	50
증가율	–	75%	43%	90%	105%	64%

[표 20] 연도별 보고서 자율 공시 기업 수 (출처:한국거래소)

2022년 지속가능경영보고서를 발표한 기업 중 자산 2조 원 이상의 대규모 법인은 128개 기업 중 113개로 발표 기업 중 88%의 비중을 차지하고 있다. [표 22] 참조

자산		2021년	2022년(기업수)	2022년(비중)
대규모 법인	100조 원 이상	11	12	9%
	10조 원~100조 원	28	45	35%
	2조 원~10조 원	28	56	44%
2조 원 이상		67	113	88%
2조 원 미만		11	15	12%
총 합계		78	128	100%

[표 21] 자산 규모별 공시 기업 수 추이 (출처: 한국거래소)

시가총액 기준 10조 원 이상의 기업은 전체 상장사 29개 중 21개 기업으로 전체 상장사 대비 72%가 보고서를 공시한 것과는 반대로 시가총액 기준 1조 원 미만의 기업은 전체 상장사 644개사 중 6%에 불과한 36개사만 공시하였다. 이는 당장인 2025년 의무 공시 대상에 해당하지 않는 기업 대부분은 보고서 작성에 대해서 대처하지 않고 있음을 알 수 있다. [표 23] 참조

시가총액 (22월 9월 기준)	2022년	全상장사 수	비중
10조	21	29	72%
2조 원~10조 원	48	90	53%
1조 원~2조원	23	58	40%
1조 원 미만	36	644	6%
총합계	128	821	16%

[표 22] 시가총액별 공시 기업 수 추이 (출처: 한국거래소)

128개 기업 중 대기업 집단에 속한 기업은 95개사로 전체 공시의 74%를 차지하고 있어 국내 보고서 작성은 대기업을 중심으로 작성하고 있다는 것을 알 수 있으며, 이는 ESG에 대한 사회적 인식 변화와 더불어 기업 이미지에 지속가능 경영이 지대한 영향을 끼친다는 것을 예상해 볼 수 있다. [표 24] 참조

구분	2018년	2019년	2020년	2021년	2022년
기업집단	8	13(+5)	27(+14)	63(+36)	95(+32)
기업 집단(비중)	57%	65%	71%	81%	74%
非기업 집단	6	7(+1)	11(+4)	15(+4)	33(+18)
총합계	14	20(+6)	38(+18)	78(+40)	128(+50)

[표 23] 기업 집단 공시 기업 수 추이 (출처: 한국거래소)

위 통계들을 통해 알 수 있는 것은 현재는 2025년 발표 기준에 대한 자율 공시 결과가 수치적으로 반영되었다는 것을 알 수 있으며, 2025년 전까지 작성 추이는 더욱 증가할 것이라 예상해 볼 수 있다. 반면, 의무 공시 대상이 아닌 기업의 경우 보고서 작성에 대해 아직은 그 중요성을 크게 인지하지 못하고 있으며, 의무 공시가 이뤄져야 할 2030년 전까지 이 수치는 아주 서서히 증가할 것으로 예상된다.

특히 128개사 중 35개사는 3년 연속(2020년~2022년)으로 지속가능경영보고서를 공시하고 있다. 이들 모두 기본적으로 GRI 표준에 근거한 보고서에 SASB, TCFD 등을 병행하는 형태로 보고서를 작성함으로써 지속경영보고서 작성에서의 GRI 표준에 대한 입지가 어느정도 인지를 가늠할 수 있다. 또한, 32개사가 SASB 표준을 채용하는 등 SASB 또한 GRI 표준만큼 그 입지가 점점 확대되고 있다는 것에 예의 주시할 필요가 있다.

구분	GRI	SASB	TCFD	UN SDGs	UN GC	기타
기업 수	35	32	27	22	19	9
비중	100%	91%	77%	63%	54%	26%

[표 24] 공시 기업의 보고서 작성 기준 (출처: 한국거래소)

한국거래소에서는 분석 결과와 더불어 지속가능경영보고서 공시에 대한 활성화 및 기재 충실도 제고를 위해, 보고서 작성 시 참고로 활용할 수 있도록 보고서를 5가지 부문별로 모범 작성 사례를 제시함으로써 기업의 보고서 작성 공시를 독려하였다. 한국거래소에서 발표한 부문별 모범 작성 사례는 총 5가지의 영역으로 구성되어 있으며, 여기에는 ① ESG 정책 반영, ② 내부 전문 조직 구축, ③ ESG 성과 지표 관리, ④ 중대성 평가, ⑤ ESG Data의 주제로 구성되어 있다. 이 사례집에는 지속가능 경영에 대한 필수적인 정보와 이를 뒷받침할 수 있는 정보로 간단하게 구성되어 있으며, 필자는 이와 더불어 실무에서 활용될 수 있는 내용과 함께 글을 구성하고자 한다.

[그림 40] 지속가능경영보고서 부문별 모범 작성 사례 표지 및 목차 (출처: 한국거래소)

1) ESG 정책 반영

오늘날의 글로벌 비즈니스 환경에서 ESG 요소는 기업 전략, 투자 결정 및 이해관계자의 기대를 형성하는 데 점점 더 중요한 역할을 하고 있다. ESG 정책 반영은 이러한 중요한 요소를 회사의 정책과 관행 및 의사 결정 프레임워크에 통합하는 것으로 ESG 위험 및 기회 관리에 대한 포괄적인 접근 방식을 보장하는 프로세스 중 하나이다. 이는 지속가능한 비즈니스 관행이 장기적인 가치 창출, 위험 완화 및 이해관계자 관계 강화에 기여한다는 인식에서 점점 더 강조되고 있다.

기업 정책에 ESG 요소를 효과적으로 반영한 기업은 규제에 대한 요구 사항, 투자자 요구, 사회 및 환경 문제에 대해 좀 더 상세히 살펴볼 수 있는 능력을 갖출 수 있게 된다. 기업은 ESG 정책 반영을 수용함으로써 책임 있는 비즈니스 관행에 대한 약속을 입증하고 변화하는 시장에 적응하며 지속가능 경영을 통해 글로벌 경제에 기여할 수 있다.

이유	설명
투자자 관심 증가	최근들어 투자 결정 시 ESG 요소를 고려하는 투자자가 증가하고 있으며, 기업은 ESG 중요성에 대해 보고함으로써 투자자가 기업의 지속가능 여부 및 성과와 잠재적 위험을 더 잘 이해하고 평가할 수 있도록 정보를 제공한다.
규제 요구 사항	전 세계 정부 및 규제 기관은 기업이 ESG 성과를 공개하도록 요구하는 정책 및 규제를 제정하고 있으며, ESG 정책 반영을 지속가능경영보고서의 중요성으로 제시함으로써 기업이 해당 규정을 얼마나 준수하고 기업의 지속가능에 대한 약속을 확인시켜 준다.
이해관계자 참여	기업이 고객, 직원, 공급 업체 및 지역사회를 포함한 이해관계자와의 소통에 활용되며, 주요 이슈를 해결함으로써 이해관계자의 우려와 기대를 해결하겠다는 의지를 보여 줄 수 있다.
위험 관리	ESG 문제를 식별하고 해결함으로써 회사가 잠재적인 운영, 평판 또는 재무 손실과 같은 위험을 관리하는 데 도움이 될 수 있고, 이를 보고서에 반영함으로써 기업은 리스크 관리에 대한 능동적인 접근 방식을 보여 주고 탄력성을 보여 줄 수 있다.
장기적인 가치 창출	ESG 요소를 전략은 장기적인 가치를 창출할 가능성이 더 크며, 이를 보고함으로써 기업은 지속 가능한 성장에 대해서 약속하고 변화하는 비즈니스 환경에 적응하는 능력을 보여 줄 수 있다.

[표 25] ESG 정책 반영 이유 (자체 제작)

(1) 회사 경영 전략과 ESG 방향성 연계

회사 경영 전략과 ESG 방향을 연결하는 것은 기업의 지속가능한 가치 창출, 위험 관리 및 이해관계자 기대에 호응하는 데 필수적인 부분으로 지속가능 이슈, 사회적, 가치, 재무 경쟁력 등을 고려하여 ESG 전략 과제를 설정하고 매년 이에 관한 결과를 보고서로 작성한다. 이와 관련하여 [표 30]은 기업이 ESG를 기업 관리 전략과 통합하기 위한 단계화 방법이다.

구분	단계	내용
1	명확한 ESG 목표 설정	ESG 목표를 회사의 전반적인 전략 및 목표와 일치시킴
2	경영진 참여	ESG 고려 사항을 최고 경영진 수준의 의사 결정 프로세스에 통합
3	기업 문화에 ESG 포함	회사의 문화와 일상 업무에서 지속가능과 사회적 책임 촉진
4	ESG 정책 프레임워크 개발	정책 내에서 ESG 위험 및 기회를 관리하는 회사의 접근 방식을 간략하게 설명
5	기업 위험 관리와 ESG 합	ESG 요소를 전반적인 위험 관리 프로세스에 통합하여 잠재적인 부정적인 영향 완화
6	이해관계자 참여	ESG 성과와 관련된 이해관계자의 기대와 우려 사항을 이해하고 해결
7	성과 모니터링 및 보고	ESG 목표에 대한 진행 상황을 추적하고 성과를 이해관계자에게 전달
8	리소스 할당	회사 내에서 ESG 이니셔티브를 지원하기 위해 적절한 리소스가 할당되었는지 확인
9	훈련 및 교육	ESG 문제와 회사의 지속가능 성과에 기여하는 역할에 대해 직원 교육
10	지속적인 개선	ESG 전략을 정기적으로 검토 및 업데이트하여 관련성과 효율성을 보장하고 지속적인 개선을 추진

[표 26] 회사 경영 전략과 ESG 방향의 연계 방법(자체 제작)

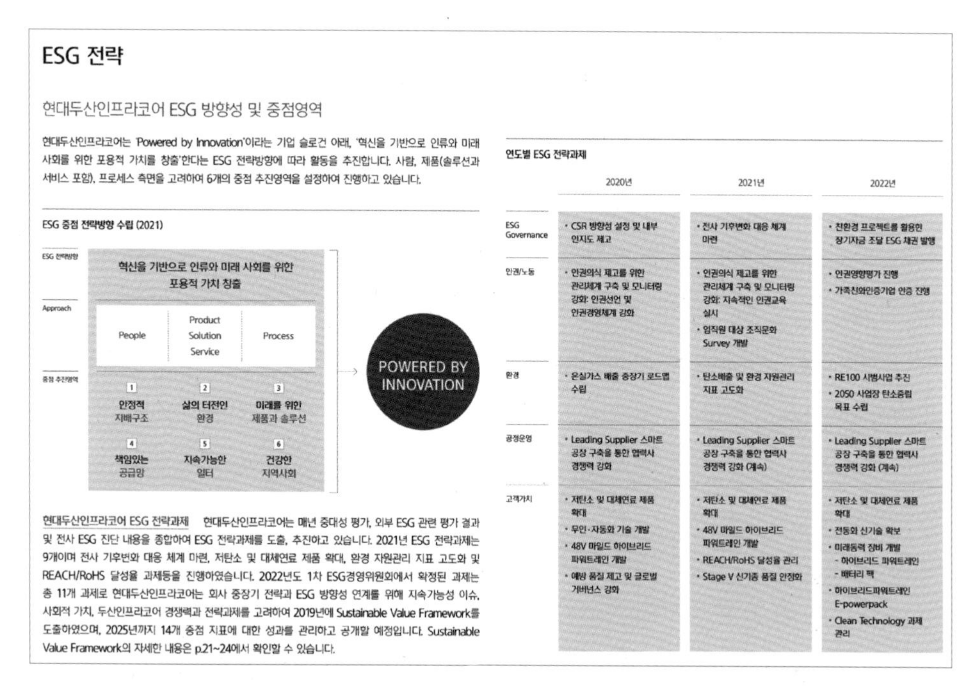

ESG 전략

현대두산인프라코어 ESG 방향성 및 중점영역

현대두산인프라코어는 'Powered by Innovation'이라는 기업 슬로건 아래, '혁신을 기반으로 인류와 미래 사회를 위한 포용적 가치를 창출'한다는 ESG 전략방향에 따라 활동을 추진합니다. 사람, 제품(솔루션과 서비스 포함), 프로세스 측면을 고려하여 6개의 중점 추진영역을 설정하여 진행하고 있습니다.

ESG 중점 전략방향 수립 (2021)

ESG 전략방향
혁신을 기반으로 인류와 미래 사회를 위한 포용적 가치 창출

Approach
People
Product Solution Service
Process

중점 추진영역
1 안정적 지배구조
2 삶의 터전인 환경
3 미래를 위한 제품과 솔루션
4 책임있는 공급망
5 지속가능한 일터
6 건강한 지역사회

POWERED BY INNOVATION

현대두산인프라코어 ESG 전략과제 현대두산인프라코어는 매년 중대성 평가, 외부 ESG 관련 평가 결과 및 전사 ESG 진단 내용을 종합하여 ESG 전략과제를 도출, 추진하고 있습니다. 2021년 ESG 전략과제는 9개이며 전사 기후변화 대응 체계 마련, 저탄소 및 대체연료 제품 확대, 환경 자원관리 지표 고도화 및 REACH/RoHS 달성율 과제등을 진행하였습니다. 2022년도 1차 ESG경영위원회에서 확정된 과제는 총 11개 과제로 현대두산인프라코어는 회사 중장기 전략과 ESG 방향성 연계를 위해 지속가능성 이슈, 사회적 가치, 두산인프라코어 경쟁력과 전략과제를 고려하여 2019년에 Sustainable Value Framework를 도출하였으며, 2025년까지 14개 중점 지표에 대한 성과를 관리하고 공개할 예정입니다. Sustainable Value Framework의 자세한 내용은 p.21~24에서 확인할 수 있습니다.

연도별 ESG 전략과제

	2020년	2021년	2022년
ESG Governance	· CSR 방향성 설정 및 내부 인지도 제고	· 전사 기후변화 대응 체계 마련	· 친환경 프로젝트를 활용한 장기자금 조달 ESG 채권 발행
인권/노동	· 인권의식 제고를 위한 관리체계 구축 및 모니터링 강화: 인권선언 및 인권경영체계 강화	· 인권의식 제고를 위한 관리체계 구축 및 모니터링 강화: 지속적인 인권교육 실시 · 임직원 대상 조직문화 Survey 개발	· 인권영향평가 진행 · 가족친화인증기업 인증 진행
환경	· 온실가스 배출 중장기 로드맵 수립	· 탄소배출 및 환경 자원관리 지표 고도화	· RE100 시범사업 추진 · 2050 사업장 탄소중립 목표 수립
공정운영	· Leading Supplier 스마트 공장 구축을 통한 협력사 경쟁력 강화	· Leading Supplier 스마트 공장 구축을 통한 협력사 경쟁력 강화 (계속)	· Leading Supplier 스마트 공장 구축을 통한 협력사 경쟁력 강화 (계속)
고객가치	· 저탄소 및 대체연료 제품 확대 · 무인·자동화 기술 개발 · 48V 마일드 하이브리드 파워트레인 개발 · 예방 품질 제고 및 글로벌 거버넌스 강화	· 저탄소 및 대체연료 제품 확대 · 48V 마일드 하이브리드 파워트레인 개발 · REACH/RoHS 달성율 관리 · Stage V 신기종 품질 안정화	· 저탄소 및 대체연료 제품 확대 · 전동화 신기술 확보 · 미래동력 장비 개발 - 하이브리드 파워트레인 - 배터리 팩 · 하이브리드파워트레인 E-powerpack · Clean Technology 과제 관리

[그림 41] 현대두산인프라코어 ESG 전략 (출처:현대 두산인프라코어 ESG보고서)

사례 1 두산 인프라 코어

· 경영 활동 전반에 ESG 방향성을 반영하기 위한 지속가능 이슈 · 사회적 가치 · 재무 경쟁력 등을 고려

· 연도별 ESG 전략 과제를 설정하고 매년 중대성 평가, 외부 ESG 관련 평가 및 전사 ESG 진단 내용을 종합하여 ESG 전략 과제를 도출 및 추진

(2) 중장기 로드맵을 통한 ESG 전략 체계 수립

중장기 로드맵을 통해 ESG 전략 체계를 수립하는 것은 기업 목표와 ESG 목표를 일치시키고 지속적인 개선을 보장하는 일련의 단계로 간주할 수 있다. 중대성 이슈를 반영한 기업의 ESG 경영 전략을 현황, 계획, 목표 순으로 가시적인 데이터와 함께 공개하고 경영 철학과 이해관계자들의 요구를 내포한 자체 ESG 전략 프레임워크를 통해 지속가능 경영의 실질적인 실현을 모색할 수 있다.

		2030 Goals (Base year : 2020)	2022 Targets	2021 Achievements	관련 중대 이슈	보고 페이지
Pursue	Our Value to Society	SV 창출 누적 1조 원	1903억 원	SV 사회공헌 사회성과 1203억 원 창출		26~30
		장애인/저소득층 일자리 창출 1000개*	918개	918개		
		Global ICT 인재 육성 프로그램 참여 누적 10만 명*	1만 8250명	9050명		
		첨단기술 활용 취약계층 사회공헌활동 수혜 누적 10만 명*	1만 3644명	6444명		
		행복도시락 수혜 누적 1.2만 명*	3470명	2370명		
	Robust Governance	이사회 성별/국적 다양성 30%	11%	11%	인권, 기업윤리	31~33
	Safety & Health at Work	통합재해율 10% 저감* (Base year: 2021)	1.1% 저감	-	임직원 안전보건	34~39
		대사증후군 10% 저감* (Base year: 2021)	1.1% 저감	-		
Restore	Climate Action	Scope 1 & 2 온실가스 배출량 2020년 수준 유지	738만 톤	Scope 1 & 2 배출량 764만 톤	기후변화와 온실가스 배출, 에너지 관리	42~44
		배출량 집약도 57% 감축 (by 2026)	6,514 tCO_2eq/억Gb, 32% 감축	8,151 tCO_2eq/억Gb, 15% 감축		
		에너지 절감 누적 3000GWh	341GWh	국내 에너지 절감량 186GWh		
		재생에너지 사용률 33%	해외 사업장 100% 달성	재생에너지 사용량 약 260만 GJ		
	Water Stewardship	수자원 절감 누적 6억 톤	8200만 톤	4980만 톤	생태환경에 미치는 영향, 자연 자본	45~48
		취수량 집약도 35% 감축 (by 2026)	106,303 t/억Gb, 9% 감축	108,148 t/억Gb, 8% 감축		
	Circular Economy	ZWTL Gold(99%) 달성*	99%	98%	폐기물/유해물질 관리	49~51
Innovate	Sustainable Manufacturing	공정가스 배출량 40% 감축	4% 감축	3% 감축	기후변화와 온실가스 배출, 에너지 관리	56~58
		스크러버 처리 효율 95%	국내 사업장 91%	국내 사업장 90% (2022년 상반기 기준)		
	Green Technology	HBM 에너지 효율 2배 증가	1.24	1.0	기술과 혁신	62~64
		eSSD 에너지 효율 1.8배 증가	1.42	1.2		
Synchronize	Responsible Engagement	신규 협력사 행동규범 준수 서약 100%	100%	100%	효율적인 조달 관리	70~80
		1차 협력사 ESG 온라인 자가평가 100% (2년 주기)	100% (2023년)	89%		
		고위험/중점 협력사 ESG 현장평가 100% (2년 주기)	53%[1]	45% (2022년 상반기 기준)		
		책임 있는 광물 조달 대상 3배 확대 (3TG 4종 → 12종 광물)	4종	4종(3TG) RMAP 인증율 100%		
	Shared Growth	동반성장 기술협력 투자 금액 누적 3조 원	5564억 원	3304억 원		81~83
Motivate	Inclusive Workplace	여성 임원 비율 3배 증가 (Base year: 2021)	2.0%	1.9%	인권, 인력 관리	86
		여성 팀장 비율 10%**	4.3%	3.7%		
	Empowering People	인당 자기개발 교육 연 200시간**	117시간/인	107시간/인	인력 관리	88~91

[그림 42] 영역별 성과 및 2022년 목표 (출처: SK 하이닉스 지속가능경영보고서)

사례 2	SK 하이닉스

· 중대성 이슈를 반영한 조직의 ESG 경영 전략을 2021년 현황, 2022년 계획, 2030년 목표 순으로 가시적인 데이터와 함께 공개

· 경영 철학과 이해관계자들의 요구를 내포한 자체 ESG 전략 프레임워크를 통해 지속가능경영의 실질적인 실현 모색

2) 내부 전문 조직 구축

오늘날 빠르게 발전하는 비즈니스 환경에서 ESG 요소를 기업 핵심 전략에 통합하는 것은 점점 더 중요해지고 있으며, ESG 이니셔티브를 전담하는 내부 전문 조직을 설립하는 것은 지속가능경영보고서 작성 프로세스에서 매우 중요한 부분 중 하나이다. 이 조직은 ESG 관련 프로그램에 대한 추진과 관리를 하고 관련 규정을 준수하며 지속가능과 관련한 기업 문화를 조성하는 데 매우 중요한 역할을 담당한다. 내부 전문 조직은 위험 관리, 이해관계자 참여, 장기적인 가치 창출 및 다양한 이점을 제공할 수 있으며, ESG 관련 분야의 전문가를 조직화함

으로써 기업의 지속가능 문제를 해결하고 새로운 기회 창출을 위한 전략적인 접근 방식을 제공할 수 있다.

효과적인 내부 전문 조직을 구성하는 데는 범위 및 목표 정의, 경영진 지원, 적절한 조직 구조 설계, 인력 채용 및 교육, 충분한 자원 할당과 같은 몇 가지 주요 단계가 포함된다. 이 중에서 커뮤니케이션 채널 구축, ESG 이니셔티브 구현, 이해관계자 참여 및 성과 평가는 성공적인 전문 조직 구성에 대한 필수 요소이다. 앞으로는 사회적으로 ESG 성과를 우선시함에 따라 내부 전문 조직을 구축하는 것은 기업의 지속가능을 향한 여정에 없어서는 안 될 부분이다. 결론적으로 회사 내에 내부 전문 조직을 설립한다는 것은 ESG 이니셔티브를 간소화하고 전문성을 향상하면서 기업의 지속가능경영 전략을 효과적으로 수립할 수 있다는 것과 마찬가지다.

구분	단계	내용
1	범위 및 목표 정의	내부 전문 조직의 범위, 목표 및 초점 영역 설명
2	경영진 지원 확보	최고 경영진과 이사회의 약속과 지원을 확보
3	조직 구조 설계	역할, 책임, 보고 라인 및 부서 관계를 포함하는 구조 설계
4	리더 임명	조직을 감독하고 활동을 주도할 책임이 있는 리더 또는 팀 지정
5	인력 모집 및 교육	관련 전문 지식을 갖춘 내부 직원을 고용하거나 할당하고 적절한 교육 및 리소스 제공
6	예산 및 자원 계획 수립	조직의 활동을 지원하기 위해 재정 및 비재정적 자원 할당
7	내부 커뮤니케이션 구축	회사 내에서 협업, 정보 공유 및 조정을 촉진하기 위한 커뮤니케이션 채널 개발
8	ESG 이니셔티브 구현	조직의 전문성을 활용하여 ESG 이니셔티브를 추진하고, 진행 상황을 모니터링하고, 전략적 목표 설계
9	이해관계자 참여	이해관계자 참여 활동에 조직을 참여시켜 문제를 해결하고 ESG 이니셔티브 조정
10	성과 평가 및 개선	조직의 성과를 정기적으로 평가하고 개선 영역을 식별하며 개선을 위한 변경사항 구현

[표 27] 내부 전문조직 구축 단계(자체 제작)

(1) ESG 경영위원회의 실질적 활동 내역 공개

ESG 경영위원회의 실제 활동에 대한 공개는 기업의 투명성, 책임성, 효과적인 이해관계자 커뮤니케이션을 위한 필수 요소 중 하나이다. 경영위원회 활동에 대한 투명성은 기업의 책임을 강화할 뿐만 아니라 투자자, 임직원, 고객, 지역사회 등 이해관계자와의 신뢰 구축에도 중요한 역할을 한다. 위원회의 구조, 우선순위 및 의사 결정 프로세스에 대해 제공함으로써 기업이 ESG에 대해 노력하고 있음을 보여 줄 수 있으며, 공개 내용에는 위원회 구성, 회의 빈도, 의제 항목과 ESG 전담 조직의 과제 및 역할 등이 포함된다.

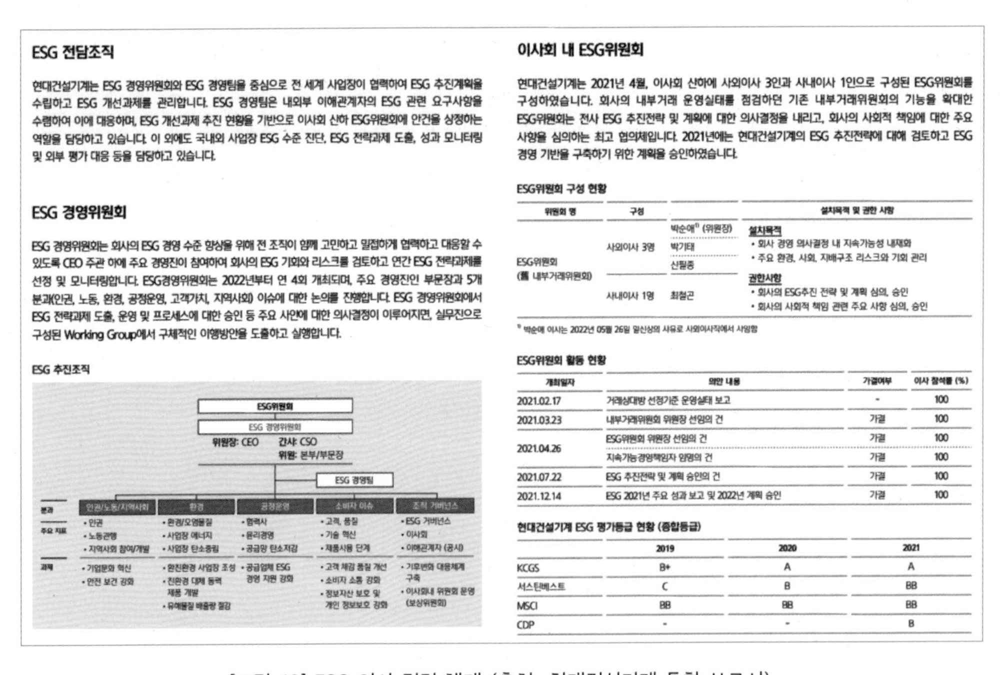

ESG 전담조직

현대건설기계는 ESG 경영위원회와 ESG 경영팀을 중심으로 전 세계 사업장이 협력하여 ESG 추진계획을 수립하고 ESG 개선과제를 관리합니다. ESG 경영팀은 내외부 이해관계자의 ESG 관련 요구사항을 수렴하여 이에 대응하며, ESG 개선과제 추진 현황을 기반으로 이사회 산하 ESG위원회에 안건을 상정하는 역할을 담당하고 있습니다. 이 외에도 국내외 사업장 ESG 수준 진단, ESG 전략과제 도출, 성과 모니터링 및 외부 평가 대응 등을 담당하고 있습니다.

ESG 경영위원회

ESG 경영위원회는 회사의 ESG 경영 수준 향상을 위해 전 조직이 함께 고민하고 밀접하게 협력하고 대응할 수 있도록 CEO 주관 하에 주요 경영진이 참여하여 회사의 ESG 기회와 리스크를 검토하고 연간 ESG 전략과제를 선정 및 모니터링합니다. ESG경영위원회는 2022년부터 연 4회 개최되며, 주요 경영진인 부문장과 5개 분과(인권, 노동, 환경, 공정운영, 고객가치, 지역사회) 이슈에 대한 논의를 진행합니다. ESG 경영위원회에서 ESG 전략과제 도출, 운영 및 프로세스에 대한 승인 등 주요 사안에 대한 의사결정이 이루어지면, 실무진으로 구성된 Working Group에서 구체적인 이행방안을 도출하고 실행합니다.

ESG 추진조직

분과	인권/노동/지역사회	환경	공정운영	소비자 이슈	조직 거버넌스
주요 지표	• 인권 • 노동관행 • 지역사회 참여/개발	• 환경/오염물질 • 사업장 에너지 • 사업장 탄소중립	• 협력사 • 윤리경영 • 공급망 탄소저감	• 고객, 품질 • 기술 혁신 • 제품사용 단계	• ESG 거버넌스 • 이사회 • 이해관계자 (공시)
과제	• 기업문화 혁신 • 안전 보건 강화	• 친환경 사업장 조성 • 친환경 대체 동력 제품 개발 • 유해물질 배출량 절감	• 공급업체 ESG 경영 지원 강화	• 고객 체감 품질 개선 • 소비자 소통 강화 • 정보자산 보호 및 개인 정보보호 강화	• 기후변화 대응체계 구축 • 이사회내 위원회 운영 (보상위원회)

이사회 내 ESG위원회

현대건설기계는 2021년 4월, 이사회 산하에 사외이사 3인과 사내이사 1인으로 구성된 ESG위원회를 구성하였습니다. 회사의 내부거래 운영실태를 점검하던 기존 내부거래위원회의 기능을 확대한 ESG위원회는 전사 ESG 추진전략 및 계획에 대한 의사결정을 내리고, 회사의 사회적 책임에 대한 주요 사항을 심의하는 최고 협의체입니다. 2021년에는 현대건설기계의 ESG 추진전략에 대해 검토하고 ESG 경영 기반을 구축하기 위한 계획을 승인하였습니다.

ESG위원회 구성 현황

위원회 명	구성		설치목적 및 권한 사항
ESG위원회 (舊 내부거래위원회)	사외이사 3명	박순애[1] (위원장) 박기태 신필종	**설치목적** • 회사 경영 의사결정 내 지속가능성 내재화 • 주요 환경, 사회, 지배구조 리스크와 기회 관리
	사내이사 1명	최철곤	**권한사항** • 회사의 ESG추진 전략 및 계획 심의, 승인 • 회사의 사회적 책임 관련 주요 사항 심의, 승인

[1] 박순애 이사는 2022년 05월 26일 일신상의 사유로 사외이사직에서 사임함

ESG위원회 활동 현황

개최일자	의안 내용	가결여부	이사 참석률 (%)
2021.02.17	거래상대방 선정기준 운영실태 보고	-	100
2021.03.23	내부거래위원회 위원장 선임의 건	가결	100
2021.04.26	ESG위원회 위원장 선임의 건	가결	100
	지속가능경영책임자 임명의 건	가결	100
2021.07.22	ESG 추진전략 및 계획 승인의 건	가결	100
2021.12.14	ESG 2021년 주요 성과 보고 및 2022년 계획 승인	가결	100

현대건설기계 ESG 평가등급 현황 (종합등급)

	2019	2020	2021
KCGS	B+	A	A
서스틴베스트	C	B	BB
MSCI	BB	BB	BB
CDP	-	-	B

[그림 43] ESG 의사 결정 체계 (출처: 현대건설기계 통합 보고서)

사례 3	현대건설기계

· ESG 경영위원회의 구성 및 활동, 의안 등 상세 사항을 ESG 전담 조직의 과제, 역할 등과 함께 구체적으로 각각의 역할을 기재함으로써 조직 활동의 투명성 강조

(2) 역할에 따른 전사적 ESG 경영 조직 체계도 구성

전사적 ESG 관리 조직 시스템은 일반적으로 회사 내 다양한 수준과 기능에 분산된 다양한 역할과 책임으로 구성된다. 전사적 ESG 관리 조직 구조는 이사회, 경영진, ESG 관리 위원회, ESG 임원 또는 리더, ESG 전문가, 관리자 및 직원을 포함한 다양한 역할이 있으며, 각각의 역할은 전략적 감독 및 지침 제공부터 ESG 이니셔티브 및 프로젝트 구현에 이르기까지 기업의 지속가능 경영과 관련된 의제 추진에 중요한 역할을 하고 보고서에는 각각의 역할에 대해 관련 사항을 기재하도록 하는 것이다.

역할	기능
이사회	ESG 전략 및 정책에 대한 감독 및 지침을 제공하며, 회사 전략에 ESG 통합 여부 결정
경영진	ESG 전략 및 정책을 개발하고 구현하며, ESG 이니셔티브를 위한 리소스 할당
ESG 경영위원회	ESG 이니셔티브를 감독하고 조정하고 ESG 목표를 향한 진행 상황을 모니터링
ESG 임원 또는 리더	기본 ESG 담당자 역할로 ESG 정책 및 프로그램 개발을 주도하고 다양한 부서와 협력
ESG 전문가	특정 ESG 영역에 대한 전문성을 제공하고 ESG 이니셔티브 지원 및 ESG 리스크 관리 지원
관리자 / 팀장	ESG 고려 사항을 부서 활동 통합 및 팀이 ESG 정책을 준수하는지 확인
직원	ESG 정책 준수와 ESG 이니셔티브 기여, ESG 교육 및 개발 참여

[표 28] ESG 관리 조직 구성 (자체 제작)

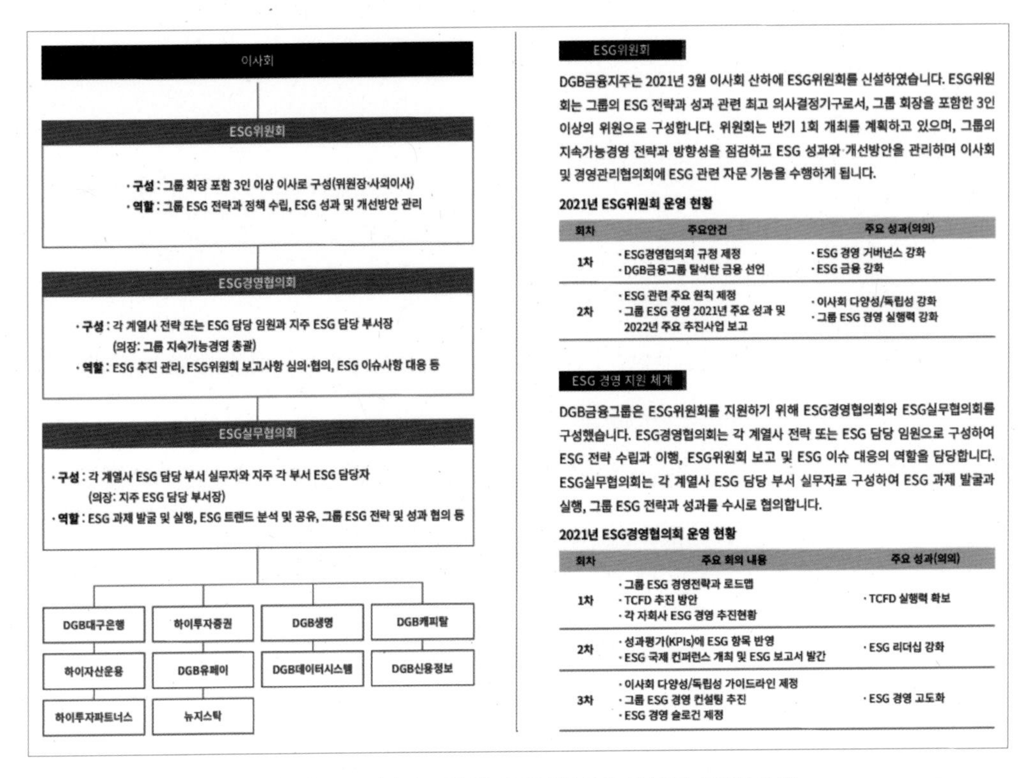

ESG위원회

DGB금융지주는 2021년 3월 이사회 산하에 ESG위원회를 신설하였습니다. ESG위원회는 그룹의 ESG 전략과 성과 관련 최고 의사결정기구로서, 그룹 회장을 포함한 3인 이상의 위원으로 구성합니다. 위원회는 반기 1회 개최를 계획하고 있으며, 그룹의 지속가능경영 전략과 방향성을 점검하고 ESG 성과와·개선방안을 관리하며 이사회 및 경영관리협의회에 ESG 관련 자문 기능을 수행하게 됩니다.

2021년 ESG위원회 운영 현황

회차	주요안건	주요 성과(의의)
1차	· ESG경영협의회 규정 제정 · DGB금융그룹 탈석탄 금융 선언	· ESG 경영 거버넌스 강화 · ESG 금융 강화
2차	· ESG 관련 주요 원칙 제정 · 그룹 ESG 경영 2021년 주요 성과 및 2022년 주요 추진사업 보고	· 이사회 다양성/독립성 강화 · 그룹 ESG 경영 실행력 강화

ESG 경영 지원 체계

DGB금융그룹은 ESG위원회를 지원하기 위해 ESG경영협의회와 ESG실무협의회를 구성했습니다. ESG경영협의회는 각 계열사 전략 또는 ESG 담당 임원으로 구성하여 ESG 전략 수립과 이행, ESG위원회 보고 및 ESG 이슈 대응의 역할을 담당합니다. ESG실무협의회는 각 계열사 ESG 담당 부서 실무자로 구성하여 ESG 과제 발굴과 실행, 그룹 ESG 전략과 성과를 수시로 협의합니다.

2021년 ESG경영협의회 운영 현황

회차	주요 회의 내용	주요 성과(의의)
1차	· 그룹 ESG 경영전략과 로드맵 · TCFD 추진 방안 · 각 자회사 ESG 경영 추진현황	· TCFD 실행력 확보
2차	· 성과평가(KPIs)에 ESG 항목 반영 · ESG 국제 컨퍼런스 개최 및 ESG 보고서 발간	· ESG 리더십 강화
3차	· 이사회 다양성/독립성 가이드라인 제정 · 그룹 ESG 경영 컨설팅 추진 · ESG 경영 슬로건 제정	· ESG 경영 고도화

[그림 44] ESG 거버넌스 (출처: DGB금융그룹 지속가능경영보고서)

사례 4	DGB금융그룹
· 의사 결정 조직 내에서도 이사회의 감독 업무와 경영진의 평가 · 관리 업무 실적을 구분하여 기재 · 실행 조직의 구성과 역할 등 전사적인 ESG 경영 조직 체계를 상세히 기재	

(3) 지속가능 경영을 위한 전사적인 리스크 관리 체계 운영

기업의 지속가능 경영과 관련된 위험과 기회를 관리하기 위해서는 예방적 접근 방식이 필요하다. 지속가능 경영을 위한 전사적 리스크 관리 체계의 구축은 기업의 장기적 가치와 회복 탄력성을 높이며 책임 있는 성장을 추진하는 데 매우 중요한 부분을 차지한다. 이러한 시스템에는 지속가능에 대한 기회를 활용하여 ESG 관련 위험 식별, 평가 및 완화하는 포괄적이고 체계적인 프로세스가 포함된다.

구성 요소	내용
리스크 관리 프레임워크	포괄적인 ESG 위험 관리 프레임워크를 수립하여 위험 성향, 범주 및 평가 방법론 정의
역할과 책임	조직 내 다양한 수준에서 ESG 리스크 관리에 대한 명확한 역할과 책임을 할당
위험 식별	다양한 요인과 추세를 고려하여 잠재적인 ESG 위험과 기회를 식별하기 위해 정기적인 평가를 수행
위험 평가 및 우선순위 지정	식별된 ESG 위험 및 기회를 가능성, 영향 및 중요성에 따라 평가하고 우선순위를 지정
위험 완화 전략	예방 및 적응 조치를 포함하여 식별된 ESG 위험 및 기회를 해결하기 위한 전략을 개발하고 구현
모니터링 및 검토	ESG 위험, 기회 및 위험 완화 효과를 지속적으로 모니터링하고 보고하기 위한 시스템 구축

[표 29] 전사 리스크관리 체계 (자체 제작)

효과적인 위험 관리 시스템의 운영은 위험 관리 프레임워크 설정, 역할 및 책임 할당, 위험 식별 및 우선순위 지정, 위험 완화 전략, 지속적인 모니터링 및 검토 등의 주요 구성 요소를 포함한다. ESG 리스크관리에 대한 전체론적 접근 방식을 채택함으로써 기업은 오늘날 비즈니스 환경의 복잡성을 탐색할 수 있고 빠르게 변화하는 시장 상황에 유연하게 적응하며 지속가능한 비즈니스 및 장기적인 가치 창출을 할 수 있게 된다.

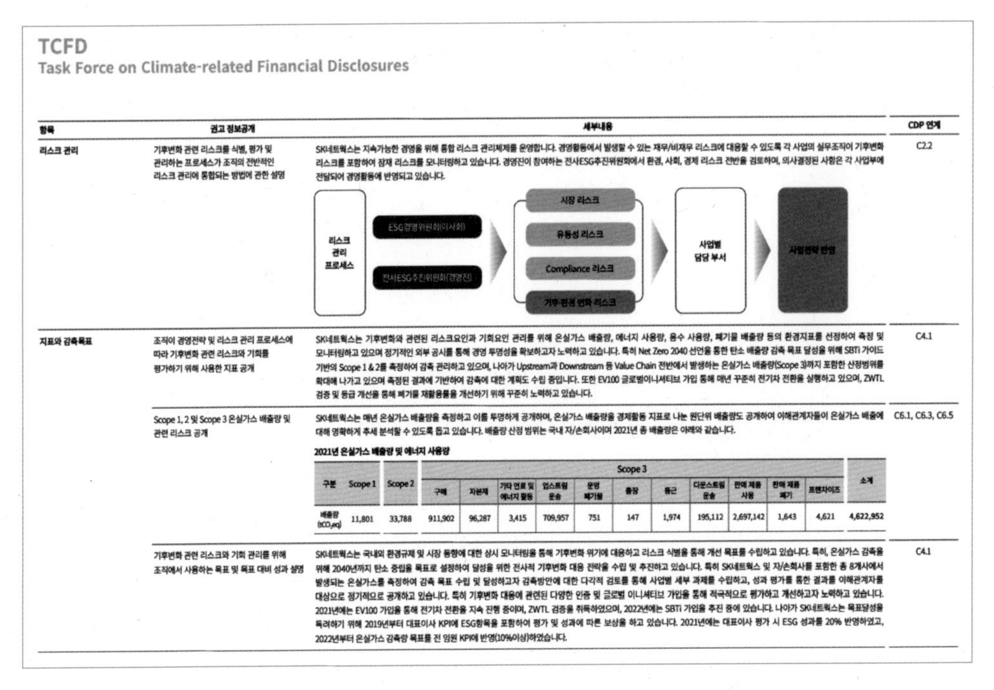

TCFD
Task Force on Climate-related Financial Disclosures

항목	권고 정보공개	세부내용	CDP 연계
리스크 관리	기후변화 관련 리스크를 식별, 평가 및 관리하는 프로세스가 조직의 전반적인 리스크 관리에 통합되는 방법에 관한 설명	SK네트웍스는 지속가능한 경영을 위해 통합 리스크 관리체제를 운영합니다. 경영활동에서 발생할 수 있는 재무/비재무 리스크에 대응할 수 있도록 각 사업의 실무조직이 기후변화 리스크를 포함하여 잠재 리스크를 모니터링하고 있습니다. 경영진이 참여하는 전사ESG추진위원회에서 환경, 사회, 경제 리스크 전반을 검토하며, 의사결정된 사항은 각 사업부에 전달되어 경영활동에 반영되고 있습니다. 리스크 관리 프로세스 / ESG경영위원회(이사회) / 전사ESG추진위원회(경영진) / 시장 리스크 / 유동성 리스크 / Compliance 리스크 / 기후·환경 변화 리스크 / 사업별 담당 부서 / 사업전략 반영	C2.2
지표와 감축목표	조직이 경영전략 및 리스크 관리 프로세스에 따라 기후변화 관련 리스크와 기회를 평가하기 위해 사용한 지표 공개	SK네트웍스는 기후변화와 관련된 리스크요인과 기회요인 관리를 위해 온실가스 배출량, 에너지 사용량, 용수 사용량, 폐기물 배출량 등의 환경지표를 선정하여 측정 및 모니터링하고 있으며 정기적인 외부 공시를 통해 경영 투명성을 확보하고자 노력하고 있습니다. 특히 Net Zero 2040 선언을 통한 탄소 배출량 감축 목표 달성을 위해 SBTi 가이드 기반의 Scope 1 & 2를 측정하여 감축 관리하고 있으며, 나아가 Upstream과 Downstream 등 Value Chain 전반에서 발생하는 온실가스 배출량(Scope 3)까지 포함한 산정범위를 확대해 나가고 있으며 측정된 결과에 기반하여 감축에 대한 계획도 수립 중입니다. 또한 EV100 글로벌이니셔티브 가입 통해 매년 꾸준히 전기차 전환을 실행하고 있으며, ZWTL 검증 및 등급 개선을 통해 폐기물 재활용률을 개선하기 위해 꾸준히 노력하고 있습니다.	C4.1
	Scope 1, 2 및 Scope 3 온실가스 배출량 및 관련 리스크 공개	SK네트웍스는 매년 온실가스 배출량을 측정하고 이를 투명하게 공개하며, 온실가스 배출량을 경제활동 지표로 나눈 원단위 배출량도 공개하여 이해관계자들이 온실가스 배출에 대해 명확하게 추세 분석할 수 있도록 돕고 있습니다. 배출량 산정 범위는 국내 자/손회사이며 2021년 총 배출량은 아래와 같습니다.	C6.1, C6.3, C6.5
	기후변화 관련 리스크와 기회 관리를 위해 조직에서 사용하는 목표 및 목표 대비 성과 설명	SK네트웍스는 국내외 환경규제 및 시장 동향에 대한 상시 모니터링을 통해 기후변화 위기에 대응하고 리스크 식별을 통해 개선 목표를 수립하고 있습니다. 특히, 온실가스 감축을 위해 2040년까지 탄소 중립을 목표로 설정하여 달성을 위한 전사적 기후변화 대응 전략을 수립 및 추진하고 있습니다. 특히 SK네트웍스 및 자/손회사를 포함한 총 8개사에서 발생되는 온실가스를 측정하여 감축 목표 수립 및 달성하고자 감축방안에 대한 다각적 검토를 통해 사업별 세부 과제를 수립하고, 성과 평가를 통한 결과를 이해관계자를 대상으로 정기적으로 공개하고 있습니다. 특히 기후변화 대응에 관련된 다양한 인증 및 글로벌 이니셔티브 가입을 통해 적극적으로 평가하고 개선하고자 노력하고 있습니다. 2021년에는 EV100 가입을 통해 전기차 전환을 지속 진행 중이며, ZWTL 검증을 취득하였으며, 2022년에는 SBTi 가입을 추진 중에 있습니다. 나아가 SK네트웍스는 목표달성을 독려하기 위해 2019년부터 대표이사 KPI에 ESG항목을 포함하여 평가 및 성과에 따른 보상을 하고 있습니다. 2021년에는 대표이사 평가 시 ESG 성과를 20% 반영하였고, 2022년부터 온실가스 감축량 목표를 전 임원 KPI에 반영(10%이상)하였습니다.	C4.1

2021년 온실가스 배출량 및 에너지 사용량

구분	Scope 1	Scope 2	Scope 3											소계
			구매	자본재	기타 연료 및 에너지 활동	업스트림 운송	운영 폐기물	출장	통근	다운스트림 운송	판매 제품 사용	판매 제품 폐기	프랜차이즈	
배출량 (tCO_2eq)	11,801	33,788	911,902	96,287	3,415	709,957	751	147	1,974	195,112	2,697,142	1,643	4,621	4,622,952

[그림 45] SK 네트웍스 TCFD (출처: SK네트웍스 지속가능경영보고서)

사례 5　　SK네트웍스

· 경영진이 참여하는 전사 ESG 추진위원회를 통해 환경 · 사회 · 경제 리스크 전반 검토
· 의사 결정 사항을 각 사업부에 전달하여 경영 활동에 반영

3) ESG 성과 지표 관리

비즈니스 환경이 발전하고 기업을 둘러싼 이해관계자의 기대치가 변화함에 따라 기업은 장기적 가치 창출과 기업 탄력성을 확보하기 위해 ESG 성과를 중요시하게 되었다. 이해관계자에게 지속가능 경영에 대한 ESG 성과 지표를 체계적으로 추적, 평가, 보고함으로써 기업은 개선 영역을 식별할 수 있으며, 지속가능 경영 목표를 향한 진행 상황 등을 입증함으로써 이해관계자로부터 신뢰를 쌓을 수 있다.

ESG 성과 지표 관리는 관련 지표 선택, 대상 및 벤치마크 설정, 데이터 수집 및 모니터링,

성과 분석 및 보고, 지속적인 개선, 직원 참여 및 이해관계자 참여를 포함한 다양한 구성 요소를 포함하고 있다. 또한, 외부 보증 및 검증을 통해 회사의 ESG 성과 데이터 및 보고에 대한 신뢰성을 강화할 수 있다. 결국 기업이 ESG 성과 지표 관리에 대한 구조화된 접근 방식 채택하게 된다면 기업은 지속가능 경영과 관련된 성과 관리를 위해 지속적인 개선이 가능하고 이해관계자와의 신뢰를 강화하며 책임 있는 비즈니스 관행 및 장기적인 가치 창출에 대한 약속을 보여 줄 수 있는 것이다.

구성 요소	설명
지표 선택	지속가능 목표, 업계 표준 및 이해관계자 기대치에 부합하는 관련 ESG 성과 지표 선택
목표 및 벤치마크	각 지표에 대해 명확하고 측정 가능하며 시간제한이 있는 목표 설정, 업계 벤치마크 또는 모범 사례 식별
데이터 수집	선택된 ESG 성과 지표에 대한 정확하고 신뢰할 수 있는 데이터 수집을 위해 시스템 및 프로세스를 개발
모니터링	성능 데이터를 정기적으로 모니터링하고 검토하여 진행 상황을 추적하고 새로운 추세 식별
분석 및 보고	목표 및 벤치마크에 대한 ESG 성과 평가하며 내부 및 외부 보고 채널을 통해 결과 전달
지속적인 개선	분석에서 얻은 통찰력을 사용하여 의사 결정에 정보를 제공하고, 개선 영역을 식별하고, 더 나은 결과를 위한 작업의 우선순위 지정
직원 참여	프로세스에 직원을 참여시키고 교육 및 리소스를 제공하여 지속가능 목표를 달성하는 데 있어 직원의 역할 이해
이해관계자 참여	이해관계자와 소통하여 ESG 성과 및 보고에 대한 피드백을 수집하고 기업과 이해관계자들 사이의 관점 통합
외부 검증	ESG 성과 데이터 및 보고에 대한 외부 보증 또는 검증을 받아 신뢰성을 높이는 것을 고려

[표 30] ESG 성과 지표 관리 프로세스 (자체 제작)

(1) 전략별 지속가능 경영 이행 목표와 성과 지표 제시

지속가능 경영 성과 목표 및 지표는 일반적으로 세 가지 주요 ESG 전략인 환경, 사회 및 지배 구조가 포함된다. 각 전략에 대해 기업과 관련된 구체적인 목표를 정의하고 관련 성과 지표를 선택함으로써 기업은 지속가능 노력과 진행 상황에 대한 종합적인 관점을 이해관계자에게 제공하게 되며 이로써 기업에 대한 신뢰성을 높일 수 있게 된다. 일부 기업에서는 지속가능 경영 추진 영역과 장기 목표, KPI를 연계하여 3개년도 핵심 지표 실적과 함께 공개하기도 한다.

① 환경 전략

목표	기업의 탄소 발자국을 줄이고 자원 효율성 향상
성과 지표	· 온실가스 배출량(Scope 1, 2, 3) · 에너지 소비량(총 및 생산 단위당) · 물 사용량(총 및 생산 단위당) · 폐기물 발생량(총 및 생산 단위당) · 재활용률

② 사회적 전략

목표	지역사회에 긍정적으로 기여하면서 다양하고 포용적이며 안전한 작업 환경 조성
성과 지표	· 직원 다양성(성별, 연령, 민족 등) · 직원 참여 및 만족도 수준 · 건강 및 안전 지표(사고 및 상해율) · 교육 및 개발 프로그램(직원당 시간) · 지역사회 투자(자선 기부, 봉사활동 등)

③ 거버넌스 전략

목표	높은 수준의 기업 지배 구조, 투명성 및 윤리적 행동 유지
성과지표	· 다양성(성별, 연령, 민족 등) · 이사회 독립성(사외이사 비율) · 경영진 보상(회사 실적 및 업계 벤치마크와 일치) · 반부패 및 뇌물 수수 정책(교육, 사고 및 개선) · ESG 리스크 관리 및 보고(국제 표준 및 모범 사례와 일치)

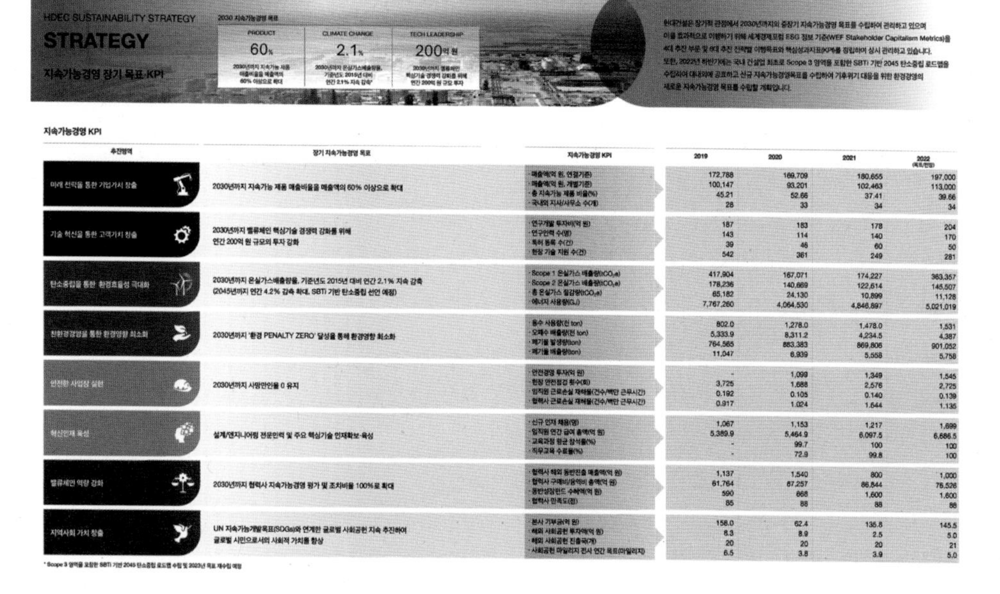

지속가능경영 KPI

추진영역	장기 지속가능경영 목표	지속가능경영 KPI	2019	2020	2021	2022 (목표/전망)
미래 전략을 통한 기업가치 창출	2030년까지 지속가능 제품 매출비율을 매출액의 60% 이상으로 확대	· 매출액(억 원, 연결기준)	172,788	169,709	180,655	197,000
		· 매출액(억 원, 개별기준)	100,147	93,201	102,463	113,000
		· 총 지속가능 제품 비율(%)	45.21	52.66	37.41	39.66
		· 국내외 지사/사무소 수(개)	28	33	34	34
기술 혁신을 통한 고객가치 창출	2030년까지 밸류체인 핵심기술 경쟁력 강화를 위해 연간 200억 원 규모의 투자 강화	· 연구개발 투자비(억 원)	187	183	178	204
		· 연구인력 수(명)	143	114	140	170
		· 특허 등록 수(건)	39	46	60	50
		· 현장 기술 지원 수(건)	542	361	249	281
탄소중립을 통한 환경효율성 극대화	2030년까지 온실가스배출량을, 기준년도 2015년 대비 연간 2.1% 지속 감축 (2045년까지 연간 4.2% 감축 확대, SBTi 기반 탄소중립 선언 예정)	· Scope 1 온실가스 배출량(tCO_2e)	417,904	167,071	174,227	363,357
		· Scope 2 온실가스 배출량(tCO_2e)	178,236	140,669	122,614	145,507
		· 총 온실가스 절감량(tCO_2e)	65,182	24,130	10,899	11,128
		· 에너지 사용량(GJ)	7,767,260	4,064,530	4,846,897	5,021,019
친환경경영을 통한 환경영향 최소화	2030년까지 '환경 PENALTY ZERO' 달성을 통해 환경영향 최소화	· 용수 사용량(천 ton)	802.0	1,278.0	1,478.0	1,531
		· 오폐수 배출량(천 ton)	5,333.9	8,311.2	4,234.5	4,387
		· 폐기물 발생량(ton)	764,565	883,383	869,806	901,052
		· 폐기물 배출량(ton)	11,047	6,939	5,558	5,758
안전한 사업장 실현	2030년까지 사망만인율 0 유지	· 안전경영 투자(억 원)	-	1,099	1,349	1,545
		· 현장 안전점검 횟수(회)	3,725	1,688	2,576	2,725
		· 임직원 근로손실 재해율(건수/백만 근무시간)	0.192	0.105	0.140	0.139
		· 협력사 근로손실 재해율(건수/백만 근무시간)	0.917	1.024	1.644	1.135
혁신인재 육성	설계/엔지니어링 전문인력 및 주요 핵심기술 인재확보·육성	· 신규 인재 채용(명)	1,067	1,153	1,217	1,699
		· 임직원 연간 급여 총액(억 원)	5,389.9	5,464.9	6,097.5	6,686.5
		· 교육과정 평균 참석률(%)	-	99.7	100	100
		· 직무교육 수료율(%)	-	72.9	99.8	100
밸류체인 역량 강화	2030년까지 협력사 지속가능경영 평가 및 조치비율 100%로 확대	· 협력사 해외 동반진출 매출액(억 원)	1,137	1,540	800	1,000
		· 협력사 구매비/용역비 총액(억 원)	61,764	87,257	86,844	76,526
		· 동반성장펀드 수혜액(억 원)	590	668	1,600	1,600
		· 협력사 만족도(점)	85	88	88	88
지역사회 가치 창출	UN 지속가능개발목표(SDGs)와 연계한 글로벌 사회공헌 지속 추진하여 글로벌 시민으로서의 사회적 가치를 향상	· 본사 기부금(억 원)	158.0	62.4	136.8	145.5
		· 해외 사회공헌 투자액(억 원)	8.3	8.9	2.5	5.0
		· 해외 사회공헌 진출국(개)	20	20	20	21
		· 사회공헌 마일리지 전사 연간 목표(마일리지)	6.5	3.8	3.9	5.0

* Scope 3 영역을 포함한 SBTi 기반 2045 탄소중립 로드맵 수립 및 2023년 목표 재수립 예정

[그림 46] 지속가능 경영 장기 목표·KPI (출처: 현대건설 지속가능경영보고서)

사례 6	현대건설
· 지속가능 경영 추진 영역과 장기 목표, KPI를 연계하여 3개년도 핵심 지표 실적 공개	

(2) 재무·비재무 성과를 통합 관리하는 자체 KPI 지표 마련

기업은 재정적 성공과 사회 및 환경에 대한 광범위한 영향 사이에서 균형을 유지해야 한다. 이 과제를 효과적으로 해결하려면 기업은 재무 및 비재무 성과의 통합 관리를 위해 자체 핵심 성과 지표(KPI)를 개발하여 운영해야 한다. ESG 요소를 모두 성과 측정 시스템에 통합함으로써 기업은 진행 상황을 전체적으로 이해하고 정보에 입각한 결정을 내려 기업의 장기적인 가치 창출이 가능하다.

과정	설명
전략적 목표 정의	수익 증대, 자원 효율성, 직원 복지, 기업 지배 구조와 같은 재무 및 비재무 영역의 미션, 비전 및 장기 목표를 고려하여 회사의 전략적 목표를 개략적으로 설명
관련 KPI 식별	· 기업의 전략적 목표와 일치하고 광범위한 재무 및 비재무적 측면을 다루는 일련의 관련 KPI를 선택 · 선택한 KPI가 측정이 가능하고 달성 가능하며 가치 창출과 명확한 연결이 있는지 확인
목표 및 벤치마크 설정	· 각 KPI에 대해 구체적이고 측정이 가능하며 시간제한이 있는 목표를 설정 · 성능 비교 및 평가를 용이하게 하기 위해 업계 벤치마크 또는 모범 사례를 식별
데이터 수집 및 모니터링	· 선택된 KPI에 대한 정확하고 신뢰할 수 있는 데이터를 수집하기 위한 시스템 및 프로세스 개발 · 성능 데이터를 정기적으로 모니터링하고 검토하여 설정된 목표에 대한 진행 상황을 추적하고 새로운 추세를 식별
KPI를 의사 결정에 통합	재무 및 비재무 KPI를 전략 계획, 투자 결정 및 운영 활동을 포함한 회사의 의사 결정 프로세스에 포함
KPI를 이해관계자에게 전달	회사의 통합 KPI를 직원, 투자자, 고객 및 규제 기관을 포함한 내부 및 외부 이해관계자에게 명확하게 전달하여 투명성과 책임성을 입증
지속적인 개선	통합 KPI 분석의 통찰력을 사용하여 의사 결정을 알리고, 개선 영역을 식별하고, 더 나은 재무 및 비재무 결과를 가져 오는 조치의 우선순위를 지정

과정	설명
정기 검토	KPI, 대상 및 데이터 수집 프로세스를 정기적으로 검토하고 업데이트하여 진화하는 비즈니스 조건 및 이해관계자의 기대에 비추어 지속적인 관련성과 효율성을 보장

[표 31] KPI 지표 수립 단계 (자체 제작)

포괄적인 KPI 세트를 구성하는 과정에는 전략적 목표 정의, 관련성 있고 측정이 가능한 지표 선택, 목표 및 벤치마크 설정, 데이터 수집 및 모니터링 프로세스 구현이 포함되며, 이러한 KPI 설정을 통해 내부 및 외부 이해관계자들에게 투명성과 책임을 입증할 수 있어야 한다. 재무 및 비재무 성과의 통합 관리를 위한 자체 KPI 지표를 마련함으로써 기업은 이해관계자의 기대에 맞게 기업 전략을 조정하고 지속적인 개선을 촉진하며 주주, 사회 및 환경을 위한 지속적인 가치를 창출할 수 있다. 기업의 KPI 지표 예시는 [표 36]을 예시로 들 수 있다.

카테고리	KPI 지표	설명
금융	수익 성장	특정 기간 동안의 수익 증가율을 측정하여 회사의 재무 성과
금융	영업 이익률	회사의 수익성과 효율성을 보여 주는 매출 대비 영업 이익의 비율을 계산
금융	투자 이익률(ROI)	투자된 자본에 대한 순이익의 비율로 표현되는 투자의 효율성을 평가
환경	온실가스 배출량	회사에서 발생하는 총 온실가스 배출량을 모니터링하여 환경 영향을 강조
환경	에너지 효율	소비된 에너지와 생성된 출력의 비율을 추적하여 자원 절약에 대한 회사의 노력을 강조
환경	용수 사용량	회사의 물 관리 관행 및 효율성을 반영하여 총 물 소비량을 정량화
소셜	직원 참여	회사의 성공에 대한 직원의 만족도, 헌신 및 참여도를 평가
소셜	다양성과 포용성	다양하고 포용적인 작업 환경을 조성하려는 회사의 노력을 평가

카테고리	KPI 지표	설명
소셜	커뮤니티 투자	자선 활동, 자원 봉사 또는 기타 이니셔티브를 통해 지역 사회에 대한 회사의 기여도 측정
거버넌스	이사회 다양성 및 독립성	회사의 이사회 구성을 다양성과 사외이사 비율 측면에서 평가
거버넌스	규제 및 윤리 기준 준수	회사의 법률, 규정 및 윤리 지침 준수를 모니터링하고 책임 있는 행동 관련 평가

[표 32] KPI 지표 수립 단계 (자체 제작)

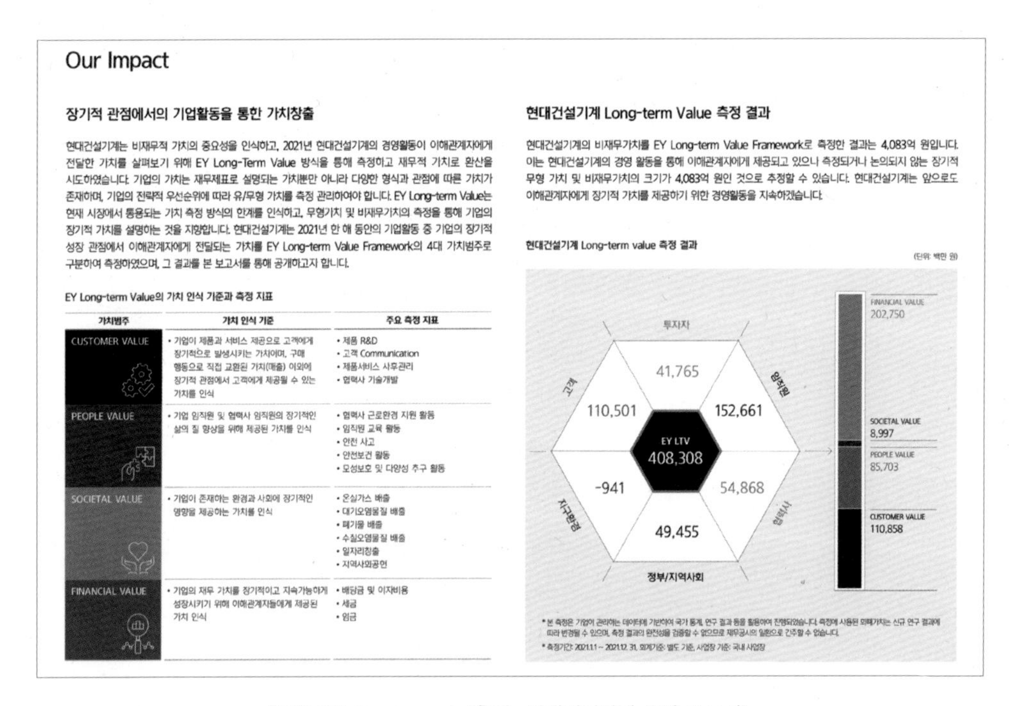

Our Impact

장기적 관점에서의 기업활동을 통한 가치창출

현대건설기계는 비재무적 가치의 중요성을 인식하고, 2021년 현대건설기계의 경영활동이 이해관계자에게 전달한 가치를 살펴보기 위해 EY Long-Term Value 방식을 통해 측정하고 재무적 가치로 환산을 시도하였습니다. 기업의 가치는 재무제표로 설명되는 가치뿐만 아니라 다양한 형식과 관점에 따른 가치가 존재하며, 기업의 전략적 우선순위에 따라 유/무형 가치를 측정 관리하여야 합니다. EY Long-term Value는 현재 시장에서 통용되는 가치 측정 방식의 한계를 인식하고, 무형가치 및 비재무가치의 측정을 통해 기업의 장기적 가치를 설명하는 것을 지향합니다. 현대건설기계는 2021년 한 해 동안의 기업활동 중 기업의 장기적 성장 관점에서 이해관계자에게 전달되는 가치를 EY Long-term Value Framework의 4대 가치범주로 구분하여 측정하였으며, 그 결과를 본 보고서를 통해 공개하고자 합니다.

EY Long-term Value의 가치 인식 기준과 측정 지표

가치범주	가치 인식 기준	주요 측정 지표
CUSTOMER VALUE	• 기업이 제품과 서비스 제공으로 고객에게 장기적으로 발생시키는 가치이며, 구매 행동으로 직접 교환된 가치(매출) 이외에 장기적 관점에서 고객에게 제공될 수 있는 가치를 인식	• 제품 R&D • 고객 Communication • 제품서비스 사후관리 • 협력사 기술개발
PEOPLE VALUE	• 기업 임직원 및 협력사 임직원의 장기적인 삶의 질 향상을 위해 제공된 가치를 인식	• 협력사 근로환경 지원 활동 • 임직원 교육 활동 • 안전 사고 • 안전보건 활동 • 모성보호 및 다양성 추구 활동
SOCIETAL VALUE	• 기업이 존재하는 환경과 사회에 장기적인 영향을 제공하는 가치를 인식	• 온실가스 배출 • 대기오염물질 배출 • 폐기물 배출 • 수질오염물질 배출 • 일자리창출 • 지역사회공헌
FINANCIAL VALUE	• 기업의 재무 가치를 장기적이고 지속가능하게 성장시키기 위해 이해관계자들에게 제공된 가치 인식	• 배당금 및 이자비용 • 세금 • 임금

현대건설기계 Long-term Value 측정 결과

현대건설기계의 비재무가치를 EY Long-term Value Framework로 측정한 결과는 4,083억 원입니다. 이는 현대건설기계의 경영 활동을 통해 이해관계자에게 제공되고 있으나 측정되거나 논의되지 않는 장기적 무형 가치 및 비재무가치의 크기가 4,083억 원인 것으로 추정할 수 있습니다. 현대건설기계는 앞으로도 이해관계자에게 장기적 가치를 제공하기 위한 경영활동을 지속하겠습니다.

현대건설기계 Long-term value 측정 결과

(단위: 백만 원)

* 본 측정은 기업이 관리하는 데이터에 기반하여 국가 통계, 연구 결과 등을 활용하여 진행되었습니다. 측정에 사용된 화폐가치는 신규 연구 결과에 따라 변경될 수 있으며, 측정 결과의 완전성을 검증할 수 없으므로 재무공시의 일환으로 간주할 수 없습니다.

* 측정기간: 2021.1.1 ~ 2021.12. 31, 회계기준: 별도 기준, 사업장 기준: 국내 사업장

[그림 47] Our Impact (출처: 현대건설기계 통합 보고서)

사례 7	현대건설기계

· 회사 중장기 전략 과제와 연계하여 재무와 비재무 성과를 통합 관리하기 위한 Sustainable Value Framework를 도출

· 비재무 가치를 재무적 가치로 환산하여 관리

4) 중대성 평가

빠르게 진화하는 기업 환경에서 기업은 점점 더 광범위한 환경, 사회 및 거버넌스 문제를 해결해야 한다. 복잡한 문제를 효과적으로 관리하고 이해관계자의 기대를 충족하기 위해 조직은 중대성 평가를 수행해야 한다. 중대성 평가 프로세스를 통해 기업은 운영, 명성 및 재무 성과에 영향을 미치는 가장 중요한 ESG 요소를 식별하고 우선순위를 지정하여 집중하는 동시에 이해관계자와 기업 사이의 문제를 해결해 나갈 수 있다.

중대성 평가 프로세스는 잠재적인 ESG 이슈 식별, 이해관계자 참여, 각 이슈의 영향 및 관련성 분석, 중요도에 따라 우선순위 지정 등 다양한 단계를 포함한다. 기업은 중대성 평가 결과를 전략 계획, 의사 결정 및 지속가능 보고에 포함함으로써 리소스를 보다 효율적으로 할당하고 조직과 이해관계자들에게 ESG 우선순위를 쉽게 안내할 수 있게 된다.

단계	설명
식별	산업별 요인 및 글로벌 추세를 고려하여 조직과 관련된 잠재적 ESG 문제 목록을 작성
참여	ESG 문제에 대한 그들의 관점과 기대치를 이해하기 위해 내부 및 외부 이해관계자로부터 의견을 수집
분석	식별된 각 ESG 문제의 중요성을 조직 및 이해관계자의 관심사에 대한 잠재적 영향을 기반으로 평가
우선순위 지정	평가된 영향 및 관련성을 기준으로 ESG 문제의 순위를 매기고 중요도를 시각화하기 위한 중요성 매트릭스를 생성
확인	이해관계자와 중요성 평가 결과를 검증하여 전략적 목표 및 모범 사례와 일치하는지 확인
통합	우선순위가 지정된 ESG 문제를 조직의 전략, 의사 결정 프로세스 및 지속가능 보고에 통합
모니터링	비즈니스 환경 및 이해관계자 기대치의 변화를 설명하기 위해 중요성 평가를 정기적으로 검토 및 업데이트

[표 33] 중대성 평가 프로세스 (자체 제작)

(1) 이중 중대성 평가 실시

이중 중대성 평가는 기업이 ESG와 연결된 문제를 평가하기 위한 포괄적인 접근 방식으로 기업의 ESG 위험, 기회 및 영향을 이해하는 것에 도움을 준다. 이중 중대성 평가는 ESG 이슈가 기업의 운영, 명성, 재무적 성과에 미치는 잠재적 영향을 포괄하는 재무적 중대성과 기업이 사회와 환경에 미치는 영향을 다루는 외부 중대성을 모두 고려하게 된다. 두 가지의 관점을 모두 포괄함으로써 기업은 이해관계자의 기대에 부합하고 장기적인 가치 창출을 위한 효과적인 전략 개발이 가능하게 된다.

이중 중대성 평가 수행에는 잠재적 ESG 문제 식별, 이해관계자 참여, 재무 및 외부 중요성 평가, 문제 우선순위 지정, 결과 검증, 결과를 의사 결정 프로세스에 통합, 모니터링 등이 포함되며 이러한 기업의 접근 방식은 이해관계자들로부터 기업의 신뢰성 확보에 큰 역할을 한다.

단계	설명
이슈 식별	산업별 요인, 이해관계자의 관심사, 규제 요구 사항 및 글로벌 지속가능 동향을 고려하여 조직과 더 넓은 사회 또는 환경에 영향을 미칠 수 있는 잠재적 ESG 이슈의 포괄적인 목록 작성
이해관계자 참여	직원, 고객, 투자자, 공급 업체, 규제 기관 및 커뮤니티와 같은 내부 및 외부 이해관계자와 협의하여 ESG 문제에 대한 관점과 기대치 이해
재무 중요성 평가	· 식별된 ESG 문제가 조직의 운영, 평판 및 재무 성과에 미치는 잠재적 영향을 분석 · 운영 위험, 법률 및 규정 준수, 시장 기회와 같은 요소 고려
외부 중요성 평가	기후 변화, 자원 고갈, 사회적 불평등 및 기타 ESG 관련 문제에 대한 회사의 기여도를 고려하여 회사가 사회 및 환경에 미치는 영향을 평가
이슈 우선순위 지정	재정 및 외부 중요성을 기준으로 ESG 이슈의 순위를 매기고 두 가지 관점에서 각 이슈의 상대적 중요성을 시각적으로 나타내는 이중 중요성 매트릭스 생성
검증 및 검토	내부 및 외부 이해관계자와 함께 이중 중요성 평가 결과를 검증하고 조직의 전략적 목표 및 업계 모범 사례와 일치하는지 확인
통합 및 소통	우선 순위가 지정된 ESG 이슈를 조직의 전략, 의사결정 프로세스 및 지속가능 보고에 통합하여 이중 중요성 평가 결과를 이해관계자에게 효과적으로 전달

단계	설명
모니터링 및 업데이트	비즈니스 환경, 이해관계자 기대치 및 새로운 ESG 동향의 변화를 설명하기 위해 이중 중요성 평가를 정기적으로 검토하고 업데이트

[표 34] 이중 중대성 평가 수행 단계 (자체 제작)

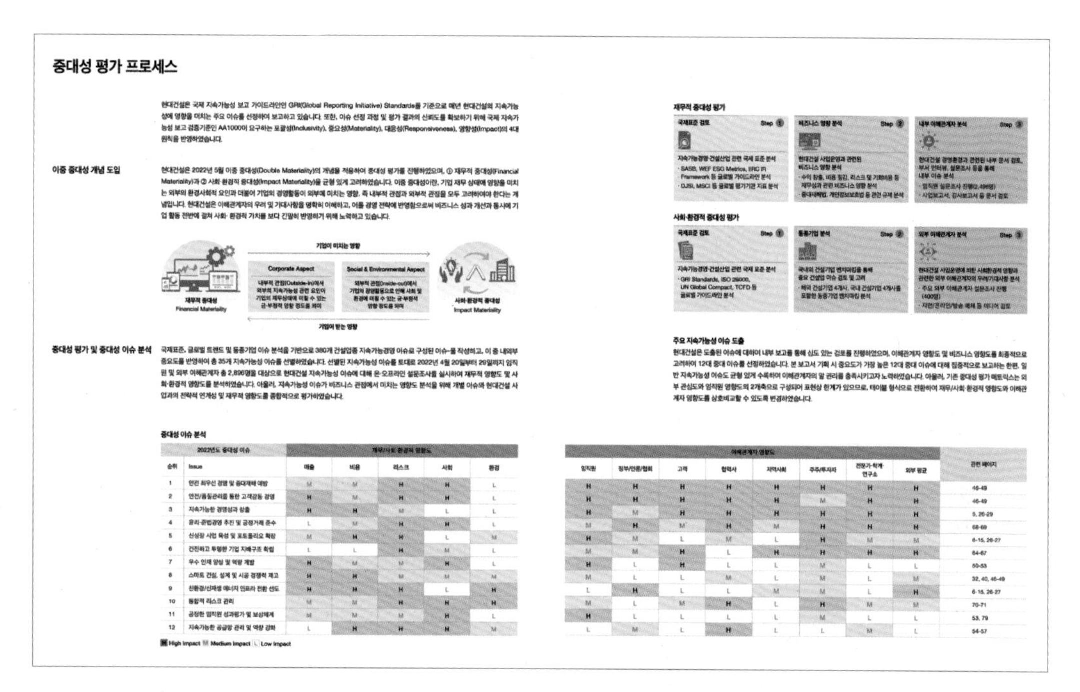
중대성 평가 프로세스

현대건설은 국제 지속가능성 보고 가이드라인인 GRI(Global Reporting Initiative) Standards를 기준으로 매년 현대건설의 지속가능성에 영향을 미치는 주요 이슈를 선정하여 보고하고 있습니다. 또한, 이슈 선정 과정 및 평가 결과의 신뢰도를 확보하기 위해 국제 지속가능성 보고 검증기준인 AA1000이 요구하는 포괄성(Inclusivity), 중요성(Materiality), 대응성(Responsiveness), 영향성(Impact)의 4대 원칙을 반영하였습니다.

이중 중대성 개념 도입

현대건설은 2022년 5월 이중 중대성(Double Materiality)의 개념을 적용하여 중대성 평가를 진행하였으며, ① 재무적 중대성(Financial Materiality)과 ② 사회·환경적 중대성(Impact Materiality)을 균형 있게 고려하였습니다. 이중 중대성이란, 기업 재무 상태에 영향을 미치는 외부의 환경사회적 요인과 더불어 기업의 경영활동이 외부에 미치는 영향, 즉 내부적 관점과 외부적 관점을 모두 고려하여야 한다는 개념입니다. 현대건설은 이해관계자의 우려 및 기대사항을 명확히 이해하고, 이를 경영 전략에 반영함으로써 비즈니스 성과 개선과 동시에 기업 활동 전반에 걸쳐 사회·환경적 가치를 보다 긴밀히 반영하기 위해 노력하고 있습니다.

중대성 평가 및 중대성 이슈 분석

국제표준, 글로벌 트렌드 및 동종기업 이슈 분석을 기반으로 380개 건설업종 지속가능경영 이슈로 구성된 이슈-풀 작성하고, 이 중 내외부 중요도를 반영하여 총 35개 지속가능성 이슈를 선별하였습니다. 선별된 지속가능성 이슈를 토대로 2022년 4월 20일부터 29일까지 임직원 및 외부 이해관계자 총 2,896명을 대상으로 현대건설 지속가능성 이슈에 대해 온·오프라인 설문조사를 실시하여 재무적 영향도 및 사회·환경적 영향도를 분석하였습니다. 아울러, 지속가능성 이슈가 비즈니스 관점에서 미치는 영향도 분석을 위해 개별 이슈와 현대건설 사업과의 전략적 연계성 및 재무적 영향도를 종합적으로 평가하였습니다.

재무적 중대성 평가

국제표준 검토 Step 1
지속가능경영·건설산업 관련 국제 표준 분석
· SASB, WEF ESG Metrics, IIRC IR Framework 등 글로벌 가이드라인 분석
· DJSI, MSCI 등 글로벌 평가기관 지표 분석

비즈니스 영향 분석 Step 2
현대건설 사업운영과 관련된 비즈니스 영향 분석
· 수익 창출, 비용 절감, 리스크 및 기회비용 등 재무성과 관련 비즈니스 영향 분석
· 중대재해법, 개인정보보호법 등 관련 규제 분석

내부 이해관계자 분석 Step 3
현대건설 경영환경과 관련된 내부 문서 검토, 부서 인터뷰, 설문조사 등을 통해 내부 이슈 분석
· 임직원 설문조사 진행(2,496명)
· 사업보고서, 감사보고서 등 문서 검토

사회·환경적 중대성 평가

국제표준 검토 Step 1
지속가능경영·건설산업 관련 국제 표준 분석
· GRI Standards, ISO 26000, UN Global Compact, TCFD 등 글로벌 가이드라인 분석

동종기업 분석 Step 2
국내외 건설기업 벤치마킹을 통해 중요 건설업 이슈 검토 및 고려
· 해외 건설기업 4개사, 국내 건설기업 4개사를 포함한 동종기업 벤치마킹 분석

외부 이해관계자 분석 Step 3
현대건설 사업운영에 의한 사회환경적 영향과 관련한 외부 이해관계자의 우려/기대사항 분석
· 주요 외부 이해관계자 설문조사 진행(400명)
· 지면/온라인/방송 매체 등 미디어 검토

주요 지속가능성 이슈 도출

현대건설은 도출된 이슈에 대하여 내부 보고를 통해 심도 있는 검토를 진행하였으며, 이해관계자 영향도 및 비즈니스 영향도를 최종적으로 고려하여 12대 중대 이슈를 선정하였습니다. 본 보고서 기획 시 중요도가 가장 높은 12대 중대 이슈에 대해 집중적으로 보고하는 한편, 일반 지속가능성 이슈도 균형 있게 수록하여 이해관계자의 알 권리를 충족시키고자 노력하였습니다. 아울러, 기존 중대성 평가 매트릭스는 외부 관심도와 임직원 영향도의 2개축으로 구성되어 표현상 한계가 있으므로, 테이블 형식으로 전환하여 재무/사회·환경적 영향도와 이해관계자 영향도를 상호비교할 수 있도록 변경하였습니다.

중대성 이슈 분석

2022년도 중대성 이슈		재무/사회·환경적 영향도					이해관계자 영향도								관련 페이지
순위	Issue	매출	비용	리스크	사회	환경	임직원	정부/언론/협회	고객	협력사	지역사회	주주/투자자	전문가·학계·연구소	외부 평균	
1	안전 최우선 경영 및 중대재해 예방	M	M	H	H	L	H	H	H	H	H	H	H	H	46-49
2	안전/품질관리를 통한 고객감동 경영	H	M	H	H	L	H	H	H	H	H	M	H	H	46-49
3	지속가능한 경영성과 창출	H	H	M	L	L	H	M	H	H	H	H	H	H	5, 26-29
4	윤리·준법경영 추진 및 공정거래 준수	L	M	H	H	L	M	H	M	H	M	H	H	H	68-69
5	신성장 사업 육성 및 포트폴리오 확장	M	H	H	L	M	H	M	L	M	L	H	M	M	6-15, 26-27
6	건전하고 투명한 기업 지배구조 확립	L	L	H	M	L	M	M	H	L	H	H	H	H	64-67
7	우수 인재 양성 및 역량 개발	H	M	M	H	L	H	L	H	L	L	M	L	L	50-53
8	스마트 건설, 설계 및 시공 경쟁력 제고	H	H	M	M	M	M	L	L	M	L	M	L	M	32, 40, 46-49
9	친환경/신재생 에너지 인프라 전환 선도	H	H	H	L	H	L	H	L	L	M	M	L	H	6-15, 26-27
10	통합적 리스크 관리	M	M	H	H	H	M	L	M	H	L	H	M	M	70-71
11	공정한 임직원 성과평가 및 보상체계	M	M	M	H	L	H	L	L	L	L	M	L	L	53, 79
12	지속가능한 공급망 관리 및 역량 강화	L	H	H	H	M	L	M	L	H	L	L	M	L	54-57

H High Impact M Medium Impact L Low Impact

[그림 48] 중대성 평가 프로세스 (출처:현대 건설 지속가능경영보고서)

사례 8	현대건설
· 이중 중대성 이슈 분석을 통해 재무·사회·환경적 영향도와 이해관계자 영향도 상호 비교	

(2) 핵심 이슈에 대한 다층적 포괄적 서술

핵심 이슈에 대한 다층적이고 포괄적인 설명은 이러한 기업의 ESG 과제 요소를 이해하는 데 전체적인 접근 방식을 제공하여 기업의 효과적인 지속가능한 전략 개발에 도움을 준다. 다층적 포괄적 서술은 ESG 문제의 핵심을 파헤치고 맥락, 식별, 근본적인 원인, 상호 의존성, 영향 및 결과를 탐구하는 것으로 문제별 관련된 기회와 위험을 고려하고 이해관계자의 관점을 통합하며 모범 사례와 벤치마크 등을 다루게 된다.

다층적 포괄적 서술은 다각도로 ESG 문제를 검토함으로써 기업은 시너지 효과, 장단점 및 개선 영역을 식별하여 궁극적으로 지속가능 경영 성과를 향상하고 가치를 창출할 수 있게 해준다. 핵심 이슈와 기재된 페이지를 적시함에 있어 이슈에 대한 구체적 정의와 중요성, 관리 전략, 주요성과 및 향후 계획 등에 관해 보고한다.

구성 요소	설명
맥락	식별된 ESG 문제에 대한 맥락을 설정하기 위해 산업, 시장 동향 및 규제 환경에 대한 배경 정보 제공
식별	각각의 주요 ESG 문제를 명확하게 정의하고 설명하여 범위, 규모 및 조직 및 해당 이해 관계자와의 관련성을 간략하게 설명
원인 및 모티베이션	운영 관행, 산업 역학 및 글로벌 과제와 같은 측면을 고려하여 식별된 ESG 문제의 출현 및 지속에 기여하는 근본적인 요인을 분석
상호 의존성	주요 ESG 문제 간의 관계 및 상호 작용을 조사하여 이를 해결하는 데 발생할 수 있는 잠재적인 시너지 효과 또는 장단점을 강조
영향 및 결과	ESG 문제가 조직의 재무 성과, 평판 및 이해관계자 관계에 미치는 잠재적인 단기 및 장기 영향뿐만 아니라 사회 및 환경에 미치는 광범위한 영향 평가
기회 및 위험	시장 수요, 경쟁 구도 및 규제 개발과 같은 요소를 고려하여 ESG 문제와 관련된 잠재적 가치 창출 기회 및 위험을 식별
이해관계자 관점	다양한 내외부 이해관계자의 관점과 기대를 반영하여 ESG 이슈에 대한 관심과 우선순위를 반영
모범 사례 및 벤치마크	동종 기업과 비교하여 업계 모범 사례 및 벤치마크 성능을 조사하여 격차, 강점 및 개선 영역을 식별

[표 35] 다층적 포괄적 서술에서 다루는 내용 (자체 제작)

보고핵심이슈 관리방식(Management Approach)

순위 보고 핵심이슈	이슈 정의	이슈 중요성	BNK의 관리 전략	2021년 주요 성과	향후 계획	보고 경계	보고 페이지
❶ 혁신성장 지원으로 지역경제 활성화 기여	지역 기업에 대한 금융 지원 및 경영컨설팅 등을 통한 지역 경제성장 기여	BNK금융그룹은 동남권 대표 금융기관으로서 지역사회와의 상생을 통해 성장해왔습니다. 지역경제 활성화는 BNK금융그룹의 성장의 기반이자 금융기관이 가지는 기업의 사회적 책임입니다. 지역 내 금융서비스를 효과적으로 제공하여 지역경제 활성화 및 균형발전에 기여할 수 있습니다. 지역 내 이해관계자의 높은 관심가지고 있는 이슈이며 비즈니스 영향도와 사회적 관심도가 모두 높은 이슈입니다.	BNK금융그룹은 지역경제 발전을 위해 지역 내 일자리 창출 및 부산·울산·경남 지역 내 혁신기업과 스타트업에 대한 금융을 지원하고 있으며, 기술우수 중소기업을 지원하기 위한 기술금융 전담조직을 운영하고 있습니다.	· 지역 경제 활성화를 위한 지역화폐 및 지역 상품권 판매 지원 · 2021년 10월 부산지방중소벤처기업청과 업무협약을 체결하여 '부산 벤처·창업 페스티벌'을 공동으로 개최하는 등 지역기업의 성장 지원	혁신성장기업 및 유망기업 발굴, 일자리창출 지원 등 지역 경제 활성화 사업을 지속적으로 추진할 예정입니다.	고객, 지역사회, 협력사	58~60
❷ 디지털 전환 가속화를 통한 미래 성장동력 확보	핀테크 빅테크와의 전략적 업무제휴, 모바일 중심 비대면 플랫폼 인프라 개선, 디지털 조직 구축 등을 통해 신속한 디지털 전환 추진	4차 산업혁명과 급변하는 디지털 환경 속에서 사물인터넷, 인공지능, 빅데이터 등 혁신적 기술이 접목된 새로운 금융서비스가 도입되고 있습니다. BNK금융그룹은 디지털 역량을 강화하고 디지털 혁신 및 전환으로 금융업의 새로운 비즈니스 기회를 창출하는 것이 중요합니다. 디지털을 통한 미래 성장동력 확보는 사회적 관심도가 높은 이슈입니다.	BNK금융그룹은 디지털 추진 로드맵을 수립하여 디지털 전환을 체계적으로 이행하고, 모바일·영업점·고객센터 등 대고객 채널의 디지털 혁신을 추진합니다.	· BNK디지털센터를 개소하여 그룹의 디지털 핵심 역량 강화 · 디지털 전환 로드맵 이행 · 부산은행은 지역 내 여러 대학 및 기업과 MOU를 체결하여, 블록체인 기반의 디지털 지갑인 디지털 바우처 제공	모바일앱 경쟁력 및 고객맞춤형 디지털 서비스를 강화하여 지속적인 성장 기반을 구축하고, 디지털 신기술을 적극적으로 도입하여 업무 효율성을 향상해 나갈 것입니다.	고객, 임직원, 협력사	47~51
❸ 윤리경영 체계 및 내부통제 강화	부패 및 뇌물수수 방지 등 투명하고 공정한 기업활동 이행하여 법적 제재나 재무적 손실, 평판 훼손 등 방지	BNK금융그룹은 금융서비스를 제공하는 금융기관으로 높은 수준의 윤리의식과 윤리경영 관리체계가 요구됩니다. 투명하고 공정한 기업윤리를 경영활동 전반에 정착하고 금융당국의 규제를 준수하여 사회적 신뢰를 유지하는 것이 중요합니다. 윤리경영 및 내부통제 강화는 비즈니스 영향도와 사회적 관심도가 모두 높은 이슈입니다.	BNK금융그룹은 전사 윤리경영 체계 정착과 윤리문화 내재화를 위해 윤리경영 가치를 전 계열사와 공유하고 행동규범을 준수할 수 있는 윤리경영 실천 프로그램을 운영합니다. 또한 내부통제시스템을 강화하고 있습니다.	· 주기적으로 준법감시담당자 주관의 윤리교육을 실시하여 임직원의 윤리의식 제고 · 임직원을 대상으로 윤리강령, 행동규범, 윤리강령 실천 행동원칙 등 교육	전사 윤리경영 실천 프로그램 운영을 확대하고, 계열사의 내부통제 모니터링을 강화해 나갈 것입니다.	고객, 임직원, 정부 및 감독기관	67~70

[그림 49] 보고 핵심 이슈 관리 방식 (출처: BNK 금융지주 지속가능경영보고서)

사례 9	BNK 금융지주

· 핵심 이슈가 기재된 페이지를 적시함에 있어 이슈에 대한 구체적 정의와 중요성, 관리 전략, 주요 성과 및 향후 계획 등에 관해 요약

· 추가 서술. 이슈 우선순위에 따라 포괄적이며 균형 잡힌 방식으로 보고

5) ESG 데이터

지속가능경영보고서와 ESG 데이터 간의 관계는 공생 관계로 ESG 데이터는 유익하고 투명한 지속가능경영보고서 작성을 위한 기반이 된다. 이러한 맥락에서 ESG 데이터는 책임 있는 비즈니스 관행에 대한 기업의 약속을 입증하고, 성과를 측정하며, 이해관계자에게 환경, 사회 및 거버넌스 노력에 대해 알리는 중요한 구성 요소로 부상했다. 반면, 지속가능경영보고서는 기업의 진행 상황과 과제 및 포부를 전달할 수 있는 플랫폼의 역할을 한다.

ESG 데이터와 지속가능경영보고서를 통합함으로써 기업은 중요한 ESG 문제를 해결하기 위한 노력을 보여 줄 수 있을 뿐만 아니라 기업 평판을 강화하고 이해관계자와의 신뢰를 구축하는 역할을 한다. 지속가능경영보고서와 ESG 데이터의 관계 및 역할의 주요 측면은 다음 [표 40]과 같다.

역할	설명
보고 기준	· ESG 데이터는 포괄적인 지속가능경영보고서를 작성하는 데 필요한 정량적 및 정성적 정보를 제공 · 기업은 ESG 데이터를 수집 및 분석하여 다양한 ESG 차원에서 성과를 평가하고 추세를 파악하며 개선 목표를 설정
진행 상황 입증	· ESG 데이터를 통해 기업은 지속 가능성 목표 및 약속을 충족하기 위한 진행 상황에 대해 추적 및 전달 가능 · 이해 관계자는 중요한 ESG 문제를 해결하고 긍정적인 변화를 주도하는 회사의 노력 평가
이해관계자 참여	· ESG 데이터는 투자자, 고객, 직원, 규제 기관 및 NGO와 같은 이해관계자와 소통하기 위한 귀중한 리소스 역할 담당 · 관련 ESG 데이터를 공개함으로써 기업은 이해관계자의 우려 사항을 해결하고 질문에 응답하며 지속 가능성 문제에 대한 열린 대화 유지
벤치마킹 및 비교	· ESG 데이터를 통해 업계 및 모범 사례에 대한 벤치마킹은 물론 확립된 지속 가능성 표준 및 프레임워크에 대한 회사의 성과 평가 가능 · 기업은 강점과 개선 영역을 식별하고 업계 참가자 간의 건전한 경쟁 촉진

역할	설명
정보에 입각한 의사결정	· ESG 데이터는 조직의 ESG 위험 및 기회에 대한 통찰력을 제공하여 정보에 입각한 의사 결정 지 · 기업은 리소스를 효과적으로 할당하고, 이니셔티브의 우선순위를 정하고, 장기적인 지속가능을 위한 전략적 계획 개발
위험 관리	· ESG 데이터는 잠재적인 ESG 위험을 식별하고 평가하는 데 도움이 되므로 기업이 효과적인 완화 조치를 구현하고 부정적인 재무, 운영 및 평판 결과에 대한 노출을 줄일 수 있음
투자자 관계	· ESG 데이터는 회사의 장기적인 생존 가능성과 성장 잠재력에 대한 통찰력을 제공하기 때문에 점점 더 많은 투자자들이 투자 결정에 ESG 데이터를 고려 · 지속가능경영보고서에 ESG 데이터를 공개하면 책임 있는 투자자를 유치하고 회사의 자본 접근성을 높일 수 있음

[표 36] ESG 데이터의 관계 및 역할 (자체 제작)

(1) 환경 데이터

기후 변화, 자원 고갈로 인한 환경 문제가 점점 심각해지면서 기업은 환경에 대한 책임을 지고 지구에 미치는 영향을 최소화하기 위해 노력해야 한다. 환경 데이터는 기업이 환경에 미치는 영향을 모니터링하기 위해 수집, 측정 및 보고하는 정략적 및 정성적 정보를 의미하며, 이 데이터는 기업의 생태 발자국을 이해하고 개선이 필요한 영역을 식별하며 환경 규정 준수 여부에 대해 평가할 때 필수적이다. 환경 데이터의 주요 유형은 다음 [표 41]과 같다.

유형	설명
온실 가스 배출량	기업 운영에서 배출되는 이산화탄소(CO_2) 및 기타 온실가스의 양에 대한 데이터
에너지 사용량	전기, 천연가스 및 기타 연료원을 포함한 회사의 총 에너지 사용량 및 재생 에너지 활용 비율에 대한 정보
용수 사용량	담수 취수량, 용수 재활용량, 폐수 배출량 등 조직에서 사용하는 물의 양에 관한 자료

유형	설명
폐기물 관리	회사에서 발생하는 폐기물의 양과 유형에 대한 정보(유해 및 비유해 폐기물 포함), 폐기물 감소, 재활용 및 폐기 관행
대기질	이산화황(SO_2), 질소산화물(NOx), 미세먼지(PM) 등 지역 대기질에 영향을 미치고 스모그와 산성비를 유발할 수 있는 대기 오염 물질 배출에 대한 데이터
토지 이용	지속가능한 토지 관리 관행을 촉진하기 위해 취한 조치와 같이 생태계 및 서식지에 대한 조직의 영향에 대한 정보
환경 규정 준수	조직의 환경 법률 및 규정 준수, 위반으로 인한 벌금, 벌칙 또는 사건에 대한 데이터.

[표 37] 환경 데이터 주요 유형 (자체 제작)

기후변화 대응

전략 SK네트웍스는 기후변화를 포함한 환경 관련 이슈에 적극적으로 대응하고자 2021년 3월, 이사회 의결을 통해 CEO와 사외이사 5인으로 구성된 ESG경영위원회를 신설하였습니다. 사내 주요 경영진과 자회사 대표가 참여하는 전사ESG추진위원회를 주축으로 탄소중립, Net Zero 선언 등 기후변화 전략을 검토하고, ESG전담 조직 SV추진실에서 매월 SV보드 & 환경 CoE를 통해 전사 유관부서와 세부 계획 및 실행 현황을 공유합니다. 또한 SK그룹의 공통 핵심지표 관리를 통해 기후 변화를 포함한 환경 데이터를 지속적으로 개선하고 있습니다.

목표 CEO 직속 조직인 SV추진실을 중심으로 각 사업 및 자회사가 유기적으로 협의하여 중장기 환경목표 및 핵심 과제를 도출했습니다. 2021년 6월 Net Zero 2040 선언 후 과학적 기반의 감축 관리를 위해 SBTi 가입을 선언하고, 매년 CDP 기후변화 대응평가에 환경관련 지표를 점검합니다. 온실가스 감축목표 달성을 위해 SK네트웍스 및 자/손회사의 국내 사업장에 대한 온실가스 인벤토리 구축, 에너지 및 용수 사용량, 폐기물 발생량 등 환경 지표 현황을 체계적으로 관리하고 있습니다.

평가 친환경 경영활동을 위해 2021년부터 글로벌 이니셔티브 EV100(친환경 차량 전환), ZWTL(폐기물 매립제로)에 참여합니다. 2022년 국제표준인 ISO 14001(환경경영시스템) 인증 취득과 SBTi(과학기반 감축목표 이니셔티브) 가입을 추진 중에 있습니다. 이 외에도 매년 GRI, TCFD, SASB 등 글로벌 스탠다드에 기반하여 환경데이터를 공시하고 있습니다.

향후 계획 파리기후협약과 그린뉴딜정책, 탄소중립 선언에 따라 2040년까지 국내 사업장에서 재생에너지 사용 비중을 100%로 높이고, 온실가스 배출량은 0으로 줄여나가는 계획을 수립했습니다. 매년 에너지원별 재생에너지 사용량을 모니터링하고, 사용 비중을 높이기 위해 녹색 프리미엄, REC 및 PPA 등 다양한 방안을 검토할 예정입니다.

온실가스 배출

구분		단위	2019년			2020년				2021년			
			SK네트웍스	SK매직	합계	SK네트웍스	SK매직	SK렌터카	합계	SK네트웍스	SK매직	SK렌터카*	합계
배출량	총 배출량(Scope 1+2)	tCO_2eq	25,228	4,782	30,010	31,587	12,261	3,452	47,300	30,906	7,119	2,303	40,328
	- 직접 배출량(Scope 1)	tCO_2eq	8,691	338	9,029	7,957	4,831	326	13,114	8,459	282	724	9,465
	- 간접 배출량(Scope 2)	tCO_2eq	16,537	4,444	20,981	23,630	7,430	3,126	34,186	22,447	6,837	1,578	30,863
	- 기타 배출량(Scope 3)**	tCO_2eq	N/A	N/A	N/A	N/A	N/A	N/A	N/A	621,443	3,156,715	803,005	4,581,163
	원단위(Scope 1+2)	tCO_2eq/십억 원	2	5	2	4	12	4	4	4	7	2	4

* SK렌터카의 2021년 지속가능경영보고서 발간 이후 실시한 자발적 검증 과정에서 배출량 산출 기준 변동 등으로 SK렌터카 지속가능경영보고서 데이터와 차이 발생
** 범위: 구매, 자본재, 기타 연료 및 에너지 활동, 업스트림/다운스트림 운송, 운영폐기물, 출장, 통근, 판매 제품 사용/폐기, 프렌차이즈

[그림 50] 기후 변화 대응 (출처: SK 네트웍스 지속가능경영보고서)

사례 10	SK 네트웍스
· 단순 데이터 나열을 넘어서 전략, 목표, 평가, 향후 계획 보고 내용을 함께 기입하여 정보의 적격성 판단 용이 · 온실가스 배출량에 더하여 Scope별 감축량 및 목표 대비 감축률 등을 구체적 공개	

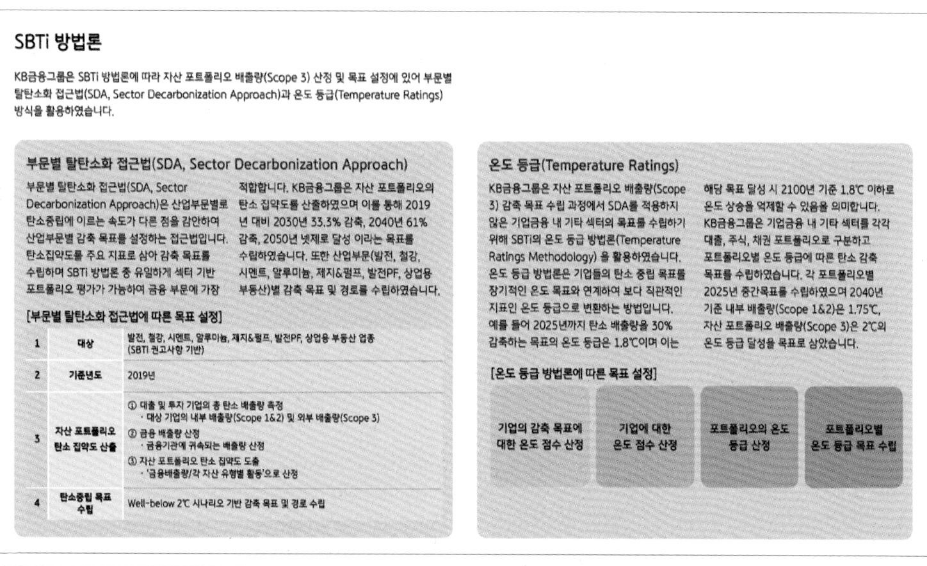

SBTi 방법론

KB금융그룹은 SBTi 방법론에 따라 자산 포트폴리오 배출량(Scope 3) 산정 및 목표 설정에 있어 부문별 탈탄소화 접근법(SDA, Sector Decarbonization Approach)과 온도 등급(Temperature Ratings) 방식을 활용하였습니다.

부문별 탈탄소화 접근법(SDA, Sector Decarbonization Approach)

부문별 탈탄소화 접근법(SDA, Sector Decarbonization Approach)은 산업부문별로 탄소중립에 이르는 속도가 다른 점을 감안하여 산업부문별 감축 목표를 설정하는 접근법입니다. 탄소집약도를 주요 지표로 삼아 감축 목표를 수립하며 SBTi 방법론 중 유일하게 섹터 기반 포트폴리오 평가가 가능하여 금융 부문에 가장 적합합니다. KB금융그룹은 자산 포트폴리오의 탄소 집약도를 산출하였으며 이를 통해 2019년 대비 2030년 33.3% 감축, 2040년 61% 감축, 2050년 넷제로 달성 이라는 목표를 수립하였습니다. 또한 산업부문(발전, 철강, 시멘트, 알루미늄, 제지&펄프, 발전PF, 상업용 부동산)별 감축 목표 및 경로를 수립하였습니다.

[부문별 탈탄소화 접근법에 따른 목표 설정]

1	대상	발전, 철강, 시멘트, 알루미늄, 제지&펄프, 발전PF, 상업용 부동산 업종 (SBTi 권고사항 기반)
2	기준년도	2019년
3	자산 포트폴리오 탄소 집약도 산출	① 대출 및 투자 기업의 총 탄소 배출량 측정 · 대상 기업의 내부 배출량(Scope 1&2) 및 외부 배출량(Scope 3) ② 금융 배출량 산정 · 금융기관에 귀속되는 배출량 산정 ③ 자산 포트폴리오 탄소 집약도 도출 · '금융배출량/각 자산 유형별 활동'으로 산정
4	탄소중립 목표 수립	Well-below 2℃ 시나리오 기반 감축 목표 및 경로 수립

온도 등급(Temperature Ratings)

KB금융그룹은 자산 포트폴리오 배출량(Scope 3) 감축 목표 수립 과정에서 SDA를 적용하지 않은 기업금융 내 기타 섹터의 목표를 수립하기 위해 SBTI의 온도 등급 방법론(Temperature Ratings Methodology) 을 활용하였습니다. 온도 등급 방법론은 기업들의 탄소 중립 목표를 장기적인 온도 목표와 연계하여 보다 직관적인 지표인 온도 등급으로 변환하는 방법입니다. 예를 들어 2025년까지 탄소 배출량을 30% 감축하는 목표의 온도 등급은 1.8℃이며 이는 해당 목표 달성 시 2100년 기준 1.8℃ 이하로 온도 상승을 억제할 수 있음을 의미합니다. KB금융그룹은 기업금융 내 기타 섹터를 각각 대출, 주식, 채권 포트폴리오로 구분하고 포트폴리오별 온도 등급에 따른 탄소 감축 목표를 수립하였습니다. 각 포트폴리오별 2025년 중간목표를 수립하였으며 2040년 기준 내부 배출량(Scope 1&2)은 1.75℃, 자산 포트폴리오 배출량(Scope 3)은 2℃의 온도 등급 달성을 목표로 삼았습니다.

[온도 등급 방법론에 따른 목표 설정]

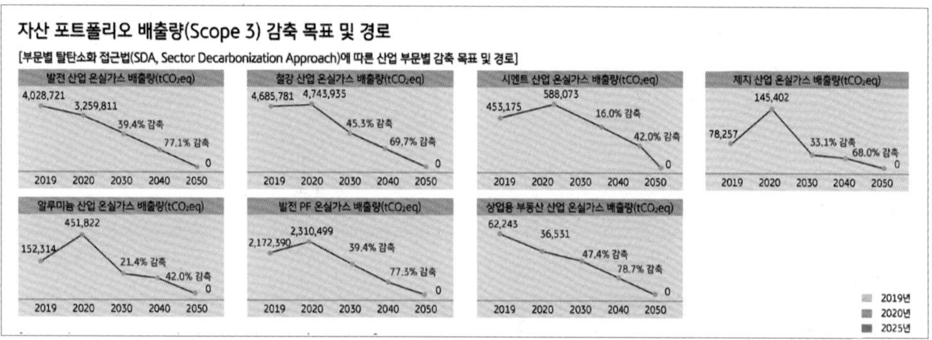

[그림 51] 기후 변화 대응 (출처: KB 금융그룹 지속가능경영보고서)

사례 11	KB 금융그룹
· SBTi 방법론에 따라 부문별 탈탄소화 접근법과 온도 등급을 활용해 Scope 3 배출량 및 목표량 산정	

(2) 사회 데이터

오늘날 기업의 사회적 책임을 우선시하고 윤리적 기준을 준수해야 한다는 기대가 높아지면서 기업의 사회적 영향에 대해 관심이 늘어나기 시작했다. 소셜 데이터는 기업이 사회적 책임에 대한 약속뿐만 아니라 사회적 영향을 평가하기 위해 수집, 측정 및 보고하는 양적, 질적 정보를 의미하며, 직원, 고객, 커뮤니티 및 기타 이해관계자에게 미치는 영향에 대한 통찰력 제공에 필수적인 역할을 한다. 소셜 데이터를 이해하고 관리함으로써 기업은 정보를 기반으로 한 의사 결정이 가능하고 윤리적 비즈니스에 대해 대외적으로도 보여 줄 수 있게 되었다.

소셜 데이터에는 노동 관행, 건강 및 안전, 인권, 지역사회 참여, 공급망 관리, 고객 만족도, 제품 및 서비스에 대한 접근과 관련된 데이터가 포함되며, 이러한 데이터를 모니터링하고 분석함으로써 기업은 추세 파악과 목표 설정, 사회적 성과 개선, 위험 요소 축소 등의 전략을 개발할 수 있다.

유형	설명
노동 관행	직원 근무 조건, 임금, 복리후생, 다양성 및 포용성, 교육 및 개발, 직원 만족도 및 이직률에 대한 데이터
건강 및 안전	직장 건강 및 안전 정책, 사고 및 부상 비율, 직원 복지 증진을 위한 노력에 대한 정보
인권	아동 노동, 강제 노동, 차별 금지 정책, 국제 인권 기준 준수 등 인권 존중에 대한 기업의 의지에 관한 자료
지역사회 참여	자선 활동, 자원 봉사 및 지역 사회 개발 이니셔티브를 포함한 지역 사회에 대한 회사의 참여에 대한 정보
공급망 관리	노동 기준, 환경 규제 및 공정 거래 원칙 준수와 같은 공급망 내 윤리적 관행을 보장하기 위한 기업의 노력에 대한 데이터
고객 만족도	고객의 피드백, 제품의 안전성, 품질에 관한 정보, 고객의 불만 및 해결에 관한 자료

[표 38] 사회 데이터 주요 유형 (자체 제작)

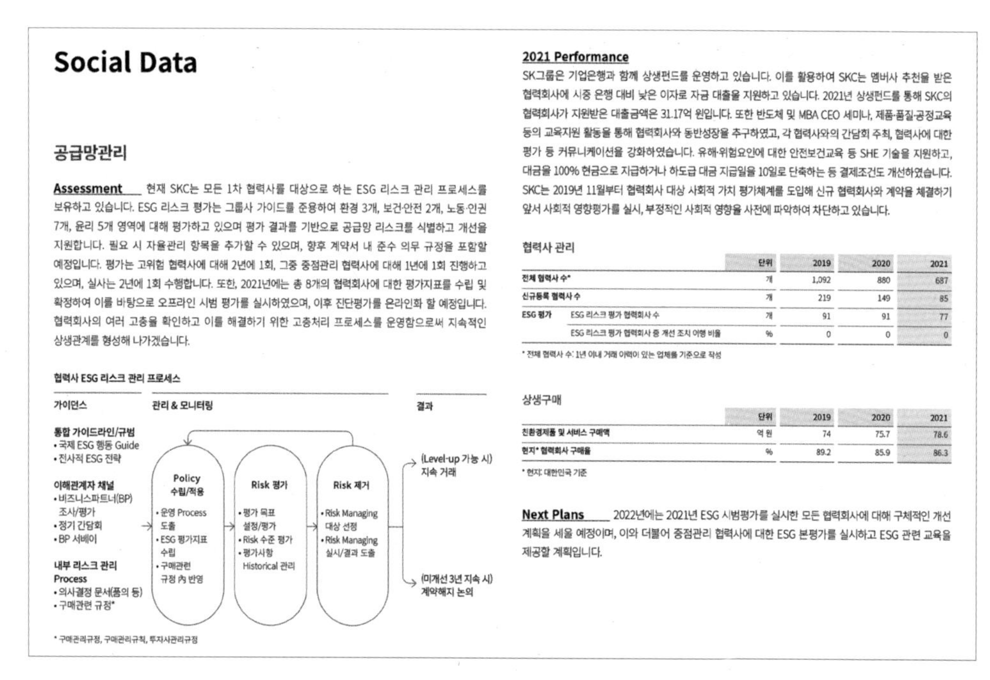

Social Data

공급망관리

Assessment 현재 SKC는 모든 1차 협력사를 대상으로 하는 ESG 리스크 관리 프로세스를 보유하고 있습니다. ESG 리스크 평가는 그룹사 가이드를 준용하여 환경 3개, 보건·안전 2개, 노동·인권 7개, 윤리 5개 영역에 대해 평가하고 있으며 평가 결과를 기반으로 공급망 리스크를 식별하고 개선을 지원합니다. 필요 시 자율관리 항목을 추가할 수 있으며, 향후 계약서 내 준수 의무 규정을 포함할 예정입니다. 평가는 고위험 협력사에 대해 2년에 1회, 그중 중점관리 협력사에 대해 1년에 1회 진행하고 있으며, 실사는 2년에 1회 수행합니다. 또한, 2021년에는 총 8개의 협력회사에 대한 평가지표를 수립 및 확정하여 이를 바탕으로 오프라인 시범 평가를 실시하였으며, 이후 진단평가를 온라인화 할 예정입니다. 협력회사의 여러 고충을 확인하고 이를 해결하기 위한 고충처리 프로세스를 운영함으로써 지속적인 상생관계를 형성해 나가겠습니다.

2021 Performance
SK그룹은 기업은행과 함께 상생펀드를 운영하고 있습니다. 이를 활용하여 SKC는 멤버사 추천을 받은 협력회사에 시중 은행 대비 낮은 이자로 자금 대출을 지원하고 있습니다. 2021년 상생펀드를 통해 SKC의 협력회사가 지원받은 대출금액은 31.17억 원입니다. 또한 반도체 및 MBA CEO 세미나, 제품·품질·공정교육 등의 교육지원 활동을 통해 협력회사와 동반성장을 추구하였고, 각 협력사와의 간담회 주최, 협력사에 대한 평가 등 커뮤니케이션을 강화하였습니다. 유해·위험요인에 대한 안전보건교육 등 SHE 기술을 지원하고, 대금을 100% 현금으로 지급하거나 하도급 대금 지급일을 10일로 단축하는 등 결제조건도 개선하였습니다. SKC는 2019년 11월부터 협력회사 대상 사회적 가치 평가체계를 도입해 신규 협력회사와 계약을 체결하기 앞서 사회적 영향평가를 실시, 부정적인 사회적 영향을 사전에 파악하여 차단하고 있습니다.

협력사 관리

		단위	2019	2020	2021
전체 협력사 수*		개	1,092	880	687
신규등록 협력사 수		개	219	149	85
ESG 평가	ESG 리스크 평가 협력회사 수	개	91	91	77
	ESG 리스크 평가 협력회사 중 개선 조치 이행 비율	%	0	0	0

* 전체 협력사 수: 1년 이내 거래 이력이 있는 업체를 기준으로 작성

상생구매

	단위	2019	2020	2021
친환경제품 및 서비스 구매액	억 원	74	75.7	78.6
현지* 협력회사 구매율	%	89.2	85.9	86.3

* 현지: 대한민국 기준

Next Plans 2022년에는 2021년 ESG 시범평가를 실시한 모든 협력회사에 대해 구체적인 개선 계획을 세울 예정이며, 이와 더불어 중점관리 협력사에 대한 ESG 본평가를 실시하고 ESG 관련 교육을 제공할 계획입니다.

[그림 52] Social Data (출처: SKC 지속가능경영보고서)

사례 12	SKC
· 협력회사 ESG 리스크 관리를 위한 가이던스, 관리 및 모니터링, 결과 프로세스에 대한 실제 시행 횟수 공개	

(3) 지배 구조 데이터

기업에 대한 감시와 기대가 높아진 현시대에 기업 지배 구조는 기업의 장기적 성공과 평판을 결정하는 중요한 요소로 부각되고 있다. 거버넌스 데이터는 이러한 맥락에서 책임 있는 의사 결정, 윤리적 행동, 법률 및 규제 요구 사항 준수에 대한 기업의 노력을 가시적으로 나타내 준다. 거버넌스 데이터는 조직이 기업 거버넌스 관행을 평가하기 위해 수집, 측정 및 보고하는 다양한 양질의 정보를 포함한다. 여기에는 이사회 구성 및 다양성, 경영진 보상, 주주 권리 및 참여, 위험 관리, 윤리적 행동 및 규정 준수, 투명성 및 공개 등이 포함되며 데이터 모니터링하고 분석함으로써 기업은 다양한 전략을 개발해 나갈 수 있다.

유형	설명
이사회 구성 및 다양성	회사 이사회의 규모, 구조 및 다양성, 전문성, 자격 및 독립성에 대한 정보
임원 보상	급여, 상여금, 스톡옵션 및 기타 형태의 보상을 포함한 임원 보수 정책에 대한 데이터는 물론 임원 보수와 회사 성과 간의 연관성에 대한 데이터
주주 권리 및 참여	주주 의결권, 주주 의사 소통 및 지배 구조 문제에 대한 투자자 참여에 대한 회사의 접근 방식에 대한 정보
위험 관리	회사의 위험 관리 정책, 절차 및 감독 메커니즘과 다양한 위험을 식별, 평가 및 해결하는 방법에 대한 데이터
윤리적 행동 및 준수	회사의 윤리 강령, 부패 방지 정책 및 준수 프로그램에 대한 정보와 법률 또는 규제 위반 사례
투명성 및 공개	재무 및 비재무 공개의 품질, 빈도 및 포괄성을 포함하여 투명한 보고에 대한 회사의 약속에 대한 데이터

[표 39] 지배 구조 데이터 주요 유형 (자체 제작)

Governance Data

이사회

위원회

ESG위원회

ESG 관련 사회적 요구가 증가함에 따라 SKC는 2021년 5월 이사회 산하 ESG위원회를 신설해 이사회 내 ESG 관련 의사결정의 질적, 양적 확대를 추진하고 있습니다. 본 위원회는 이사회 중심 경영원칙에 따라 주요 의사 결정사항에 관한 사전심의 기구로서, 환경, 사회적 가치, 지배구조와 관련된 전략과 주요 사항을 검토 및 분석하며 회사의 장기적으로 지속가능한 성장을 도모합니다. 대표이사를 비롯해 2022년 5월 기준 사외이사 4명과 기타 비상무이사 1명으로 구성된 ESG위원회는 SKC의 중장기 경영전략 및 추진전략을 심의하고 있습니다. 2021년 총 7회 개최하였으며 ESG 경영 실천을 위한 안건과 환경, 사회, 지배구조 각각의 관련 안건을 바탕으로 ESG와 경영체계 일체화를 목표로 하여 운영하고 있습니다.

SKC는 ESG를 강화한 투자 프로세스를 수립했습니다. 2022년부터 이에 기반하여 ESG위원회의 투자 심의 및 점검 시 ESG 체크리스트를 필수 검토하여 리스크를 사전에 대응하고 있습니다. 온실가스 넷 제로 달성 및 안전보건 관련 인허가 기준 충족 등을 위한 투자비, 사회적 가치 측정값 산출을 통한 사회 기여효과를 검토하였습니다.

SKC는 2022년부터 진행하는 연간 사외이사 교육 프로그램에 ESG 교육을 포함해 ESG위원회의 질적 향상 또한 도모합니다. 이사회 ESG 교육은 상반기 1회, 하반기 1회 이뤄질 예정이며, ESG 교육 진행 후 관련 안건을 ESG위원회 사전 심의를 거쳐 이사회 상정을 추진할 계획입니다. 또한 2023년에는 ESG 관련 논의의 빈도를 더욱 확대할 계획입니다.

	단위	2019	2020	2021
인원 수	명	-	-	6
사외이사 비율	%	-	-	66.7
ESG 전문가수	명	-	-	1
개최 횟수	회	-	-	7
참석률	%	-	-	100
의결안건 수	건	-	-	1
보고안건 수	건	-	-	10
사전심의 안건 수	건	-	-	7
사전검토 안건 수	건	-	-	2

2021 ESG위원회 대표 안건

회차	개최일자	안건
1차	2021.05.21	•연간운영계획 보고의 건 •일본투자법인 출자 심의의 건 •SiC Wafer 영업양도의 건 •기업지배구조보고서 토의의 건 •위원장 선임의 건
2차	2021.06.15	•온실가스 Net Zero 추진 방안 보고의 건 •지속가능경영보고서 발행의 건 •Financial Story 보고의 건 •SKCFTH Holdings 유상증자의 건
3차	2021.07.20	•온실가스 Net Zero 추진방안의 건 •2021년 경영계획/KPI 수립 보고의 건
4차	2021.09.27	•해외자회사(High Performance 컴퓨팅용 Glass 기판)에 대한 설립/현물출자의 건 •실리콘 음극재 업체 지분 투자의 건 •MCNS J/V 관계 합의 종결의 건 •임직원 보상을 위한 자사주 처분의 건 •2021년 전사 KPI 실적/계획 보고의 건
5차	2021.10.25	•생분해성 플라스틱 원료사업 JV설립의 건(사전심의)
6차	2021.11.22	•생분해성 플라스틱 원료사업 JV설립의 건(사전검토) •2021년 전사 KPI 실적 보고의 건
7차	2021.12.15	•자사주 처분의 건

평가 및 보수

SKC는 2022년 상반기 이사회 전체 활동에 대한 평가 도입 예정이며, 이후 매년 평가를 실시하여 이사회 운영 및 활동 개선을 실시할 예정입니다. 또한, 평가 결과와 각 사외이사의 활동 내역 등을 사외이사 후보 추천 과정에서 근거로 활용할 예정입니다. 이사의 보수는 주주총회가 승인한 한도 내에서 집행하며, 본 승인보수한도 및 지급 현황을 사업보고서에 투명하게 공개하고 있습니다. 사외이사의 평가와 보상은 사외이사 독립성 확보를 위해 연동하지 않고, 추후 재선임 결정에 있어 주요 판단 근거로 활용하고 있습니다.

		단위	2019	2020	2021
보수	CEO 변동보상 가이드라인 보유	V	V	V	V
	CEO 성과지표에 ESG 포함	V	V	V	V
	비상임이사 보수체계 보유	V	V	V	V
	개별 보수산정 기준 및 보수액 공시	V	V	V	V
주식	이사 및 CEO 주식보유 비율	%	0.04	0.03	0.04
	국민연금 주식비율	%	13.7	11.7	9

[그림 53] Governance Data (출처: SKC 지속가능경영보고서)

사례 13	SKC

· ESG와 경영 체계 일체화를 목표로 운영되는 ESG위원회의 중장기 경영 전략 및 추진 전략 관련 심의 사항 등을 구체적 공개

지배구조 Governance

이사회

전략 SK네트웍스는 이사회 중심의 책임 경영을 실현하기 위해 건전한 지배구조 확립에 힘쓰고 있습니다. 이사회 활동 지원을 위해 이사회사무국을 독립 조직으로 설치 및 운영하고, 이사회 내 전문 위원회를 설치하여 주요 안건에 대해 심도있는 논의를 진행하는 지배구조 체계를 확립했습니다. 이사회는 회사의 중장기 전략과 연간 경영 계획을 수립하고 평가하며, 중요 개별 안건에 대한 심의를 비롯해 기업 가치 증진을 위한 주요 의사결정을 담당합니다. ESG경영위원회에서는 회사의 미래 전략이나 투자 안건에 대해 ESG 관점에서 검토하며, 인사위원회에서는 대표이사와 사외이사 후보 추천, 대표이사 활동에 대한 평가, 그에 따른 보상을 심의하여 이사회 중심의 책임 경영 기반을 마련하였습니다.

목표 이사회의 다양성과 전문성, 독립성을 높이기 위해 노력하고 있습니다. 이사회 구성인원 총 8명 중 사외이사는 5명이며(전체 이사의 60% 이상) 사외이사를 의장으로 선임하여 이사회의 독립성을 강화하였고, 특히 2021년에는 여성 이사를 선임하여 성별 다양성을 확보하였습니다. ESG 경영을 회사 경영 전략의 중심에 놓고 회사와 사회의 지속가능성을 증진하기 위해 이사회 내 ESG 논의의 질적·양적 수준을 높이고 논의 대상 안건의 범위를 확대할 계획입니다. 2021년 이사진의 평균 참석률은 85%로 지속적으로 관리·개선하고자 합니다. 이사회가 회사 경영을 위한 효과적인 의사결정을 할 수 있도록 주요 현안과 미래 전략 방향성에 대해 논의하는 워크숍을 연 2회 개최할 예정이며, 사내·외 교육프로그램 및 해외 컨퍼런스 참가 기회를 제공하여 이사회의 전문 역량을 강화해 나갈 예정입니다.

구성

구분		단위	2019년	2020년	2021년
독립성	이사회의 사외이사 수	명	5	4	5
	이사회의 사외이사 비율	%	63	57	63
	사외이사 및 비상무의장 정책 구축 기간*	년	4	5	6
	사외이사의 의장여부	정성	Y	Y	Y
	타직무수 제한**	정성	Y	Y	Y
	사외이사 주주추천제	운영	N	N	N
	사외이사 후보추천자문단	운영	N	N	N
다양성	이사회 다양성 정책	보유	N	N	Y
	여성이사 수	명	0	0	1
	여성이사 비율	%	0	0	13

* 사외이사 및 기타비상무이사의 이사회 의장 기간
** 동종영업을 목적으로 하는 타 회사의 이사 등에 한함

구분		단위	2019년	2020년	2021년
전문성	산업경험 보유 이사	명(%)	0(0)	0(0)	1(12.5)
	리스크 전문가	명(%)	1(12.5)	1(14.3)	1(12.5)
	재무 전문가	명(%)	2(25.0)	1(14.3)	2(25.0)
	ESG 전문가	명(%)	1(12.5)	1(14.3)	1(12.5)
효율성	평균 재임 기간	개월	35.5	34.7	33
	참석률	%	87	90	85

[그림 54] 지배 구조 (출처: SK 네트웍스 지속가능경영보고서)

사례 14	SK 네트웍스

· Data 수치 공개에 앞서 이사회, 윤리 경영, 컴플라이언스 각 부문별 지배 구조 관련 정성적 전략 목표 제시

· ESG 관련 이사회의 구성, 운영, 책임, 평가 및 보수, 주주 권리 강화 등 자체적인 세부 지표를 마련하여 정량화된 형태로 보고

(4) 기타 데이터

ESG 데이터가 기업의 지속가능에 대한 필수 구성 요소가 되었지만, 기업은 다른 유형의 데이터도 고려하여 데이터의 영향과 성과를 전체적으로 이해하고 공개해야 한다. 기타 데이터에는 ESG 데이터를 보완하는 다양한 범위의 정보를 포함하며 이는 경제적 성과, 혁신 및

기술, 공급망 지속가능, 제품 및 서비스 영향, 이해관계자 피드백 등 다양한 데이터가 있다. 이러한 추가 데이터 소스와 ESG 데이터를 지속가능 보고 및 의사 결정 프로세스에 통합함으로써 기업 운영에서의 지속가능 문제를 해결해 나갈 수 있다.

유형	설명
경제적 성과	매출, 수익성, 시장점유율, 경제적 부가가치 등 기업의 재무 건전성에 대한 데이터
혁신 및 기술	회사의 연구 개발 투자, 신기술 채택, 혁신적인 제품 및 서비스의 성공에 대한 정보
공급망 지속 가능성	회사의 공급 업체 및 비즈니스 파트너의 환경, 사회 및 거버넌스 성과에 대한 데이터
제품 및 서비스 영향	자원 사용, 배출량, 폐기물 생성 및 수명 종료 관리를 포함하여 회사 제품 및 서비스의 수명 주기 영향에 대한 정보
이해관계자 피드백	설문조사, 포커스 그룹 및 기타 이해관계자 참여 활동에서 수집한 데이터

[표 40] 기타 데이터 주요 유형 (자체 제작)

ESG Key Performance Indicator

SK그룹은 다양한 글로벌 ESG 가이드라인을 토대로, 계열회사의 업종을 고려한 ESG 핵심 지표를 선정, 관리하고 있습니다. SK가스는 개별 지표별로 글로벌 탑피어(Global Top Peer) 수준의 목표를 수립하고 달성하도록 추진 중입니다. 지표별 담당 조직을 선정하고 개선 방안을 실행 중이며, 매년 그 실적을 공개하겠습니다.

ESG 정량 지표

SK 그룹 핵심 지표	단위	2020	2021	2022 목표	Global Top Peer
총 에너지 소비량(원단위)*	GJ/십억 원	132.27	115.65	114.49	< 942.81
재생에너지 사용비율	%	0.15	10.0	14.04	> 18.72
총 온실가스 배출량(Scope 1, 2, 원단위)	tCO_2eq/십억 원	7.62	6.72	6.65	< 307.10
NOx 배출량(원단위)	Ton/십억 원	0.00312	0.00327	0.00324	< 0.50
SOx 배출량(원단위)	Ton/십억 원	0	0	0	< 0.20
먼지 배출량(원단위)	Ton/십억 원	0	0	0	< 0.025
VOCs 배출량(원단위)	Ton/십억 원	0	0	0	< 0.200
총 폐기물 발생량(원단위)	Ton/십억 원	0.018	0.023	0.022	< 4.50
총 용수 취수량(원단위)	Ton/십억 원	8.91	5.89	5.83	< 487.25
총 용수 재활용 비율	%	4.5	7.1	29.09	> 58.18
장애인 구성원 비율**	%	2.64	4.03	4.00	≥ 3.50
구성원 근로손실재해율(LTIR)***	건/20만 시간	0.22	0.00	0.00	< 0.025
여성 이사 비율	%	0	14	-	> 30%

* 3개년 매출 평균 사용(연결 기준)
** 정부 부담금 산정용 장애인 고용비율: 원천징수 신고 기준으로, 고용시기, 장애 등급에 따라 비율산정이 상이함
*** 근로손실재해율(LTIR, Lost-Time Injuries Rate): 근로손실사고 발생 건수 X 200,000시간/총 근로시간

ESG 정성 지표

● TOP ◐ MID ○ LOW

SK 그룹 핵심 지표	정책	목표	실행, 성과
구성원 건강 지원	●	●	●
구성원 인권	●	●	●
구성원 일과 삶의 균형 지원	●	●	●
제품/서비스 안전 및 품질	●	●	●
기업데이터 및 고객 개인정보 보호	●	◐	◐
협력 업체 동반성장 지원	●	●	●
협력 업체 ESG 리스크 관리	●	●	◐
지역사회 지원	●	◐	●
SE 생태계 지원	●	◐	●
ESG 기반 경영진 성과 평가/보상제도	●	○	○
이해관계자 ESG 니즈 파악	●	○	●
ESG 기준을 적용한 신사업/투자	●	●	○
이사회 다양성/전문성/독립성	◐	◐	◐
이사회 내 ESG 논의	●	○	●
반부패 경영	●	●	●
구성원 반부패 교육	●	●	●
ESG 관련 글로벌 파트너십 참여	○	○	◐

* SK그룹 자체 평가 기준으로, 업종 내 Peer 그룹 대비 평가

ESG Category
Environment
Social
Governance

[그림 55] ESG Key Performance Indicator (출처: SK 가스 지속가능경영보고서)

사례 15	SK 가스

· ESG 부문별 정량 지표 중 핵심 지표를 선별하여 '21년도 실적과 '22년도 목표치를 제시
· Global Top 동종 업계와 비교하여 데이터 파악을 용이케 함
· 정성지표 역시 핵심지표를 선별하여 사내 정책, 목표, 실행 및 성과에 대한 업무 진행 정도를 구분하여 공개

국내 기업에서 발행한 지속가능경영보고서는 한국표준협회(https://www.ksa.or.kr/)와 KRX ESG 포털(https://esg.krx.co.kr/)에서도 각각 확인해 볼 수 있다.

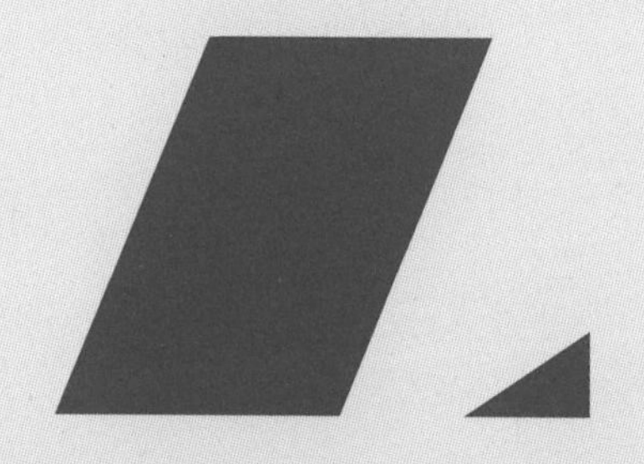

AI 챗GPT로 ESG 지속가능경영보고서 작성법

AI 챗GPT로 ESG 지속가능경영 보고서 작성법

1 AI로 지속가능경영보고서 작성하기

1) 뤼튼 활용 지속가능경영보고서 작성 방법

뤼튼은 초거대 생성 AI(Generative AI) 기반의 콘텐츠 생성 플랫폼으로 키워드를 입력하여 원하는 상황에 대한 문장을 생성할 수 있다. 사용자가 입력한 내용을 토대로 매번 새로운 문장을 생성해 낸다. 모델의 크기가 매우 크기 때문에 학습된 데이터를 그대로 뱉을 확률이 거의 없다.

뤼튼 사용 방법을 알아보면 네이버에서 뤼튼을 검색한다.

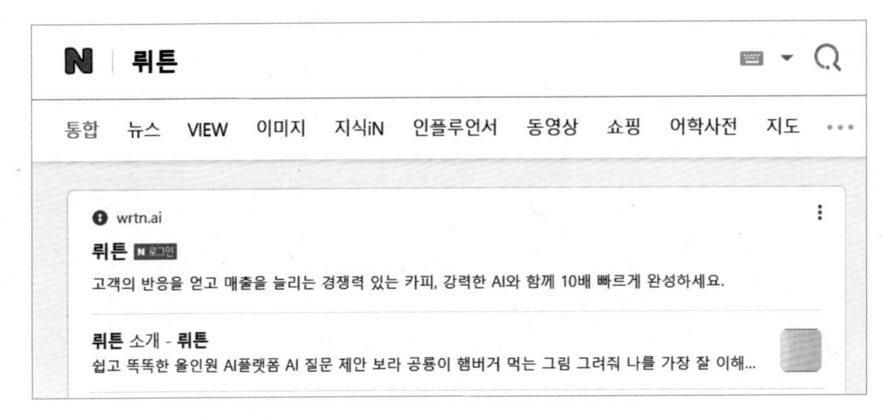

[그림 1] 네이버에서 뤼튼 검색

구글이나 네이버 카카오톡 등으로 회원 가입을 한다.

[그림 2] 뤼튼 회원 가입 화면

아래와 같은 화면에서 툴을 누른다.

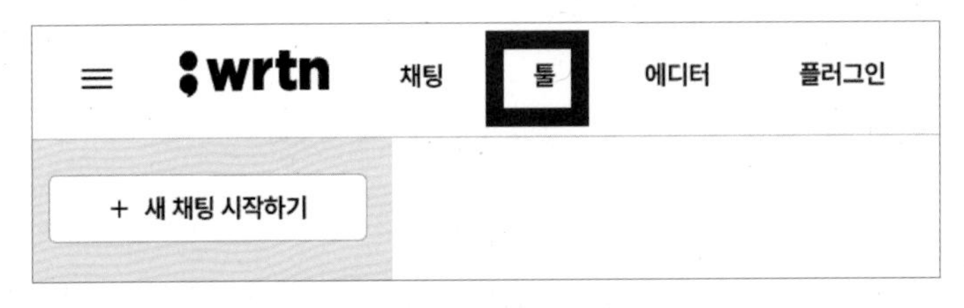

[그림 3] 툴 누르기

왼쪽 메뉴의 레포트 목차를 누르고 작성할 보고서의 주제를 적는다.

그러면 오른쪽에 보고서 목차가 만들어진다.

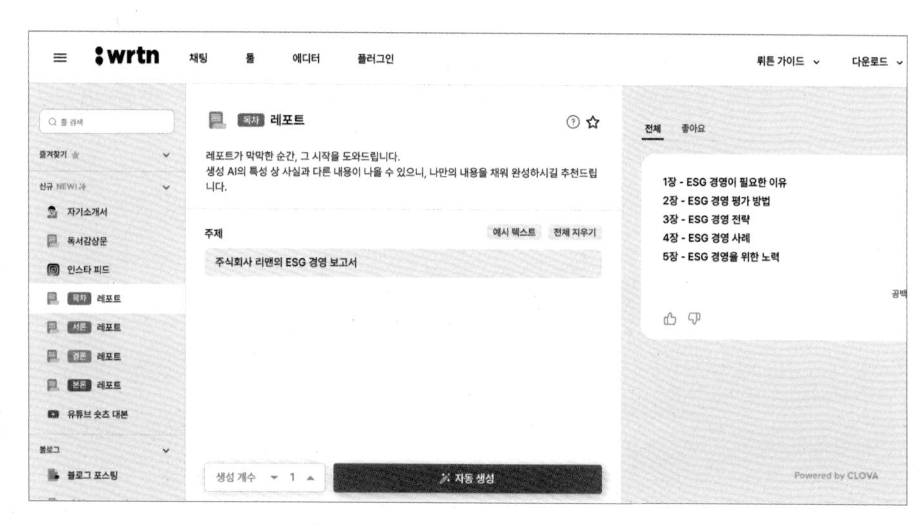

[그림 4] 레포트 목차

이번에는 서론 레포트를 누르고 작성할 보고서의 주제를 넣는다.

그러면 아래와 같이 보고서의 서론을 인공지능이 작성해 준다.

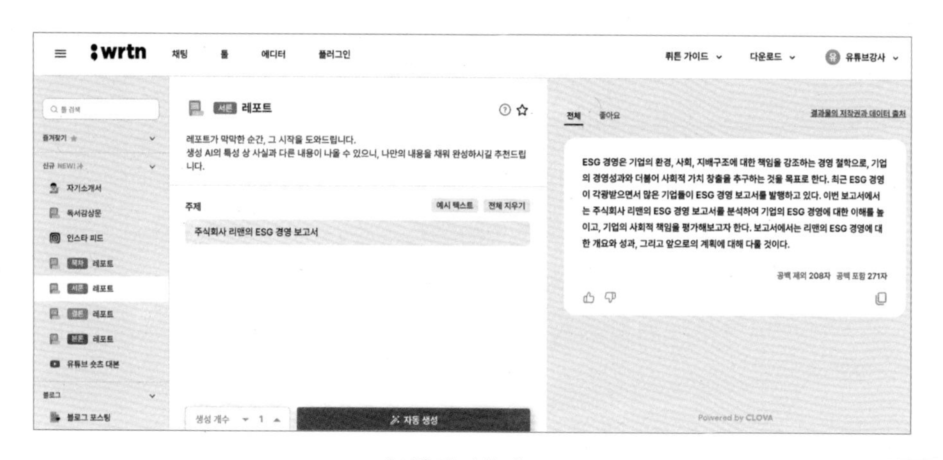

[그림 5] 서론 레포트

본론 레포트를 누르고 보고서의 주제를 넣으면 인공지능이 학습한 보고서에 본론을 작성해 준다.

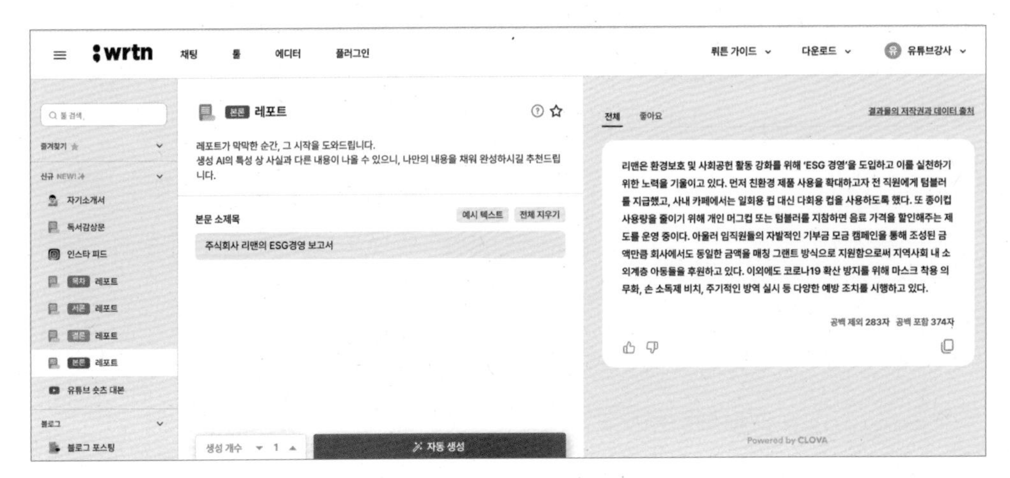

[그림 6] 본론 레포트

결론 레포트를 누르고 보고서의 주제를 넣으면 인공지능이 결론을 작성해 준다.

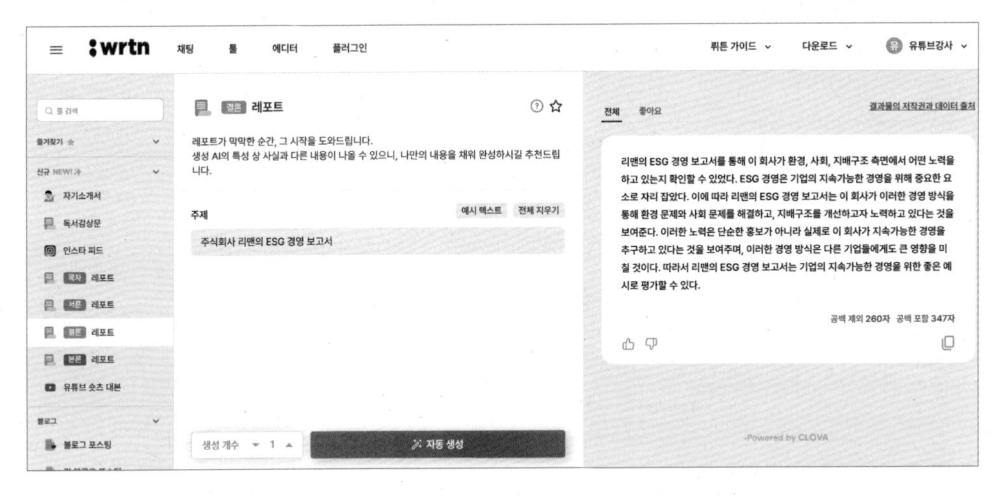

[그림 7] 결론 레포트

2 지속가능경영보고서 작성예시

주식회사 OO 보고서

1장 - ESG 경영이 필요한 이유
2장 - ESG 경영 평가 방법
3장 - ESG 경영 전략
4장 - ESG 경영 사례
5장 - ESG 경영을 위한 노력

ESG 경영은 기업의 환경, 사회, 지배구조에 대한 책임을 강조하는 경영 철학으로, 기업의 경영 성과와 더불어 사회적 가치 창출을 추구하는 것을 목표로 한다. 최근 ESG 경영이 각광받으면서 많은 기업이 ESG 경영 보고서를 발행하고 있다. 이번 보고서에서는 주식회사 OO의 ESG 경영 보고서를 분석하여 기업의 ESG 경영에 대한 이해를 높이고, 기업의 사회적 책임을 평가해 보고자 한다. 보고서에서는 OO의 ESG 경영에 대한 개요와 성과, 그리고 앞으로의 계획에 대해 다룰 것이다.

OO은 환경보호 및 사회 공헌 활동 강화를 위해 'ESG 경영'을 도입하고 이를 실천하기 위한 노력을 기울이고 있다. 먼저 친환경 제품 사용을 확대하고자 전 직원에게 텀블러를 지급했고, 사내 카페에서는 일회용 컵 대신 다회용 컵을 사용하도록 했다. 또 종이컵 사용량을 줄이기 위해 개인 머그컵 또는 텀블러를 지참하면 음료 가격을 할인해 주는 제도를 운영 중이다. 아울러 임직원들의 자발적인 기부금 모금 캠페인을 통해 조성된 금액만큼 회사에서도 동일한 금액을 매칭 그랜트 방식으로 지원함으로써 지역사회 내 소외 계층 아동들을 후원하고 있다. 이외에도 코로나19 확산 방지를 위해 마스크 착용 의무화, 손 소독제 비치, 주기적인 방역 실시 등 다양한 예방 조치를 시행하고 있다.

OO의 ESG 경영 보고서를 통해 이 회사가 환경, 사회, 지배구조 측면에서 어떤 노력을 하고 있는지 확인할 수 있었다. ESG 경영은 기업의 지속 가능한 경영을 위해 중요한 요소로 자리 잡았다. 이에 따라 리맨의 ESG 경영 보고서는 이 회사가 이러한 경영 방식을 통해 환경 문제와 사회 문제를 해결하고, 지배구조를 개선하고자 노력하고 있다는 것을 보여 준다. 이러한 노력은 단순한 홍보가 아니라 실제로 이 회사가 지속 가능한 경영을 추구하고 있다는 것을 보여 주며, 이러한 경영 방식은 다른 기업들에게도 큰 영향을 미칠 것이다. 따라서 OO의 ESG 경영 보고서는 기업의 지속 가능한 경영을 위한 좋은 예시로 평가할 수 있다.

※ 주의 사항

뤼튼은 보고서 작성이 막막한 순간, 그 시작을 도와준다.

생성 AI의 특성상 사실과 다른 내용이 나올 수 있으니, 나만의 내용을 채워 완성하길 추천한다.

1) 챗GPT 활용 지속가능경영보고서 작성 방법 ①

구글에서 'Open ai'를 검색한 다음 OpenAI 사이트를 누르고 들어간다.

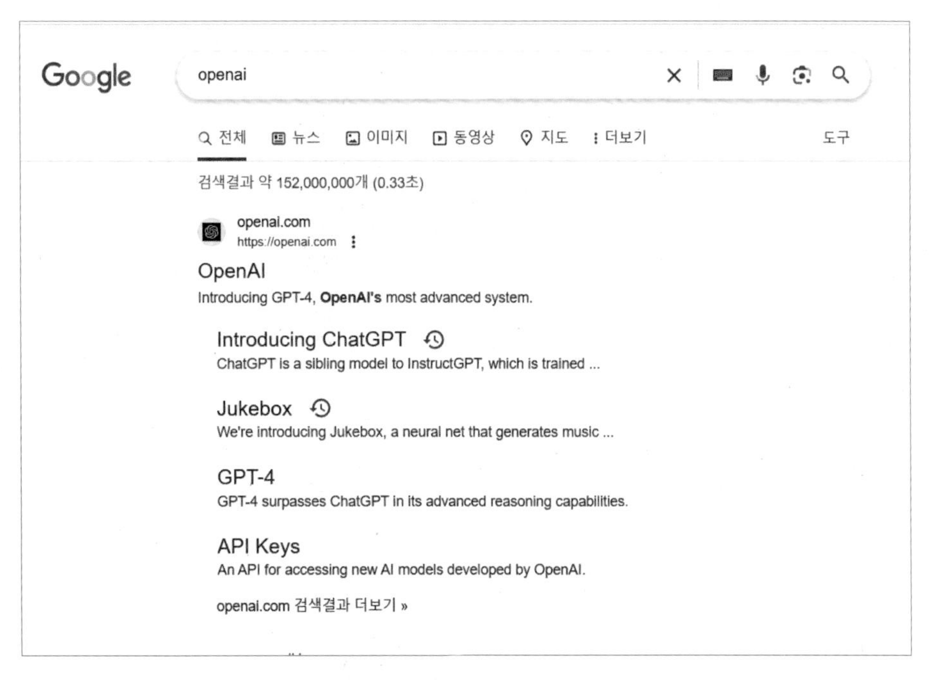

[그림 8] Open AI 검색 화면

왼쪽 하단에 'Try Chat GPT'를 누르고 회원 가입한다.

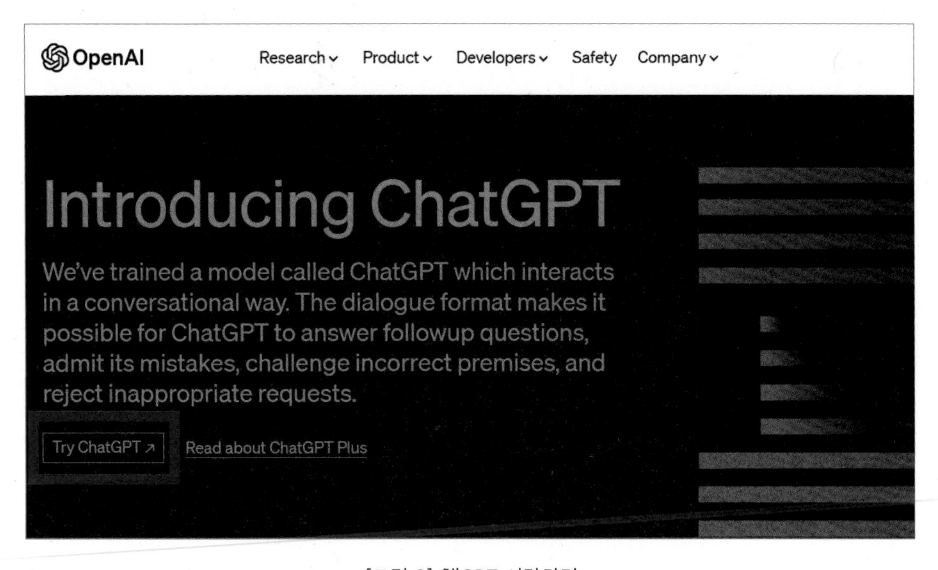

[그림 9] 챗GPT 시작화면

아래 이미지처럼 'Sign up'을 누른다.

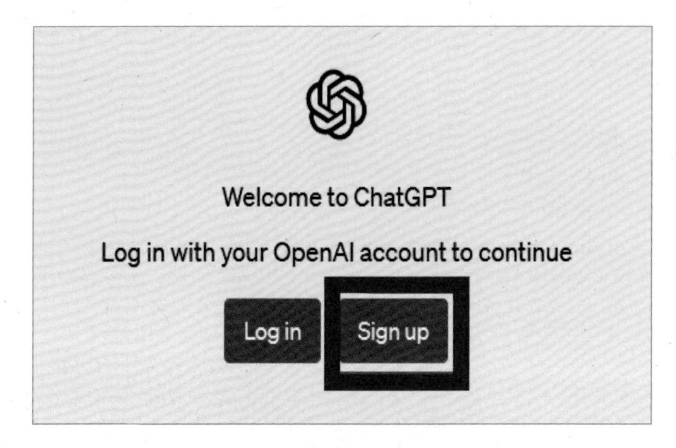

[그림 10] 챗GPT 가입 시작 화면

Creat Your Account 가 나오면 '구글' 로그인하기 (Continue with Google)를 누른다.

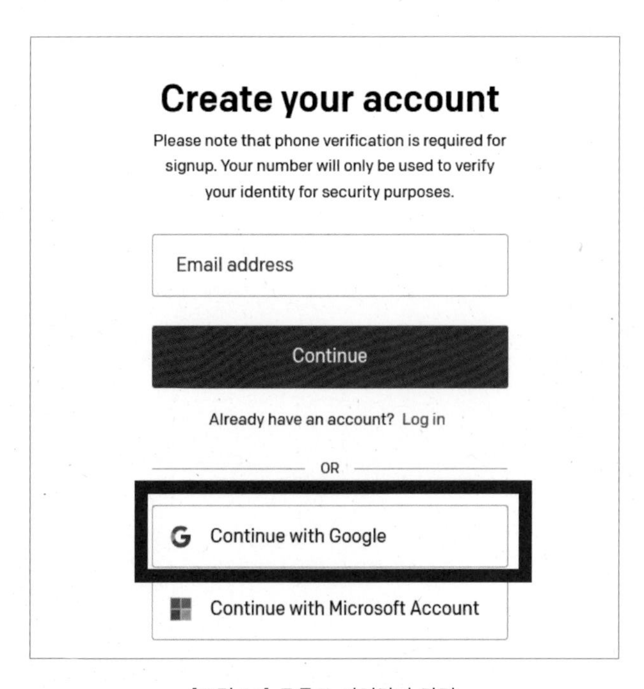

[그림 11] 구글로 가입하기 화면

가입하고 들어가서 나오는 안내 메시지마다 'Next'를 누르고 넘긴다.

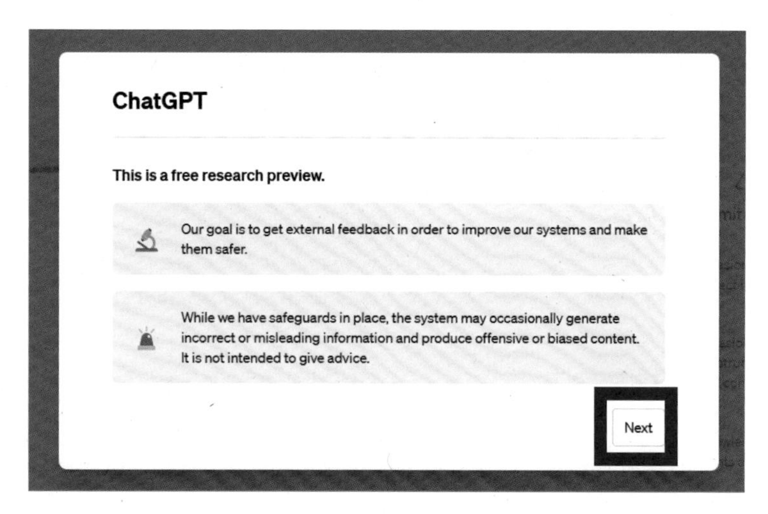

[그림 12] 안내 메시지 화면

기본적으로 챗GPT는 3.5 무료 버전으로 되어 있다. 4.0을 유료 버전을 쓰기 위해서는 아래 이미지처럼 왼쪽 하단에 'Upgrade to Plus'를 선택한다.

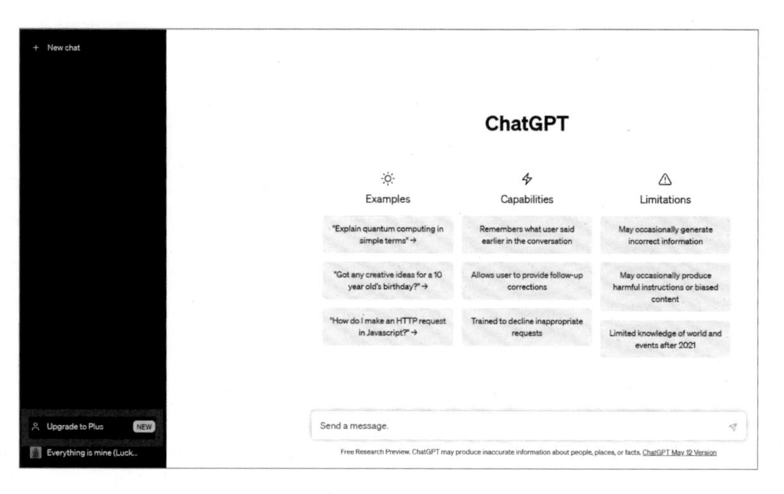

[그림 13] 4.0 버전으로 업그레이드 화면

'Upgrade plan'을 누르고 매달 결제할 때 사용할 카드 등록을 하면 4.0 버전을 사용할 수 있다.

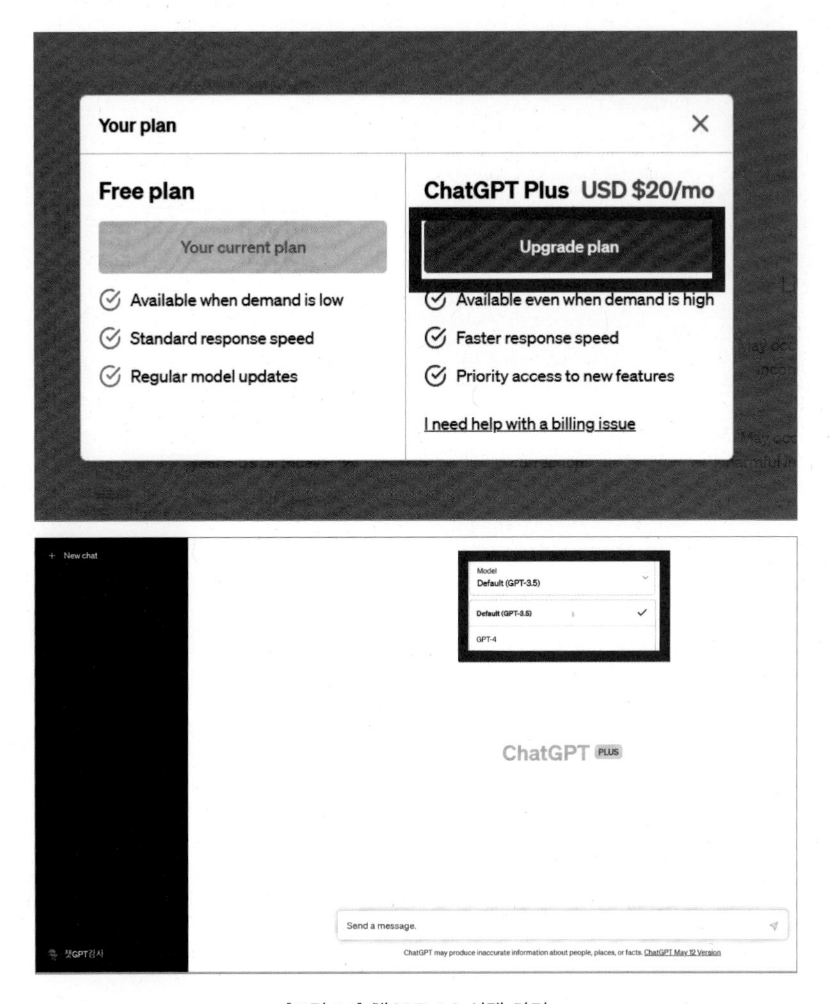

[그림 14] 챗GPT 4.0 선택 화면

챗GPT4에 뤼튼으로 작성한 주식회사 ○○○의 보고서 초안을 복사해서 넣고 '위에 제시한 보고서를 참고하여 도서출판 ○○○의 ESG 경영 보고서를 작성해 줘'라는 프롬프트 명령어를 추가한다. 오른쪽 옆에 종이비행기 모양을 누른다.

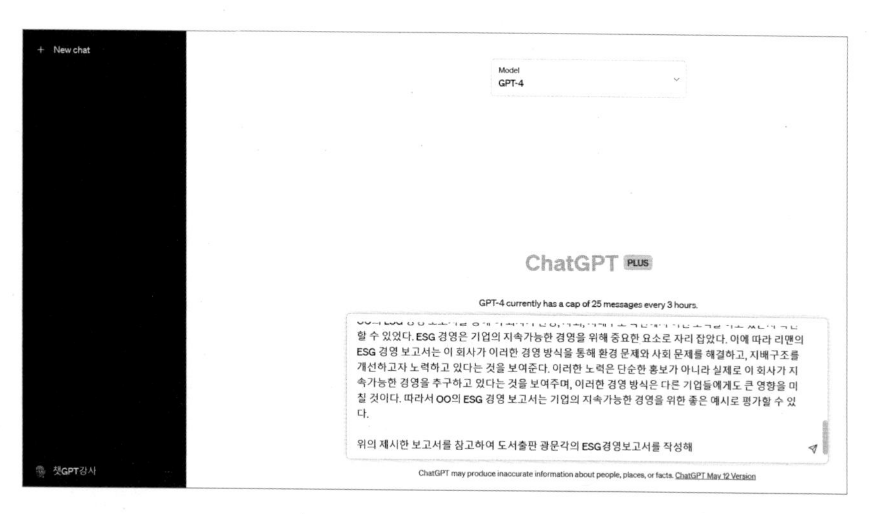

[그림 15] 챗GPT4에 ESG 경영 보고서 초안 넣은 화면

그러면 아래 그림과 같이 챗GPT4가 보고서를 작성해 준다.

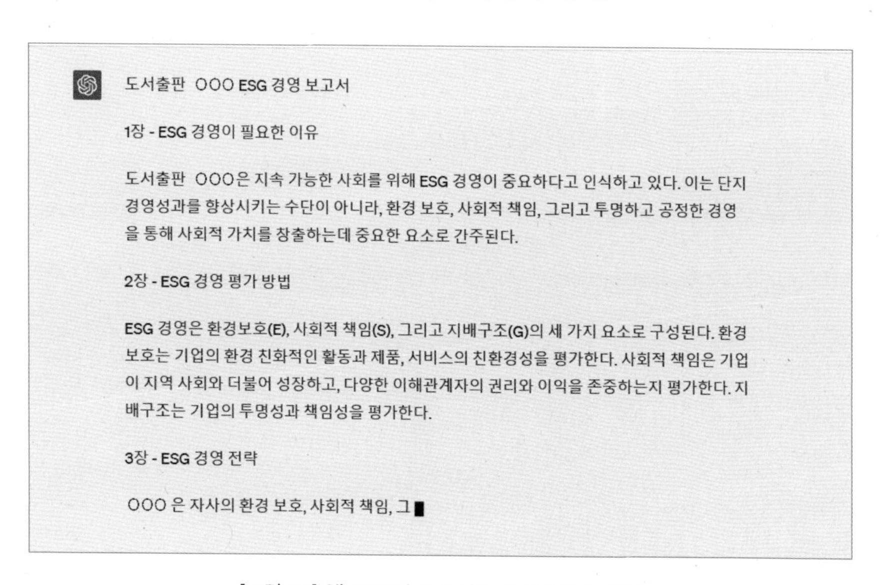

[그림 16] 챗GPT4가 보고서를 작성해 주는 화면

아래처럼 챗GPT4는 그럴듯하게 보고서를 작성해 준다.

도서출판 ○○○ ESG 경영 보고서

1장 - ESG 경영이 필요한 이유

도서출판 ○○○은 지속 가능한 사회를 위해 ESG 경영이 중요하다고 인식하고 있다. 이는 단지 경영 성과를 향상시키는 수단이 아니라, 환경 보호, 사회적 책임, 그리고 투명하고 공정한 경영을 통해 사회적 가치를 창출하는 데 중요한 요소로 간주된다.

2장 - ESG 경영 평가 방법

ESG 경영은 환경 보호(E), 사회적 책임(S), 그리고 지배구조(G)의 세 가지 요소로 구성된다. 환경 보호는 기업의 환경 친화적인 활동과 제품, 서비스의 친환경성을 평가한다. 사회적 책임은 기업이 지역 사회와 더불어 성장하고, 다양한 이해관계자의 권리와 이익을 존중하는지 평가한다. 지배구조는 기업의 투명성과 책임성을 평가한다.

3장 - ESG 경영 전략

○○○은 자사의 환경 보호, 사회적 책임, 그리고 지배구조에 대한 책임을 다하는데 주력하고 있다. 환경 보호를 위해, ○○○은 친환경 잉크 사용과 재활용 가능한 종이를 사용하고 있다. 사회적 책임을 다하기 위해, ○○○은 지역 사회와 더불어 성장하는 다양한 프로그램을 지원하고 있다. 이러한 프로그램 중 하나는 '독서의 힘'이라는 캠페인을 통해 소외된 아동들에게 도서를 기증하는 것이다. 지배구조 측면에서, ○○○은 투명하고 공정한 경영을 실천하고 있다.

4장 - ESG 경영 사례

○○○은 여러 ESG 경영 사례를 통해 자사의 책임을 실천하고 있다. 예를 들어, '독서의 힘' 캠페인을 통해 학교와 도서관에 도서를 기증하고, 이를 통해 교육의 기회를 제공하고 있다. 또한, ○○○은 친환경 잉크와 재활용 가능한 종이를 사용함으로써 환경 보

호에 기여하고 있다.

5장 - ESG 경영을 위한 노력

○○○은 ESG 경영을 위한 다양한 노력을 지속하고 있다.

환경(E): ○○○은 더욱 친환경적인 출판물 제작을 위해 친환경 잉크와 재활용 가능한 종이의 사용을 확대하고 있으며, 공장에서 나오는 폐기물의 적절한 처리와 에너지 효율성을 높이는 방안을 모색하고 있다.

사회(S): ○○○은 지역사회와의 상호 작용을 강화하고, 사회적 책임을 다하기 위해 다양한 프로그램을 운영하고 있다. '독서의 힘' 캠페인을 통해 어려운 환경에 있는 아동들에게 도서를 기증하는 것뿐만 아니라, 교육 기회의 공평성을 높이기 위한 다양한 활동을 진행하고 있다.

지배구조(G): ○○○은 투명한 경영 활동을 통해 신뢰성을 높이고 있다. 이를 위해 주주와 이해관계자들에게 정기적으로 경영 활동과 재무 상태를 보고하며, 이를 통해 회사의 운영 상황을 투명하게 공개하고 있다.

○○○은 앞으로도 ESG 경영 철학을 바탕으로 지속 가능한 경영을 추구할 것이며, 이를 통해 사회적 가치 창출에 기여할 것이다. 이러한 노력을 통해 ○○○은 출판 산업의 선도적인 ESG 경영 기업으로 자리매김하고자 한다.

6장 - ESG 경영의 향후 전망

○○○은 앞으로도 ESG 경영 원칙을 철저히 준수하며, 이를 통해 지속 가능한 성장과 사회적 가치 창출을 이루어낼 계획이다.

환경(E): ○○○은 디지털 출판물의 확대와 함께 물리적 출판물의 환경 부담을 최소화하기 위한 노력을 지속할 예정이다. 또한, 에너지 효율을 향상시키고 사무실과 공장의 탄소 발자국을 줄이는 방안을 모색할 것이다.

사회(S): ○○○은 교육의 기회를 공평하게 제공하기 위해 '독서의 힘' 캠페인을 확대할 계획이다. 또한, 지역사회와의 협력을 통해 다양한 사회 공헌 활동을 기획하고 실행할 것이다.

지배구조(G): ○○○은 투명성과 책임성을 높이기 위해 지배구조 개선에 노력을 기울일 것이다. 이에 포함되는 활동으로는 이해관계자와의 소통 강화, 주주 권익 보호, 그리고 윤리 강조 경영 등이 있다.

7장 - 결론

ESG 경영은 단지 경영 성과를 높이는 수단이 아니라, 기업이 사회와 환경에 미치는 영향을 고려하며 지속 가능한 성장을 추구하는 핵심적인 방향성이다. ○○○은 이에 부합하는 다양한 활동을 통해 ESG 경영을 실천하고 있으며, 이를 통해 기업 가치를 높이고 사회적 가치를 창출하고자 하는 노력을 지속하고 있다. 이러한 ○○○의 ESG 경영은 지속 가능한 미래를 위한 중요한 발걸음이며, 다른 기업들에게도 좋은 모범이 될 것이다.

이렇게 인공지능으로 보고서의 초안을 작성하고 아이디어를 얻을 수 있다. 향후 생성 인공지능이 더 많은 기업의 ESG 경영 보고서를 학습하고, 인공지능 기술이 더욱 발전되면 ESG 경영 보고서를 작성할 때 다양한 생성 AI를 자료 수집이나 글 작성 시 직원 한 명을 채용한 것 같은 효과를 거둘 것이다.

2) 챗GPT 활용 지속가능경영보고서 작성 방법 ②

기업 홈페이지에 공시된 지속경영보고서 PDF 파일을 구해서 챗GPT4에 접속한다.

[그림 17] 챗GPT 화면

왼쪽 하단에 자신의 프로필 이미지가 보이는 오른쪽에 점 3개(…)를 클릭한다.

+ New chat

GPT-3.5 GPT-4

ChatGPT PLUS

Help & FAQ

My plan

Settings

Log out

챗GPT강사

Send a message...

ChatGPT may produce inaccurate information about people, places, or facts. ChatGPT May 24 Version

[그림 18] 설정 메뉴 화면

왼쪽 옆 메뉴들중에 'Settings' 설정을 클릭한다.

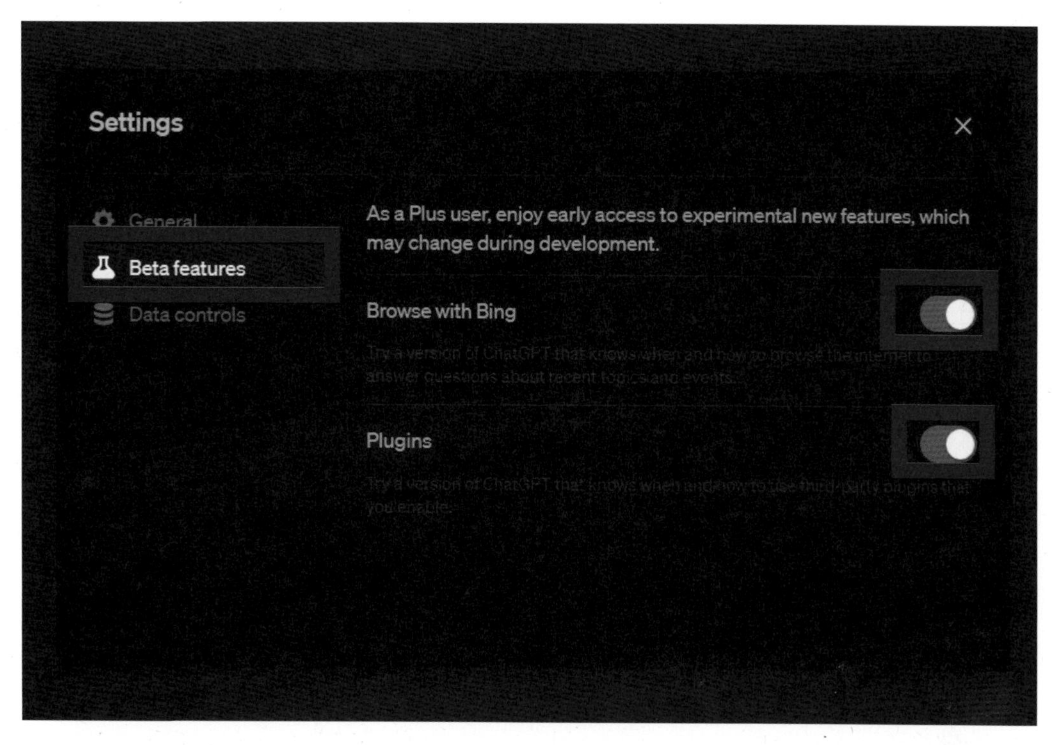

[그림 19] 설정 세팅 창 화면

설정 메뉴들 중에 'Beta features'를 클릭하면 'Browse with Bing'과 'Plugins'라는 메뉴가 나온다. 해당 메뉴를 선택해서 초록색으로 바꿔 준다.

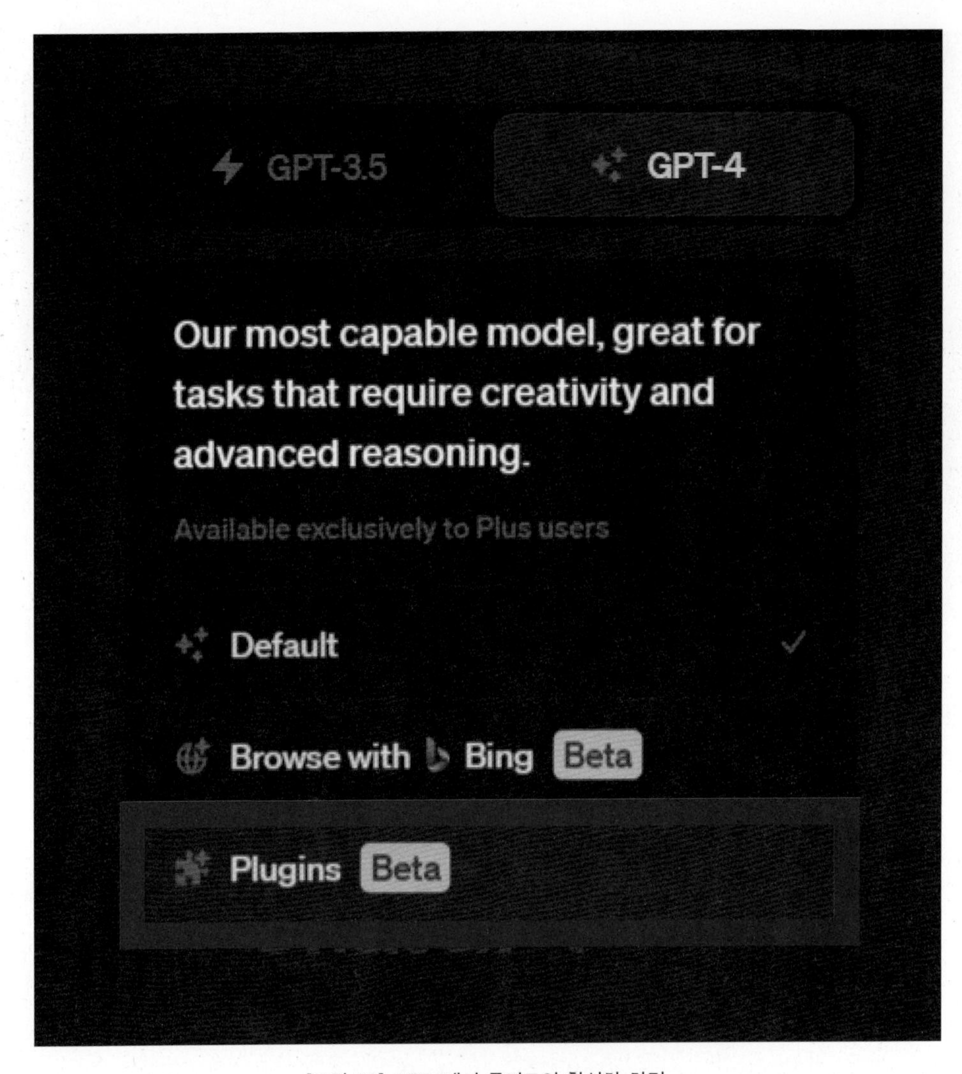

[그림 20] GPT4에서 플러그인 활성화 화면

GPT 버젼 선택 창이 나오면 GPT4를 선택한다. 아래 나오는 메뉴 중 'Plugins' Beta를 클릭한다.

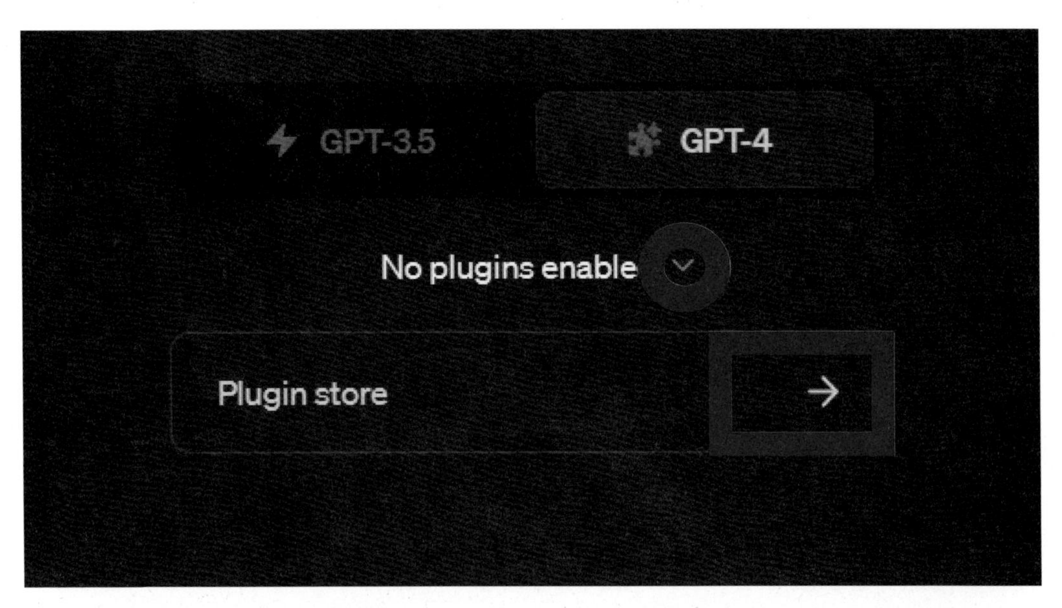

[그림 21] 플러그인 스토어 가는 화살표 화면

'No Plugins enabled' 옆에 아래 꺾쇠를 클릭하면 Plugin store'라고 나온다. 옆에 화살표를 클릭한다.

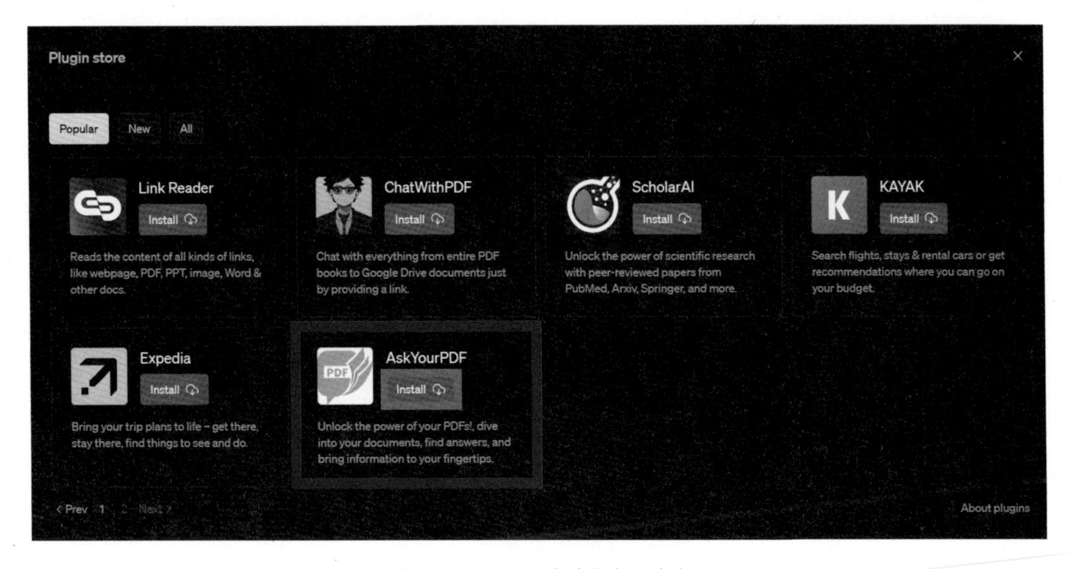

[그림 22] 플러그인 다운받는 화면

챗GPT4에서 플러그인 중 'Ask Your PDF'를 먼저 설치한다.

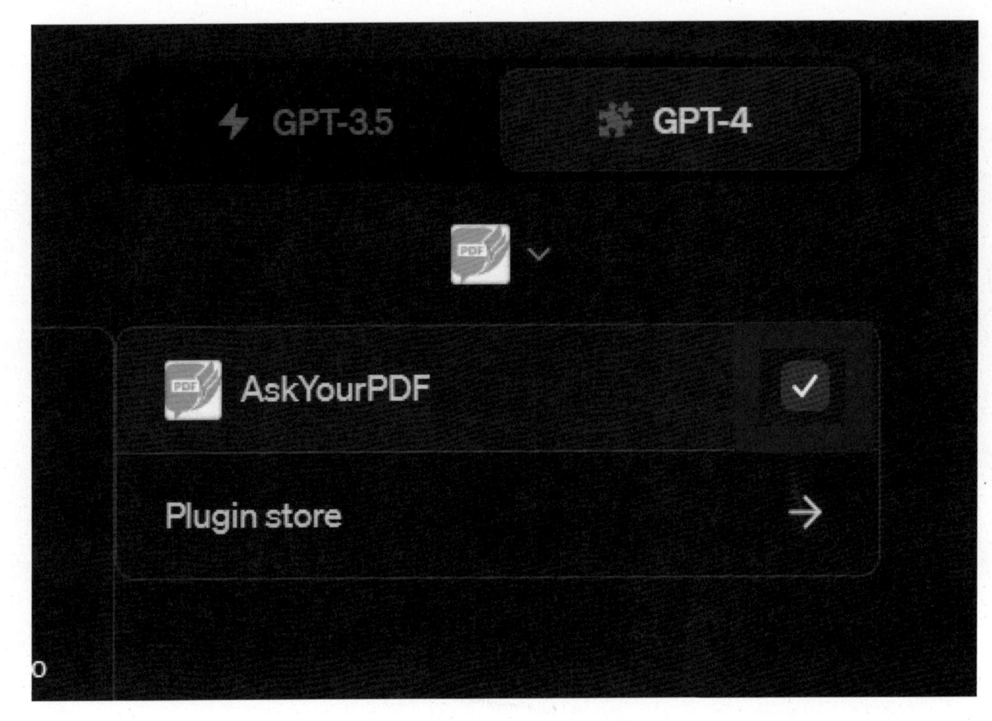

[그림 23] 플러그인 활성화 화면

다운받은 플러그인 목록을 열고 사용할 Ask Your PDF 플러그인을 체크하여 활성화시켜 준다.

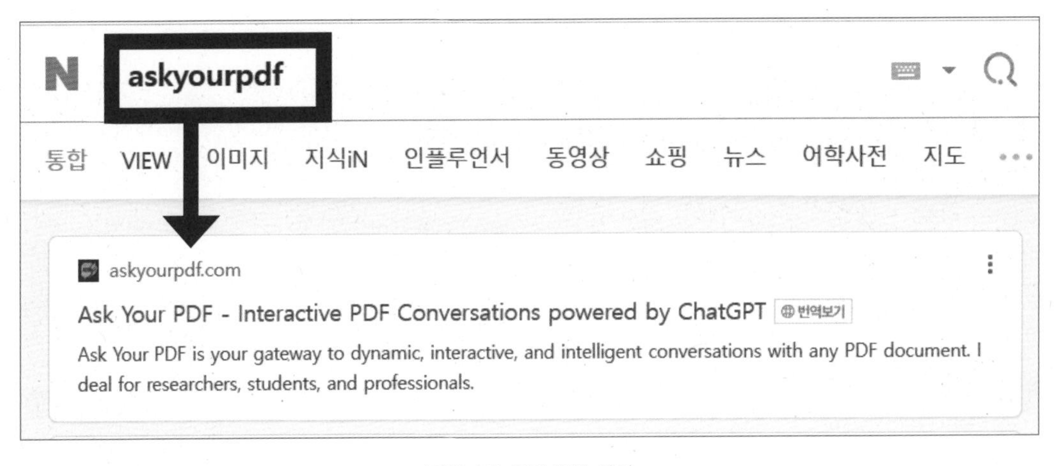

[그림 24] 포털 검색 화면

포털 검색창에서 'Ask Your PDF'를 검색하고 해당 홈페이지로 들어간다.

[그림 25] 파일 업로드 화면

가운데 위치에 'Upload Ducument Here' 위치를 클릭하거나 아래 UploadFrom URL'을 선택한다. (내 컴퓨터 안에 들어 있는 파일뿐만 아니라 외부 링크로 연결된 파일도 가능하다.)

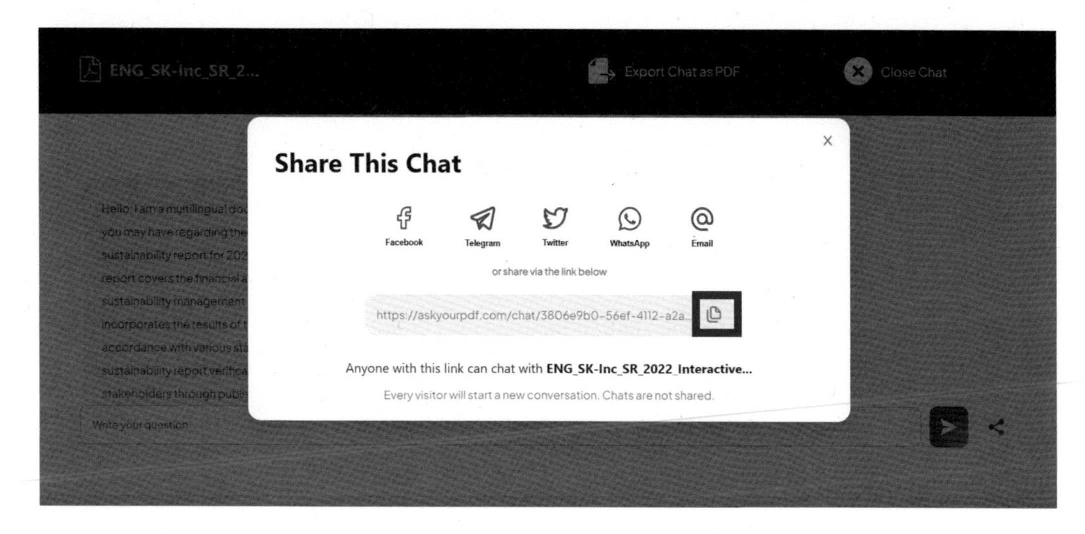

[그림 26] 링크 생성이미지 화면

파일을 업로드하고 잠시 기다리면 공유 가능한 파일 링크가 생성되어 나온다.

링크 옆 복사 표시를 선택해 링크 복사를 한다.

[그림 27] chatGPT4 질문 화면

챗GPT4로 돌아가서 질문 칸에 링크를 붙여넣고 원하는 질문목차를 뽑아 주세요'를 추가한다.

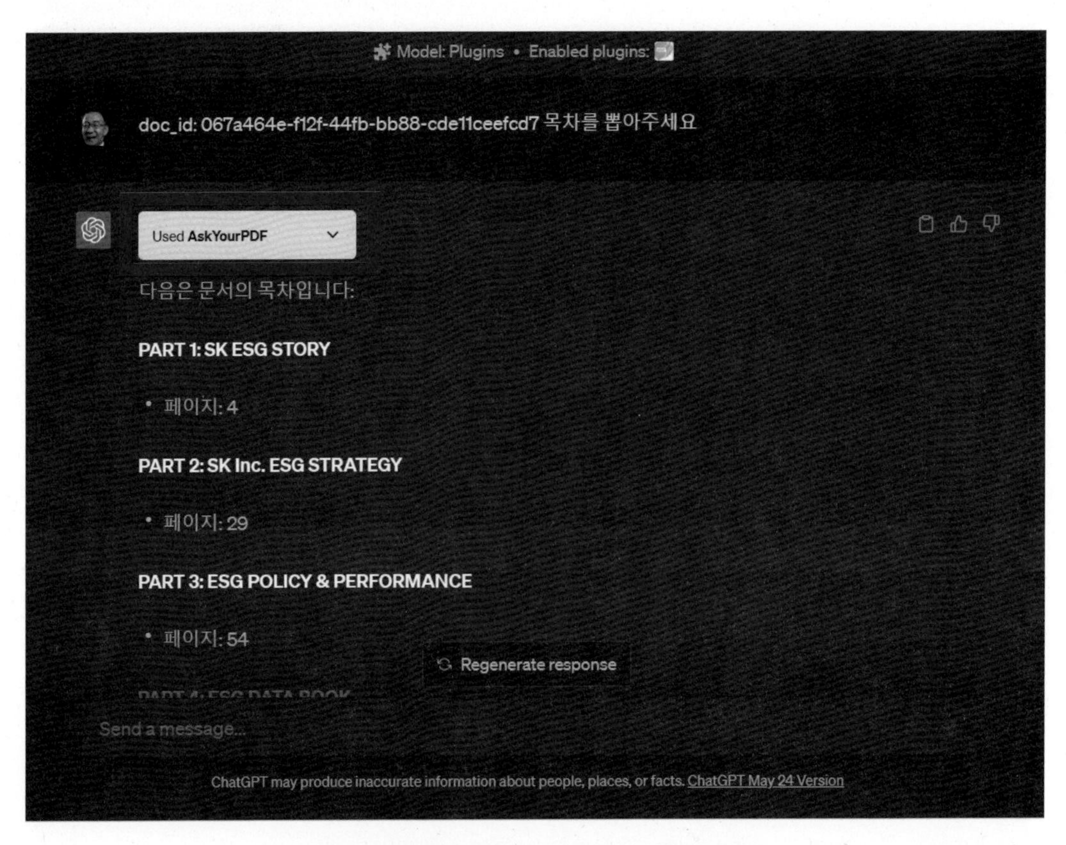

[그림 28] AskYour PDF로 요청 사항이 나오는 화면

Used AskYourPDF라고 보여지며 PDF를 읽고 목차를 찾아 주거나 요약을 해준다,

목차를 하나씩 복사해서 챗GPT에 넣고 보고서 초안을 작성한다.

00 그룹 지속가능경영보고서 초안

'네가 ESG 컨설턴트라고 생각하고 00 GROUP ESG 전략에 대한 보고서를 작성해 줘'라고 질문하였더니 아래와 같이 나온다.

00그룹의 ESG 전략에 대한 기본적인 개요를 제공해드릴 수 있습니다.

환경(E): 00 그룹은 환경 친화적인 제품 개발과 생산 과정을 통해 지속 가능한 성장을 추구합니다. 이는 에너지 효율적인 제품 개발, 재활용 가능한 자원 사용, 그리고 탄소 배출량 감소를 포함합니다.

사회(S): 00 그룹은 다양성과 포용성을 중요하게 생각하며, 직원들의 복지와 개발에 투자합니다. 또한, 지역 사회와의 협력을 통해 사회적 가치를 창출하려고 노력합니다.

지배구조(G): 00 그룹은 투명하고 책임 있는 경영을 통해 지배구조를 강화하고 있습니다. 이는 공정한 경영과 이해관계자들의 신뢰를 증진시키는데 중점을 두고 있습니다.

이러한 전략은 00 그룹의 지속 가능한 성장과 사회적 책임을 위한 기반을 제공합니다.

ESG 정책 및 성과

00그룹의 ESG 정책 및 성과는 환경, 사회, 지배구조의 세 가지 핵심 이슈에 중점을 두고 있습니다.

지배구조는 이사회를 중심으로 구성되어 있습니다. 이사회가 제대로 작동하고 본연의 역할을 수행할 때 진정한 책임 경영이 가능하다는 믿음을 바탕으로, 00은 글로벌 표준을 뛰어넘는 수준의 이사회 중심 경영을 추진하며 이해관계자와의 장기적인 신뢰 관계를 확보해 나가고 있습니다.

협력사 ESG 지원 체계

00 그룹은 협력사의 ESG 실천을 지원하기 위한 체계를 구축하고 있습니다. 이는 협력사의 ESG 실천 가이드라인 제정, 협력사의 ESG 수준 평가, 그리고 협력사의 ESG 실천을 위한 지원 프로세스를 포함합니다.

ESG 약속

00 그룹은 사업 포트폴리오 혁신과 ESG 가치 확산을 통해 이해관계자의 행복을 키우고 기업 가치를 제고해 나가고 있습니다. 이사회 중심의 책임 경영 원칙을 선언하고, ESG를 반영한 투자 의사 결정 프로세스를 구축하며, ESG 경영 기반의 성과 창출을 통해 지속 가능한 미래를 만드는 회사로 성장하겠다는 약속을 보여 주고 있습니다.

위처럼 챗GPT와 대화를 해나가며 지속가능경영보고서 초안을 작성할 수 있다.

생활 속의 ESG 실천

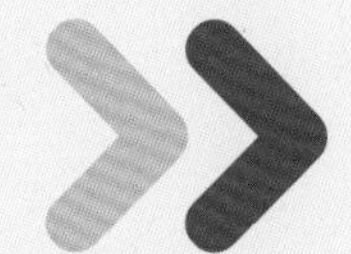

생활 속의 ESG 실천

1 탄소중립실천포인트 제도 안내

1) 탄소중립실천포인트란?

환경부 산하 공공기관인 한국환경공단에서 주관하는 사업으로 일반 국민의 탄소중립 생활 실천 문화 확산을 위하여 다양한 민간 기업에 친환경 활동 이용 시 이용 실적에 따라 인센티브를 지원하는 제도이다. 탄소중립 활동이 중요한 이유는 인간이 과도하게 땅속에 있는 화석 연료를 많이 사용하여 과도한 온실 효과를 초래하고, 지구의 기온이 높아지면서 생태계의 균gud이 깨지고 있다. 그래서 지구를 보호하기 위한 탄소중립 활동을 국민 개개인이 실천하여야 한다. 탄소 배출량을 중립으로 만들기 위해서는 나무를 더 심거나 신재생 에너지, 화력, 풍력을 사용하여 탄소 배출을 줄이는 방법이 있다. 그럼 아래처럼 탄소중립 실천 포인트 활동하는 방법을 알아보겠다.

신청만으로 5천 원의 실천 다짐금을 받을 수 있고, 1년에 최대 7만 원까지 인센티브를 받을 수 있다.

[그림 1] 탄소중립실천포인트 홈페이지

포털사이트에서 '탄소중립실천포인트'라고 검색하고 홈페이지에 들어가서 신청이 가능하다.

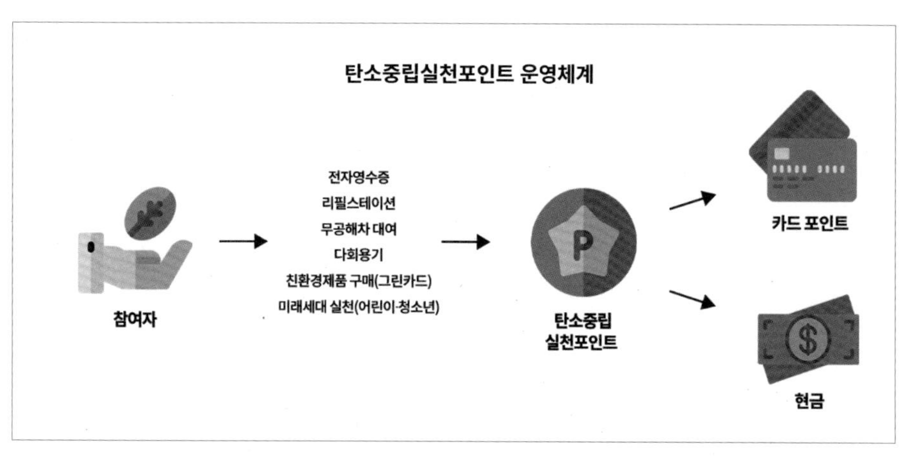

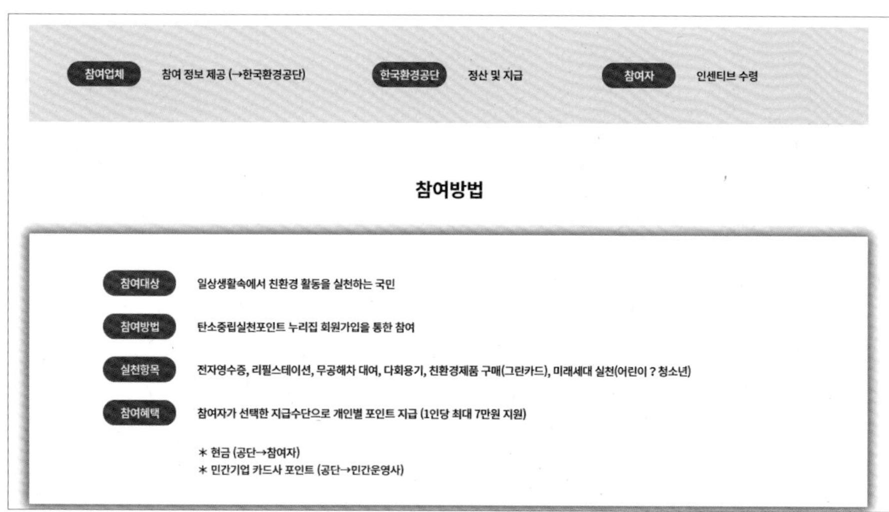

[그림 2] 탄소중립실천포인트 제도 소개

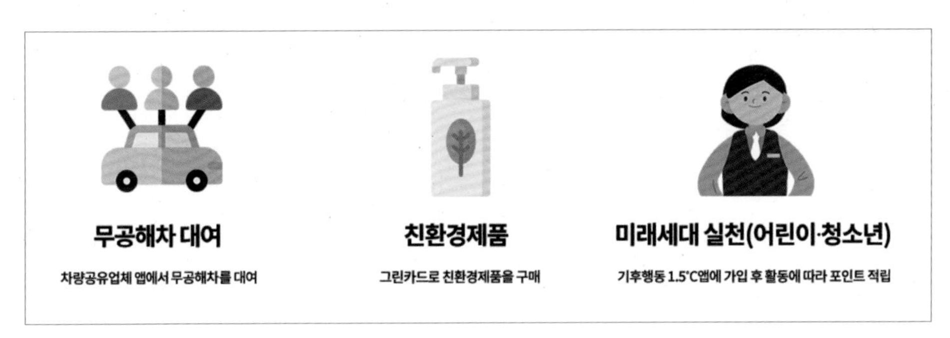

[그림 3] 참여 방법

다회 용기를 사용하면 1회당 1천 원을 받을 수 있고, 전자영수증을 발급받으면 1회당 100원을 받을 수 있으며, 리필스테이션에션에서 화장품 또는 샴푸 등을 리필하게 되면 1회당 2천 원을 받을 수 있다. 또한, 무공해 차를 대여하면 km당 100원을 받을 수 있으며, 친환경 상품을 구매하면 1회당 1,000원을 받을 수 있다.

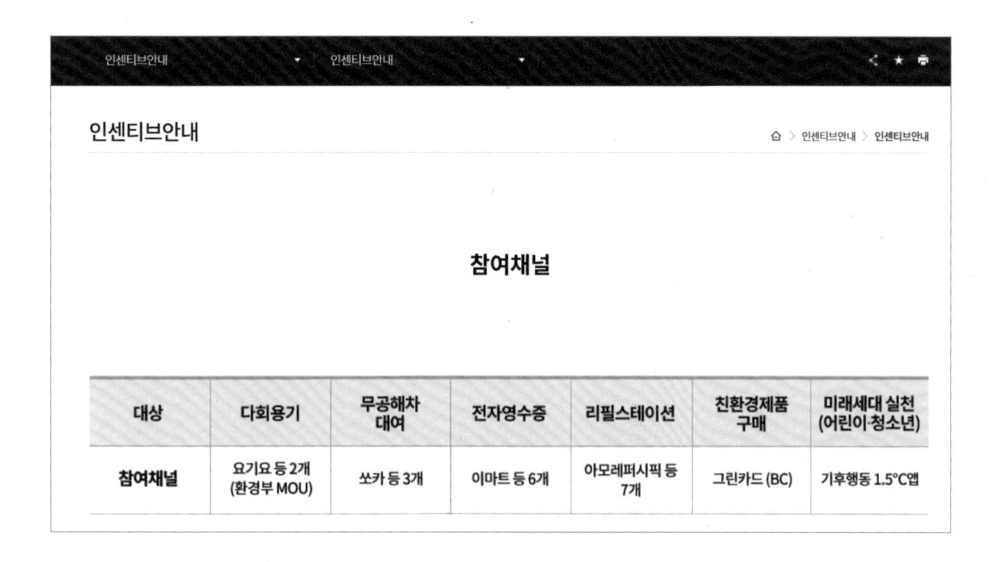

인센티브안내 인센티브안내

인센티브안내

인센티브안내 > 인센티브안내

참여채널

대상	다회용기	무공해차 대여	전자영수증	리필스테이션	친환경제품 구매	미래세대 실천 (어린이·청소년)
참여채널	요기요 등 2개 (환경부 MOU)	쏘카 등 3개	이마트 등 6개	아모레퍼시픽 등 7개	그린카드 (BC)	기후행동 1.5°C앱

탄소중립 실천활동에 따른 인센티브

대 상	단 가	상한액/년
실천 다짐금(최초)	5,000원	70,000원
전자영수증	100원/회	
리필스테이션	2,000원/회	
다회용기	1,000원/회	
무공해차 대여	100원/km	
친환경상품	1,000원/회	
미래세대 실천(어린이.청소년)	상장 및 상금	

[그림 4] 인센티브 안내

2) 탄소중립실천포인트 가입 방법

탄소중립실천포인트 가입 방법을 아래 이미지 순서대로 따라하여 가입한다.

[STEP 1] 탄소중립 실천포인트 누리집 접속 (→ http://cpoint.or.kr/netzero)	
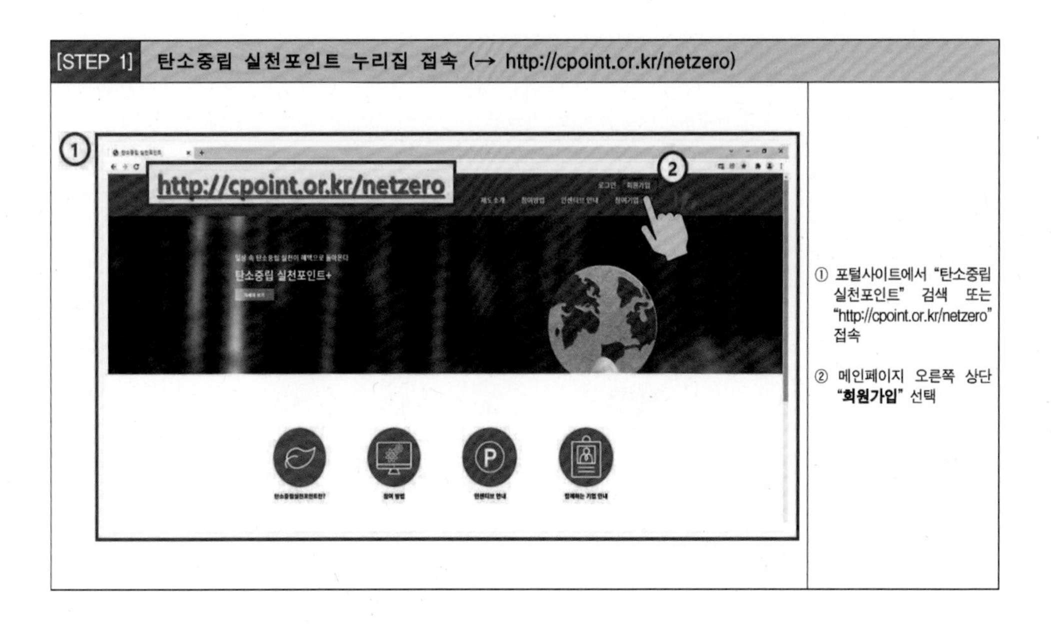	① 포털사이트에서 "탄소중립 실천포인트" 검색 또는 "http://cpoint.or.kr/netzero" 접속 ② 메인페이지 오른쪽 상단 **"회원가입"** 선택

[STEP 2] 회원가입 약관동의	
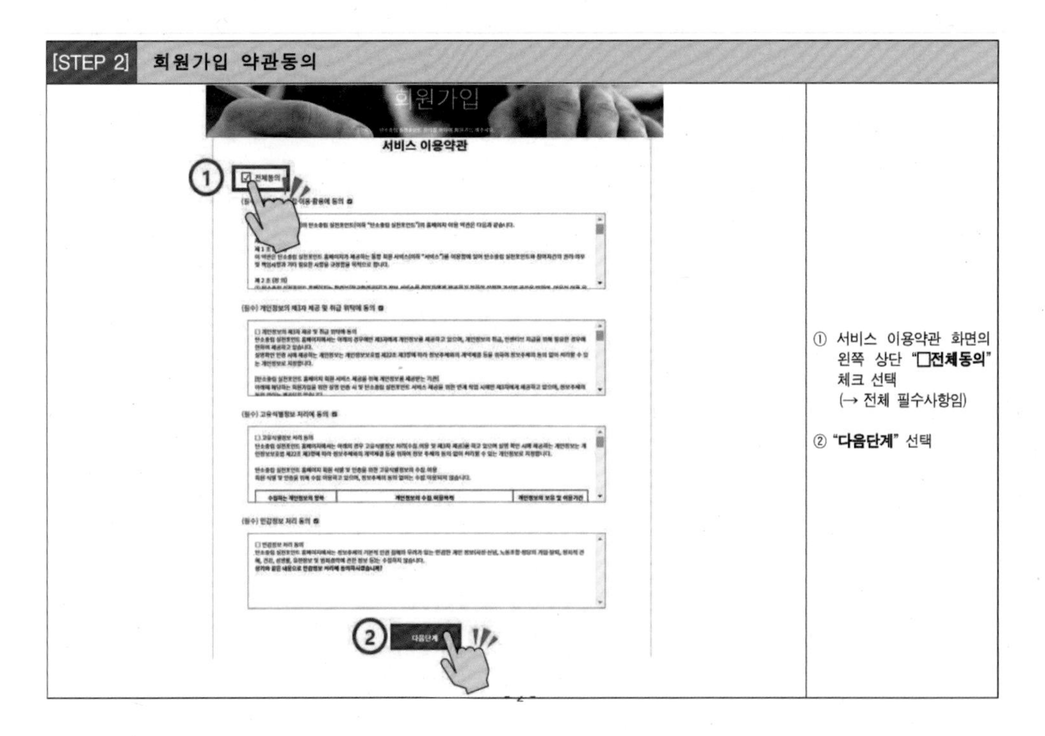	① 서비스 이용약관 화면의 왼쪽 상단 **"□전체동의"** 체크 선택 (→ 전체 필수사항임) ② **"다음단계"** 선택

[STEP 3] **회원가입 본인인증**

"공인인증서 인증" 혹은 **"휴대폰 인증"** 둘 중 하나 선택해 본인인증을 진행

[STEP 4-1] **휴대폰 인증**

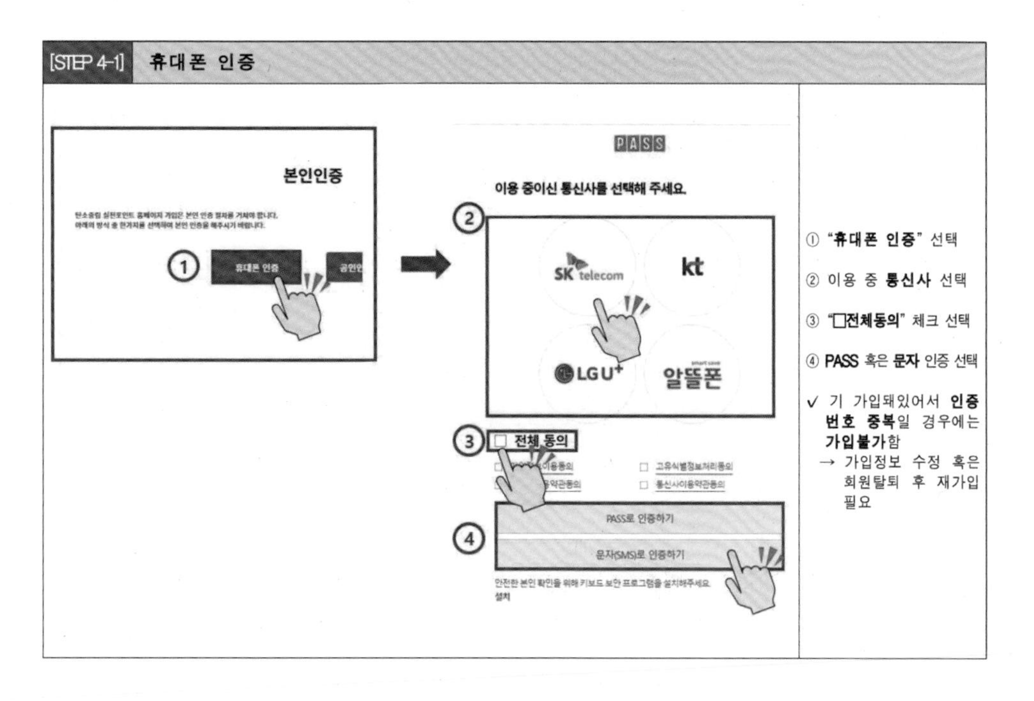

① **"휴대폰 인증"** 선택

② 이용 중 **통신사** 선택

③ **"□전체동의"** 체크 선택

④ **PASS** 혹은 **문자** 인증 선택

✓ 기 가입돼있어서 **인증번호 중복**일 경우에는 **가입불가**함
→ 가입정보 수정 혹은 회원탈퇴 후 재가입 필요

[STEP 4-2] 공인인증서 인증

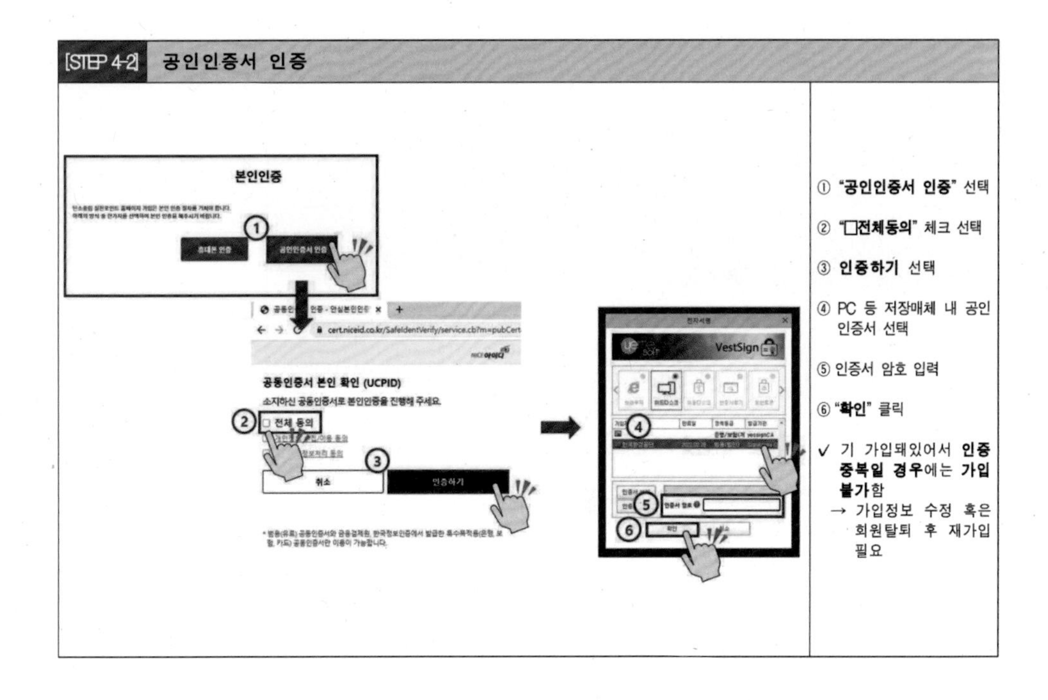

① **"공인인증서 인증"** 선택

② **"□전체동의"** 체크 선택

③ **인증하기** 선택

④ PC 등 저장매체 내 공인인증서 선택

⑤ 인증서 암호 입력

⑥ **"확인"** 클릭

✓ 기 가입돼있어서 **인증 중복일 경우**에는 **가입 불가**함
→ 가입정보 수정 혹은 회원탈퇴 후 재가입 필요

[STEP 5] 회원정보입력

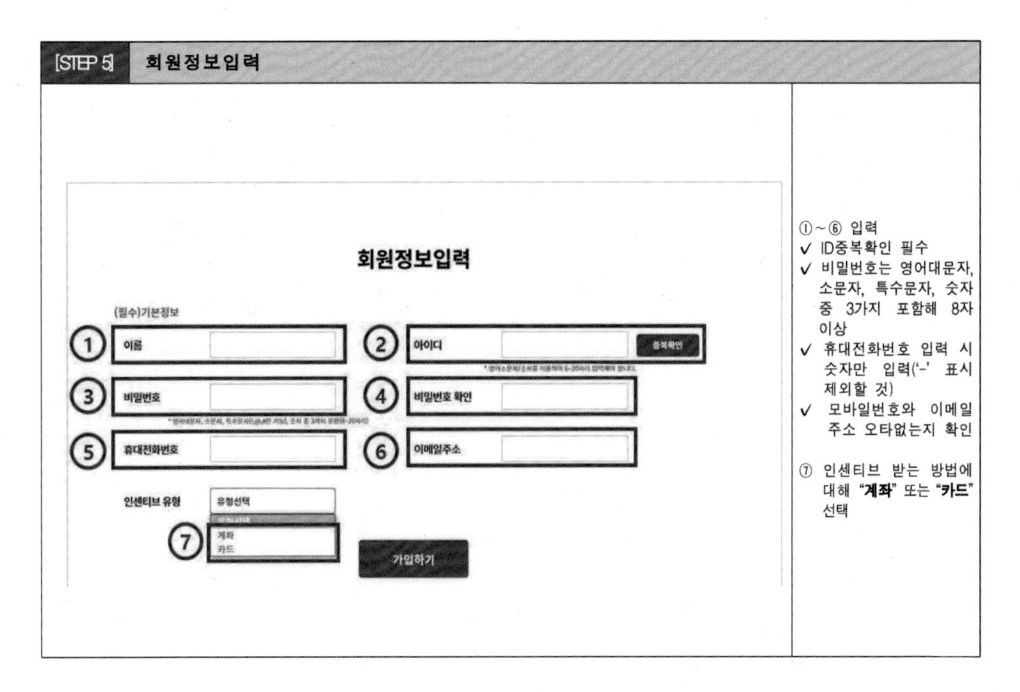

①~⑥ 입력
✓ ID중복확인 필수
✓ 비밀번호는 영어대문자, 소문자, 특수문자, 숫자 중 3가지 포함해 8자 이상
✓ 휴대전화번호 입력 시 숫자만 입력('-' 표시 제외할 것)
✓ 모바일번호와 이메일 주소 오타없는지 확인

⑦ 인센티브 받는 방법에 대해 **"계좌"** 또는 **"카드"** 선택

[STEP 5-1] 계좌선택 시 세부화면 후 가입하기

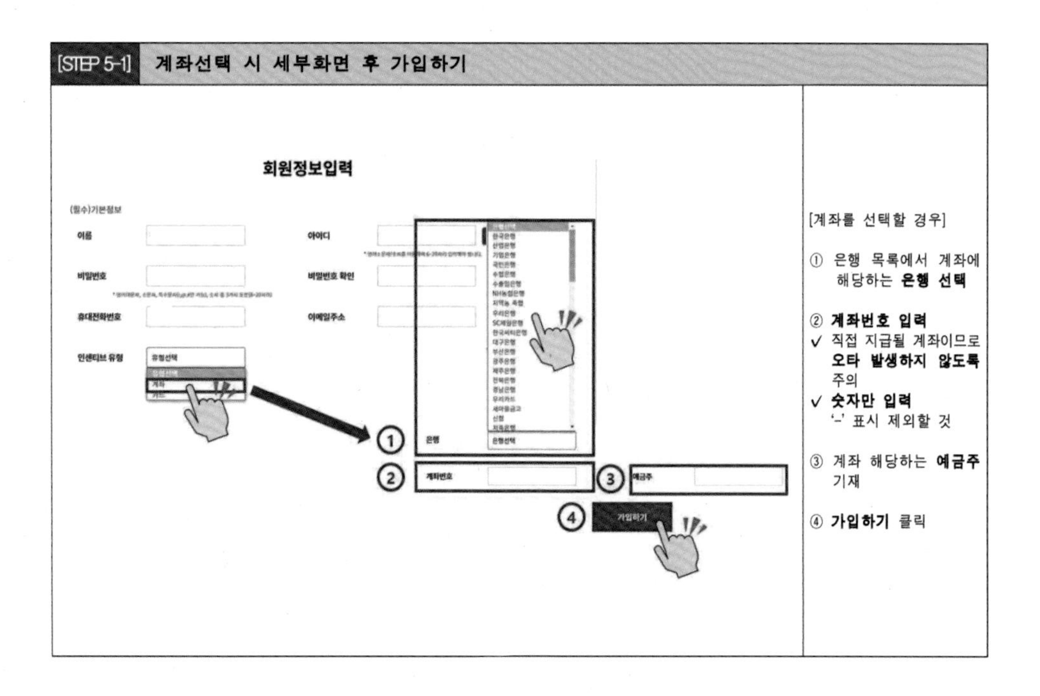

[계좌를 선택할 경우]

① 은행 목록에서 계좌에 해당하는 **은행 선택**

② **계좌번호 입력**
✓ 직접 지급될 계좌이므로 **오타 발생하지 않도록** 주의
✓ **숫자만 입력**
'-' 표시 제외할 것

③ 계좌 해당하는 **예금주** 기재

④ **가입하기** 클릭

[STEP 5-2] 카드선택 시 세부화면 후 가입하기

회원정보입력

(필수)기본정보

이름

아이디

중복확인

비밀번호

비밀번호 확인

휴대전화번호

이메일주소

인센티브 유형

유형선택

계좌

카드

가입하기

[카드를 선택할 경우]

① **"활용가능한 신용카드 확정 시, 개별 안내 예정"** 문구 표시
✓ 시스템 개선 후 직접 지급될 카드사·정보 등 작성할 수 있도록 할 예정임

② **가입하기** 클릭

[그림 5] 스마트폰 탄소배출실천포인트제 가입 어플

2 플라스틱 PET 회수 재활용 방법 안내

인류의 헤아릴 수 없이 많은 발명품 중에 '플라스틱'은 20세기 기적의 소재로 부른다. 인류의 역사를 석기 시대, 청동기 시대, 철기 시대로 구분한다면 현대는 '플라스틱 시대'라 할 수 있을 정도로 플라스틱이 적용되지 않는 분야가 드물 정도이다.

플라스틱의 역사는 스위스 바젤대학 교수로 재직하던 1846년 즈음 독일인 크리스티안 쇤바인(Christian Friedrich Schönbein, 1799~1868)으로부터 출발해, 1869년 최초의 천연수지 플라스틱 셀룰로이드가 만들어졌다. 이어 1937년 미국 듀퐁사의 월리스 캐러더스(Wallace H. Carothers, 1896~1937)가 합성섬유 '나일론'을 개발했다. 나일론은 '거미줄보다 가늘고 강철보다 질긴 기적의 실'로 불렸다.

20세기 후반으로 들어오면서 '고기능성 플라스틱'의 개발 속도는 더욱 가속화됐다. 다양한 분야의 개발로 인해 미래의 플라스틱 신소재 개발의 응용 범위에는 한계가 없다. 또한, 첨단 기능의 특수 플라스틱 시장은 매우 확대될 것으로 전망된다. 특히 분해성 플라스틱의 개발은 앞으로 플라스틱 기술에서 매우 중요한 과제다.

그런데 문제는 백 년이 지나도 썩지 않는 쓰고 버려지는 수많은 플라스틱으로 지구의 환경이 오염되고 있다는 점이다. ESG에 있어서 하나가 '지구 환경'의 문제로 지구는 인류 존립의 근간이다. 더군다나 코로나19로 인해 배달 제품의 수요가 폭주하면서 배달, 택배, 일회용 음식 포장재 등에서 플라스틱 쓰레기가 매일 홍수처럼 쏟아져 나오고 있다.

이에 기업들이 노력해야 할 것 중 하나는 용기를 생분해성이 높은 플라스틱을 사용하거나 재활용이 가능한 유리나 종이로 재질을 변경하는 것이다. 생분해성 플라스틱이란 생물성 원료의 함량이 50% 이상인 플라스틱을 말하는데 가격이 다소 비싸고 기존 플라스틱보다 약한 면이 있지만 자연환경에서 잘 분해돼, 플라스틱으로 인한 지구 환경 문제를 조금은 해소할 수 있을 것으로 기대된다.

코로나19 발생 후 전 세계에서 추가로 발생한 플라스틱 쓰레기양은 840만 톤에 이르렀고 그 양은 지금도 기하급수적으로 늘어나고 있다. 유럽연합은 2021년 7월부터 포크와 나이프, 수저 등 플라스틱 식사 도구와 접시, 빨대, 스티로폼 컵과 음식 용기 등의 사용을 금지했다.

올해 2월 코카콜라는 포장재의 최소 25%를 재사용 가능한 소재로 대체하겠다고 발표했으며, 3월에는 유엔총회에서 처음으로 법적 구속력이 있는 국제 플라스틱 조약을 공식적으로 논의하기로 합의했다.

그린피스는 지난 11월에는 지난해에 이어 두 번째로 시민들과 함께 진행한 가정 내 플라스틱 폐기물 배출 실태조사를 바탕으로 〈2021 플라스틱 집콕조사: 일회용의 민낯〉 보고서를 발간했다. 이 조사에는 구내에서 실시한 시민 참여형 플라스틱 배출 실태 조사 중 최대 규모인 841가구(2,671명)가 참여했는데, 조사 결과 우리가 매일 먹고 마시는 식품의 포장재가 전체 플라스틱 배출량(총 77,288개)의 78.1%로 압도적인 비중을 차지했다. 폐기물을 제조사별로 분석한 결과 배출량 상위 10개 식품 제조사가 전체 배출량의 23.9%를 기록했다고 한다.

카페 등 음료 판매 매장의 1회용 컵을 없애는 제로카페, 음식점에서 일회용 플라스틱 용기 사용을 없애는 제로식당, 매장과 마트 안 포장재를 없애는 제로마켓, 캠퍼스 내 폐기물을 없애는 제로캠퍼스 사업 등을 진행하고 있다. 프랜차이즈·민간 배달 플랫폼·IT 업계 등과 협력해 플라스틱 대신 재사용 배달 용기 사용도 독려하고 있다.

이처럼 플라스틱 및 쓰레기 문제는 여러 가지 환경 및 사회문제를 일으키며 영원한 인류가 풀어내야 할 과제이다. 그중에서도 플라스틱의 사용 줄이기는 정부, 기업, 시민의 구분 없이 지구 환경을 위해서는 모두가 동참하고 실천해야 할 과제이다. 당장 쉽고 편리한 것에 익숙한 우리지만 이제 지구는 더 이상 우리의 편리함과 쉬움에 피해를 볼 수 없는 상황에 이르렀다.

'ESG 실천', 바로 플라스틱의 사용 제한과 쓰레기 배출 감소에서부터 시작된다고 해도 과언이 아닐 것이다. 그 일환으로 자원 순환을 위해 투명 플라스틱 수거기를 더 많이 설치해야 하고, 수거된 플라스틱으로 다양한 상품들을 생산하고 소비해야 한다. 이것만 줄이고 통제가 된다면 지구의 환경은 조금씩 몸살 앓이에서 회복될 수 있을 것이다.

지구는 인류 존립의 근간이고 우리의 미래이다. 조금 불편하게 조금 번거롭게 살아보는 것도 지구 환경을 위한 일이라면 즐거운 일이 될 것이다.

투명 플라스틱 생수병 등을 수거하여 재활용하는 방법에 대해 설명하고자 한다.

포털사이트에서 '수퍼빈'을 검색한다.

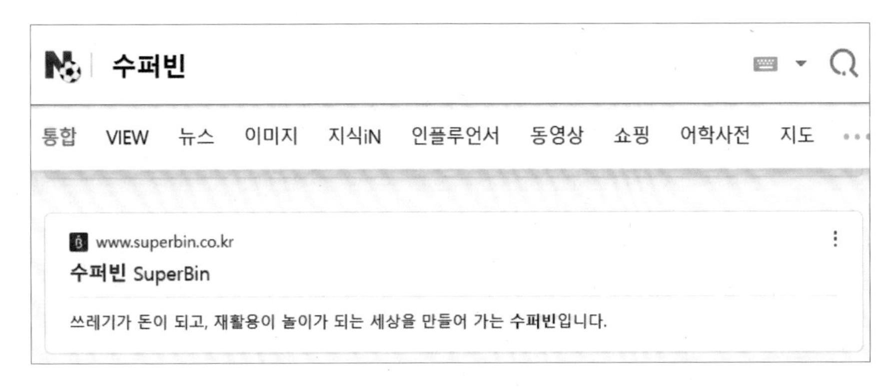

[그림 6] 수퍼빈 검색

[그림 7] 수퍼빈 홈페이지 화면

수퍼빈 홈페이지에서 위치 검색을 통해 자신이 사는 지역의 페트병 재활용 수퍼빈 기계가 있는 곳을 파악하여 활용할 수 있다.

[그림 8] 수퍼빈 위치 검색

[그림 9] 수퍼빈 스마트폰 앱

[그림 10] 수퍼빈 앱 실시간 정보 확인

[그림 11] 수퍼빈 포인트 적립 내역

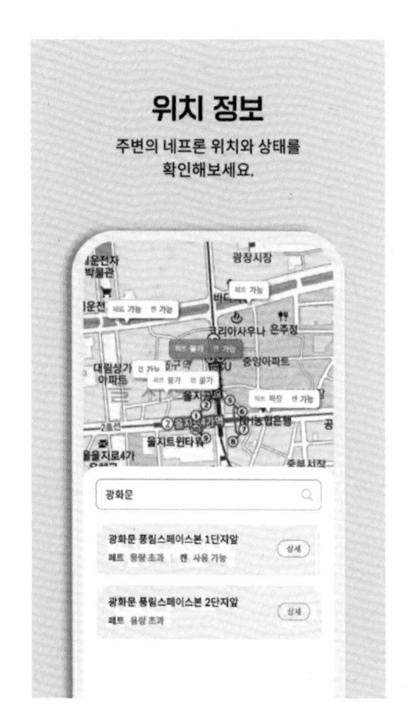

[그림 12] 수퍼빈 앱에서 위치 정보

[그림 13] 환전 신청

[그림 14] 수퍼빈 현금보상

간행물

K-ESG 가이드라인 v1.0, 산업통상자원부, 한국생산성본부

중소·중견기업 CEO를 위한 알기 쉬운 ESG(대한상공회의소, 삼정 KPMG)

언론보도 종합, 삼정KPMG/Internatinal, 2021

대한상공회의소, 지속가능경영을 위한 기업가이드

대한상공회의소 ESG A부터 Z까지

ESG 경영에 대한 국민인식 조사결과, 대한상공회의소, 2021.5

곽기욱 in KISO저널 제46호, 국내외 IT 기업들의 ESG 경영 소개 2022.03.29.

대한상공회의소(2022.7), 지속가능 경영을 위한 기업 가이드 ESG A to Z

한국생산성본부(2021.11.3.), 2021-KPC_DJSI_평가결과 보도자료

KRX 한국거래소, 2020 ESG 정보공개 가이던스

ChatGPT,기회인가 위협인가 ChatGPT 이해와 영향 분석 (삼일PwC경영연구원 2023.03)

챗GPT 활용사례 및 활용 팁, 서울디지털재단

NIA, THE AI REPORT 2023-1

기사

카카오·SPC 사건으로 본…위기관리 ABC, 2022.11.08/매일경제

SPC 청년 노동자 사망 사건…비윤적 경영 논란 ('시사직격'), 2022.11.11/마이데일리

ESG 우수 글로벌 기업 투자… 안정적인 수익 눈길, 2021.11.25/동아일보

기업 ESG 평가 우수할수록 코로나 때 주가수익률 높았다, 22.07.04/한경 ESG

스탭스, 업계 최초 메타버스 플랫폼 '이프랜드'로 월례회의 진행, 21.11.01/서울경제

출처: https://www.sedaily.com/NewsView/22TUJU4XAV

동부건설, 메타동부로 경영 효율성 높인다, 2022.06.07/대

한경제

김민석 지속가능연구소장(2021.06.22.), 지속가능 보고서, 그린워싱과 커뮤니케이션 사이 그 어딘가, 더나은미래

이현주(2021.03.30.), 'ESG 경영'의 짧지만 긴 역사…브룬트란트 보고서에서 지속가능 경영까지, 한국경제매거진㈜

박지영(2021.12.06.), 1년 만에 세상 나온 K-ESG, 뜯어봤다, 주식회사 더퍼블리카

박선하(2021.07.16.), 공개 정보 바탕 위기 대응 평가…업종·핵심 사업 따라 중점 항목 달라, 한국경제

김주훈(2021.09.01.), 글로벌 ESG 평가, 韓기업 평균 69.8점… "환경 부문 글로벌 평균보다 격차 커", (주) 라이프 컴퍼니

이경호(2021.03.02.), 글로벌 ESG의 강자 MSCI, 평가 방법 뜯어보니…, ㈜아주뉴스코퍼레이션

김동수(2022.01.13.), 세계 최대 자산운용사 이끄는 래리 핑크 블랙록 CEO, 인사이트코리아

주병옥(2022.08.08.), ESG 경영성과 관리 홍보 '지속가능 보고서', 중기이코노미

박란희(2021.01.28.), 블랙록, 래리 핑크 회장의 2021년 편지에는 무엇이 담겼나, 임팩트온

강계만(2021.01.14.), 대기업 2025년부터 ESG 공시 의무화, 매일경제

전혜진(2021.01.05), MZ세대가 ESG 가치에 뜨겁게 호응하는 이유, (주)이에스지경제

김우경(2021.03.29.), 공급망에서도 ESG 관리하는 기업들, 임팩트온

박지영(2020.06.22.), 환경부가 지지 선언한 'TCFD(기후변화 재무정보 공개 전담협의체)' 새롭게 주목, 임팩트온

박봉현, 오기환(2022.06.29.), EU, 기업 지속가능 보고 지침(CSRD) 채택, 한국바이오협회

법무법인 지평(2021.01.20.), [ESG] 한국거래소, ESG 정보공개 가이던스 제정, 법무법인 지평

박지영, (2021.11.11.), 금융위, SASB 기준 국문 번역본 공개... 기준 살펴보니, 임팩트온

오지헌, (2021.08.13.), 한경 ESG, ESG 이니셔티브 가입, 이것만은 유의하세요

박란희,(2020.09.28.), 지속가능 보고서 검증기준 AA1000, 내

년에 확 바뀐다, 임팩트온

ZDNET KOREA,어디에 쓰일까 챗 GPT 비즈니스 활용전망, 22.12.30

논문

육근효(2011.11.22.), 지속가능(환경) 보고서에 있어서 중요성 분석의 의미와 과제: 사례 연구를 중심으로

전영승, 지속가능 보고서의 제3자 검증에 관한 연구

단행본

강지수 외 9명, (2022), 2050 ESG 혁명, 서울 : (주)라온아시아

법령

「지속가능발전법」 2020.5.26. 제정

보고서

글로벌지속가능투자연합(GSIA)

보스턴컨설팅그룹(22.03.31) The Five Digital Building Blocks of a Corporate Sustainability Agenda

산업통상자원부. ESG 확산 및 정착을 위한 기업 설문조사 분석 결과보고서,

산업통산자원부. K-ESG 가이드라인 v1.0

한국환경연구원, ESG 평가체계 현황 분석 연구 환경영역(E)을 중심으로

GRI, Ready to Report?

사회적가치연구원, ESG 핸드북

PWS, Sustainability Reporting tips Simple actions to make your reporting more accessible and effective

TCFD, Implementing the Recommendations of the Task Force on Climate-related Financial Disclosures_2021

TCFD, The Use of Scenario Analysis in Disclosure of Climate-Related Risks and Opportunities

SASB, SASB Conceptual Framework

경제·인문사회 연구회, 안전규제 이해관계자 행태 분석

블로그

코리안 스탠다드 핀테크 '리먼브라더스 사태 발생한 5가지 원인'(https://blog.naver.com/ksfintech123/221344482658)

에너지엑스, 세계적인 ESG 트렌드, 글로벌 기업들은 어떻게 대응하고 있는가?

(https://blog.naver.com/energyx_official/222514010399)

중외제약, 공유가치경영으로 지속가능경영의 씨앗을 심다.

(https://www.jw-pharma.co.kr/mobile/pharma/ko/esg/pressIR_view.jsp?contentsCd=210828184719696G6O95)

현대/기아자동차 임직원 교육 플랫폼 구축 디어빌리티그룹 블로그 2022.6.14. 포스팅

https://blog.naver.com/bsmk0325, ESG 읽어주는 여자

https://blog.naver.com/PostList.naver?blogId=campsis, Beyond CSR

블로그 스파르타 코딩클럽

사이트

[네이버 지식백과] 엑손 발데스 유조선 재앙 (죽기 전에 꼭 알아야 할 세계 역사 1001 Days, 2009. 8. 20., 마이클 우드, 피터 퍼타도, 박누리, 김희진)

[네이버 지식백과] 리먼브라더스 사태 (시사상식사전, pmg 지식엔진연구소)

지속가능발전포털(http://ncsd.go.kr/)

서스틴베스트(https://www.sustinvest.com/)

GRI(https://www.globalreporting.org/)

SASB(https://www.sasb.org/)

TCFD(https://www.fsb-tcfd.org/)

한국사회책임투자포럼(https://kosif.org/)

신한은행(http://shinhangroup.com/)

RBA(https://www.responsiblebusiness.org/)

EcoVadis(https://support.ecovadis.com/)

IFRS(https://www.ifrs.org/)

GPT4 사이트(출처: https://openai.com/product/gpt-4)

유튜브, chat GPT Writes a Mint Mobile Ad

레딧(이미지 사이트)

뤼튼

영상

https://www.youtube.com/watch?v=pjtT3dHd

WhI&t=3s, 대한상공회의소 ESGTV
https://www.youtube.com/watch?v=XyanHGChH68, 대한상공회의소 ESGTV
https://www.youtube.com/watch?v=S__15XWT9Q8&t=1180, 대한상공회의소 ESGTV
https://www.youtube.com/watch?v=R447VVO3juA, 임팩트온
https://www.youtube.com/watch?v=noeneGbZfkk, INSBee TV

칼럼
임형철, 국내외 ESG 사례를 통해 본 중소기업 ESG 경영 활성화 방안, 2021,12.01
정이선, ESG 경영, Digital로 가치를 더하다
변인호, IT조선 메타버스 ESG ②굳이 '아바타' 없어도… 온라인 활동은 ESG 실천하는 셈
이연우 전문위원(2022.02.23.), 한국형 ESG 가이드라인의 쟁점 분석과 적용 포인트, 법무법인(유한)태평양
이인형 선임연구위원(2022.05.16.), 중요성 기준에 입각한 지속가능 정보 공개, 자본시장연구원
Hyo J(2016.10.31.), 이해관계자 분석 이해하기, 서울시 NPO 지원센터
김상아, IFRS 지속가능 공시기준(초안) 주요 내용, KDB 미래전략연구소

THIS CERTIFIES THAT

O Hyeong Kwon

HAS ACHIEVED CERTIFICATION AS

Associate Certified Sustainability Assurance Practitioner (ACSAP)

04 November 2022

CERTIFICATE NUMBER: A04112203

Valid for 12 months from the date of issue. To renew, apply to the AA1000 Standards Manager.
An up-to-date list of certified individuals can be found here.

ACSAP

Associate Certified Sustainability Assurance Practitioners

Associate Practitioners (ACSAP) are professionals who are not directly involved in the assurance process or for trainee assurance practitioners (internal or external).

Associate Sustainability Assurance Practitioners have an understanding of the field of sustainability assurance. Associates have gained this knowledge by attending relevant training. Their knowledge can include, but does not require, practical assurance experience, or direct experience in stakeholder engagement.

This grade is most relevant to those beginning their career in sustainability assurance, and those involved in related topics, such as report preparation or general management, who wish to demonstrate their knowledge of the field.

Blair Diehl, AccountAbility, U.S.A. Email

Carlos Suárez, Spain. Email

Cristina Balan, Romania. Email

Daniel Metzger, AccountAbility, U.S.A.. Email

Farah Matar, Lebanon. Email

Gonzalo F. Perez, Spain. Email

John Scade, Spain. Email

Juan Ricardo Cuba Garcia, Peru. Email

Mehmet Kumru, Turkey. Email

Mélanie Salagnat, Mexico. Email

Neil Mendenhall, U.S.A. Email

Pilar Otero, U.K. Email

Prat Wongwan, Thailand. Email

Qiuming Xu, China. Email

Russell Grandin, AccountAbility, U.S.A.. Email

Sabrina Bennis, AccountAbility, U.K.. Email

Udaya A. Nanayakkara, AccountAbility, U.K. Email

Duncan Lee, AccountAbility, USA. Email

Peppi-Emilia Airike, AccountAbility, U.S.A.. Email

Oduware Uwadiae, Nigeria. Email

Pan Min, China. Email

O Hyeong Kwon, South Korea. Email

Saif Eid Alotaibi, Saudi Arabia. Email

Yukio Hirata, Japan. Email

Wes Fitch, USA. Email

Binlei Wang, China. Email

Glenn Hansen, USA. Email

AI 챗GPT 시대

ESG 지속가능 경영보고서 작성 실무

2023년 6월 7일 1판 1쇄 인 쇄
2023년 6월 15일 1판 1쇄 발 행

지 은 이 : 권오형 · 최재용 공저

펴 낸 이 : 박 정 태

펴 낸 곳 : **(주)광문각출판미디어**

10881
파주시 파주출판문화도시 광인사길 161
광문각 B/D 3층
등 록 : 2022. 9. 2 제2022-000102호
전 화(代): 031-955-8787
팩 스 : 031-955-3730
E - mail : kwangmk7@hanmail.net
홈페이지 : www.kwangmoonkag.co.kr

ISBN : 979-11-982224-8-0 13320

값 : 20,000원